KB212292

근현대 한국종교의
생태공공성과 지구학적 해석

종교와
공공성
총서 5

근현대 한국종교의 생태공공성과 지구학적 해석

원광대학교
원불교사상연구원 편

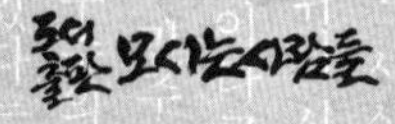

발간사

기후위기 시대, 한국종교는 무엇을 할 수 있는가?

원광대학교 원불교사상연구원은 2016년에 〈한국연구재단 대학중점연구소〉로 선정되면서 〈근대문명 수용과정에 나타난 한국종교의 공공성 재구축〉이라는 아젠다로 2022년까지 6년간 연구를 수행했다. 그 연구 성과에 따라, 매년 '종교와 공공성 총서' 시리즈로 단행본을 간행해 왔다. 지금까지 『근대한국 개벽종교를 공공하다』(2018)를 비롯하여 『근대한국 개벽사상을 실천하다』(2019), 『근대한국 개벽운동을 다시읽다』(2020), 『근대 한국종교, 세계와 만나다』(2021)를 간행했다. 1단계 3년 동안 근대 한국종교의 공공성을 재구축하는 기초 작업을 수행했다면, 2단계 3년은 한국종교의 공공성을 지구적 차원으로 확장시키고, 이를 토대로 지구적 생태위기 상황에서 한국종교가 추구하는 생명평화사상과 생태공공성을 탐색하는 연구를 진행했다.

주지하듯이, 서구 근대는 신중심주의에서 인간중심주의로의 전환을 시도한 '새로운' 기획으로 특징지어진다. 그 새로움을 서구에서는 'modern'이라고 하였고, 동아시아에서는 그것을 '근대'라고 번역하였다. 이 서구 근대 기획에서 가장 두드러진 특징은 인간 '이성'에 대한 강조와 자연과 인간, 자연과 문화를 분리시키는 이분법적인 사유였다. 그로 인해 인간을 제외한 만물은 인간의 편의를 위해 존재하는 도구적 존재로 전락하게 되었다. 그 결과 문명의 지속가능성에 대한 물음과 함께 지구의 거주가능성에 대한 의문이 제기되는 '인류세' 시대를 맞이하게 되었다.

인류세는 지금까지 당연시되었던 사상과 철학을 완전히 다른 관점에서 바라보는 새로운 철학과 사상 운동의 출현으로 이어졌다. 따라서 이러한 흐름에 맞춰 근대 한국종교의 다양한 사상자원을 인류세 철학 내지는 생태사상으로 재해석해야 할 시점이 되었다. 인간중심주의에서 벗어나 인간과 만물의 조화와 공생을 도모하는 새로운 종교로 탈바꿈[개벽]해야 한다. 이러한 맥락에서 근현대 한국종교의 '생명평화운동'은 개벽사상의 현대적 재해석이자 이 시대의 개벽운동이다.

제2차 세계대전 후 일본에서는 '평화'라는 말이 하나의 사회적 화두가 되었다. 히로시마(廣島)에 세워진 '평화의 문(平和の門)'을 비롯해서 전쟁의 재발을 막기 위해 '평화헌법'을 수호하려는 시민운동, 그리고 학문적으로 평화에 대해 탐구하는 '평화학'의 활성화 등이 그것이다. 반면에 중국학계에서는 '생명'에 대한 철학적 접근이 활발하다. 노자의 생명철학, 도교의 생명철학, 왕양명의 생명철학 등이 그것이다. 이에 대해 한국에서는 생명과 평화를 아우른 '생명평화' 담론과 운동이 대세를 이루고 있다. 그 시작은 1980년대로, 장일순 선생, 김지하 시인을 필두로 한 '원주그룹'과 2000년에 불교계를 중심으로 시작된 생명평화운동이다. 10여 년 뒤에는 그리스도교계에서도 생명평화운동이 전개되었고, 이후로는 한국사회 전반에 '생명평화'라는 말이 화두가 되었다. 따라서 생명평화는 근현대 한국종교의 공공성을 드러내는 주요한 키워드라 할 수 있다.

이러한 문제의식 아래, 『근현대 한국종교의 생태공공성과 지구학적 해석』에서는 본 연구과제의 2단계 2년차 연구 결과를 〈한국종교의 생명평화운동〉, 〈한국종교의 지구학적 해석〉, 〈기후위기 시대의 종교생태사상〉으로 정리했다.

먼저 〈한국종교의 생명평화운동〉에서는 불교, 천주교, 개신교의 생명평화 사상과 운동을 살펴본다. 김석근의 「'생명평화결사'와 『생명평화경』 그리고 '생명평화 백대서원 절 명상' - 불교의 생명평화 사상과 운동」에서는 현대 한국 불교계의 생명평화결사와 『생명평화경』에 초점을 맞추고 불교 교리를 현대적 시각에서 생명평화의 사상으로 다시 읽는 시도를 살펴본다. 허남진은 「통합생태학과 생명평화운동의 접점」에서 통합생태학의 지구적 전개를 추적하기 위해 서구, 남미, 한국에 걸쳐 통합생태학의 흐름과 목적을 고찰한다. 이후 전 지구적으로 전개되고 있는 통합생태학과 한국의 생명평화사상의 접점을 밝힌다. 김재명의 「한국개신교의 '생명평화' 운동과 사상 - 한국YMCA와 기독교환경운동연대를 중심으로」는 정의·평화·창조보전(JPIC)이라는 공통된 이념에 바탕을 둔 한국 개신교 생명평화운동을 이끌어 온 큰 흐름인 한국YMCA와 기독교환경연대의 운동을 살펴본다.

이어서 〈한국종교의 지구학적 해석〉에서는 조선시대의 실학, 동학, 원불교의 사상을 지구학적 관점에서 재해석하고 그 현대적 의미를 탐색한다. 김봉곤은 「조선후기 실학의 지구학적 해석」에서 18-19세기에 유입된 서양과학의 영향으로 우주와 지구, 재난, 인간관 등이 어떻게 새롭게 모색되었는지 지구학적으로 해석한다. 조성환과 이우진은 「동학사상의 지구민주주의적 해석」에서 김대중의 지구민주주의(global democracy) 사상과 반다나 시바의 지구민주주의(Earth Democracy) 논의에 주목하면서 '지구민주주의' 개념을 중심으로 동학사상의 현대적 의미를 고찰한다. 구체적으로는 동학이 추구한 생명사상을 '토착적 지구성'(Indigenous Globality)으로 자리매김하고,

오늘날의 지구적 위기 시대에 돌아볼 수 있는 한국적 사례로 평가한다. 허남진 · 조성환은 「원불교 '천지론'의 사상적 기원과 지구인문학적 의미」에서 원불교의 천지론의 사상적 기원을 밝히고, 동학과 원불교에 나타난 천지(天地) 사상에 담긴 지구인문학적 의미를 드러낸다. 이를 통해 개벽사상을 현대적인 '지구종교'와 '지구윤리'로 자리매김할 수 있는 사상자원으로 보았다.

마지막으로 〈기후위기 시대의 종교생태사상〉에서는 기후위기 시대에 절실히 요청되는 종교생태사상을 모색한다. 이주연 · 허남진은 「기후위기 시대 원불교사상의 생태학적 재해석」에서 생태운동에서의 토착 지식의 중요성에 주목한다. 토착 지식에 바탕을 둔 생태운동을 '토착적 생태운동'으로 개념화하고, 한국의 사례로서 원불교사상을 인류세 철학으로 재해석하기를 시도한다. 야규 마코토의 「기후위기 시대 모노(モノ)철학의 생태학적 재해석」은 최근 서구에서 활발하게 담론화 되고 있는 신애니미즘에 착안하여, 일본의 모노철학을 생태학적으로 재해석한다. 일본의 모노철학은 사물과 사람과 영성을 관통하고 있다는 점에서 생태학적 가치가 충분하다고 주장한다. 마지막으로 원영상은 「기후위기 시대 원불교의 역할 - 생명 · 생태 · 환경 보전의 관점에서」에서 기후문제는 종교를 포함한 모든 영역에서 적극적으로 동참해야 하다고 주장하면서, 지구를 보호하기 위한 철학적 사유로서 지구 내 모든 존재의 상호의존성을 강조한다. 아울러 원불교의 사은(四恩) 사상이 원불교 기후 · 환경 운동의 사상적 근거이자 실천임을 밝혔다.

이 책 『근현대 한국종교의 생태공공성과 지구학적 해석』은 기후위기 시대에 요구되는 종교적 공공성을 모색하고자 한 연구진들의 학문적 고민과 문제의식이 고스란히 담겨 있다. 이렇게 유종의 미를 거둘 수 있었던 것은 어려운 상황 속에서도 불철주야 연구에 매진해 준 연구진들의 노고가 있었기 때문이다.

이 자리를 빌려 김석근, 원영상, 조성환, 김재명 공동연구원, 김봉곤, 야규 마코토, 허남진 전임연구원 그리고 황명희, 송지용 보조연구원, 김태훈 행정실장에게 깊은 감사의 인사를 드린다. 또한 지금까지 함께 연구에 참여하며 그 결과를 실어주신 원불교사상연구원 책임연구원 이주연, 공주교육대학교 이우진 교수께 감사드린다. 끝으로 어려운 상황에서도 그동안 총서 발간을 맡아주신 도서출판 모시는사람들의 박길수 대표를 비롯한 출판사 가족 모두에게도 감사의 인사를 전한다.

2022년 10월

원광대학교 총장실에서 박맹수 모심

차례

제2부 한국종교의 지구학적 해석

제3부 기후위기 시대의 종교생태사상

제1부

한국종교의 생명평화운동

생명평화결사와 『생명평화경』 그리고 생명평화 백대서원 절 명상*

—불교의 생명평화 사상과 운동

김석근 역사정치학자

* 이 글은 필자의 「불교의 생명평화 사상과 운동 - '생명평화결사'와 『생명평화경』 그리고 '생명평화 백대서원 절 명상'」(『원불교사상과 종교문화』 90, 2021)을 수정 · 보완한 것이다.

1. 머리말: 생명과 평화 그리고 생명평화

새삼스레 말할 것도 없이 생명(生命)과 평화(平和)는 이미 우리에게 중요한 가치 개념으로 자리 잡고 있다. 우선 생명은 살아 있다. '살다 · 살리다'(살림)는 '죽음 · 죽이다'(죽임)와 짝을 이룬다. 삶과 죽음[生死]의 갈림길은 분명하다. 살아 있는 존재[生物]는 살아 있지 않은 무생물(無生物)에 대비된다. 생물에는 인물(人物: 사람), 동물, 식물 등이 포함된다. 살아 있는 것들의 집합을 가리켜 '뭇 삶들' 혹은 '뭇 생명' 즉 중생(衆生)이라 한다.[1] 그들을 죽이는 것이 곧 살생(殺生)이다. 오래전에 어쩔 수 없이 죽여야 할 때는 가려서 죽이라[殺生有擇]는 가르침도 나왔다.[2] 현재적 관심하에서 생명은 지금도 학문적 탐구의 대상이 되고 있다. 생명학[김지하], 우주생명학[김지하], 글로벌 생명학[이기상] 등을 들 수 있겠다.[3]

1 지구 위에 존재하는 모든 살아 있는 것들은 '지구중생'(地球衆生), 지구를 포함해서 모든 살아 있는 것들은 '일체중생'(一切衆生)이라 할 수 있겠다.

2 화랑도의 세속오계(世俗五戒). 원광법사(圓光法師)가 사량부(沙梁部)에 사는 귀산(貴山)과 추항(箒項)에게 가르친 것에서 비롯되었다. 사군이충(事君以忠), 사친이효(事親以孝), 교우이신(交友以信), 임전무퇴(臨戰無退), 살생유택(殺生有擇). 전쟁에서는 적을 죽이지 않으면 자신이 죽는다.

3 김지하, 『생명학』 1, 2(화남, 2003); 김지하, 『우주생명학』(작가, 2018); 이기상, 『글로벌 생명학: 동서 통합을 위한 생명 담론』(자음과 모음, 2010) 등을 참조.

'평화' 역시 많은 사람들이 관심을 갖는 개념이다. 평화란 무엇인가. 그 구체적인 내역에 대해서는 의견이 서로 다를 수 있다. 그러나 평화가 바람직하다는 것, 그리고 전쟁과 대비되는 개념짝이라는 것에 대해서는 이견이 없을 듯하다. 역사적으로 '평화'라는 말의 연원을 찾아가 보면, 동아시아에서 한자어 '平和'라는 용어는 1890년대 'Peace'의 번역어로 등장해 한국에 전래된 것이다.[4] 그것은 제2차 세계대전 이후 중요한 개념으로 자리 잡게 되었다. 특히 일본에서는 사회적인 화두가 되었다고 해도 좋을 것이다. 히로시마(廣島)에 세워진 '평화의 문(平和の門)', 전쟁 재발 방지를 위한 '평화헌법'을 수호하기 위한 시민운동, 그리고 학문적인 탐구로서의 '평화학' 활성화 등이 그러하다. 6.25와 분단의 아픔이 아직 가시지 않은 우리 사회 역시 그렇다.[5]

그런데 어느 시점부터인가 생명과 평화라는 두 단어를 결합해 놓은 '생명평화'라는 개념/용어가 유행하고 있다. 생명평화는 단순히 '생명과 평화'가 아니다. 생명과 평화 두 단어를 나열한 '생명 평화' 내지 두 단어 사이에 점을 찍은 '생명 · 평화'와도 다르다. '생명평화' 자체가 하나의 단어인 것이다. 생명평화는 그렇게 등장해서 실제로 사용되고 있다.[6] 이 글의 제목을 이루

4 하영선, 「근대 한국의 평화개념의 도입사」, 한국평화학회편, 『21세기 평화학』(풀빛, 2002), 111쪽. 그렇다고 그 이전에 '평화' 관념이 존재하지 않았던 것은 아니다. 이에 대해서는 김석근, 「한국전통사상에서의 평화 관념: 사대와 중화를 중심으로」(같은 책에 수록)를 참조.

5 학문적인 단체 내지 학회로서의 한국평화학회, 법륜 스님의 평화재단, 그리고 다양한 평화재단[한반도평화재단, 국제평화재단, 남북평화재단, 제주4 · 3평화재단, 광주인권평화재단, 윤이상평화재단, 한베평화재단] 등이 방증 증거가 된다.

6 예를 들자면 (사)숲길, 『생명평화 지리산 둘레길』(꿈의 지도, 2012); 신용인, 『생명평화의 섬과 제주특별법의 미래』(각, 2014); 박노자(외), 『지구화와 이주 그리고 생명

고 있는 생명평화 사상과 운동, 생명평화결사, 『생명평화경』, 그리고 생명평화를 위한 백대서원 절 명상 등 역시 그러하다.

'생명평화'라는 단어는 필자에게는 처음에는 다소 생경하게 들렸다. 생명과 평화 혹은 생명·평화와 어떻게 다른가 하는 생각도 들었다. 영어로는 어떻게 표현해야 할까 싶었는데, 'lifepeace'로 적고 있었다.[7] 비슷한 구조를 지닌 말들[예컨대 가정평화, 한반도평화, 세계평화, 지구평화]을 떠올려 보면서 이해할 수 있었다. 담기는 의미도 그러했다. 가정의 평화, 한반도의 평화, 세계의 평화, 지구의 평화와 마찬가지로 생명평화는 '생명의 평화'와 다를 바 없다고 해도 무방하겠다.

그러니까 생명평화는 '모든 생명들이 평화롭게 같이 살아가기'라는 정도의 의미가 있다고 해도 좋겠다.[8] 더 선명하게 이해할 수 있는 방법은 없을까? 때마침 필자의 뇌리에 떠올랐던 것은 19세기 말 유행했던 사회진화론(社會進化論: Social Evolutionism, Social Darwinism)을 구성하는 요소들이었다. '생존경쟁'(生存競爭, 혹은 生存鬪爭, Struggle for Life(or Existence), '적자생존'(適者生存, Survival of the Fittest), 아울러 그와 관련된 약육강식(弱肉强食), 우승열패(優勝劣敗) 같은 것들 말이다. 역사적으로 그들은 무한 경쟁을 긍정하는 자유주의(Liberalism), 그리고 최근에는 이른바 신자유주의(Neo-liberalism)를 옹호해 주는 논리로 원용되고 있다는 것은 굳이 말하지 않아도 좋겠다.

그런 측면들을 생각하게 되자, 근래에 활발하게 논의되고 있는 '생명평

평화』(참, 2019)가 그런 예라고 하겠다.

7 이 글에서는 'Life Peace'로 적고자 한다.

8 생명살림, 생명공존, 생명의 평화, 생명이 평화롭게, 더불어 살아가기 등과도 통한다고 하겠다.

화' 사상과 운동이 갖는 의미를 피부로 느낄 수 있었다. 사회 전반에 걸쳐서 다양한 측면에서 그같은 생명평화 사상과 운동이 전개되고 있다는 것, 특히 불교, 천주교, 기독교 같은 종교계에서 활발하게 진행되고 있다는 것도 알게 되었다. 이 글에서는 그런 흐름 중에서 불교의 생명평화 사상과 운동에 대해서 검토하고자 한다. 이하에서는 먼저 일종의 예비적 고찰로서 불교의 생명평화 사상에 대해서 개략적으로 정리해 본 다음, 구체적인 사례로서의 지리산 실상사 도법 스님이 주도하는 '생명평화결사', 경전으로서의 '『생명평화경』', 그리고 일종의 실천론으로서의 '생명평화 백대서원 절 명상'에 대해서 살펴보고자 한다.

2. 불교와 생명평화: 육도중생(六道衆生)이 다생부모(多生父母)

여기서는 불교의 가르침과 논리에 내장된 '생명'과 '평화' 중시에 대해서 간략하게나마 정리해보고자 한다. 생명평화 사상으로서의 불교와 불교의 윤리[倫理, Ethics(or Moral)]에 대해서 간략한 구조와 특성을 간취하는 데서 멈춰 서고자 한다. 아울러 여기서는 한자어 '倫理(윤리)'라는 용어에 대해서는 조금은 유보해 두고자 한다. 왜냐하면 한자 '倫'이라는 글자 자체가 이미 인간에게 비중을 둔 듯한 느낌을 주기 때문이다. 사람 '인'(亻) 변이 붙어 있어서이다. 그래서 굳이 표한다면 불교의 Universal Ethics, 내지 Universal Moral이라 해도 좋겠다.

과거에서 지금에 이르기까지 불교를 자신의 신앙으로 삼거나 아니거나 간에, 불교가 생명을 귀하게 여기며 나아가 생명평화를 중시한다는 사실은 그 누구도 부인하지 않을 것이다. 엄격한 열 가지 계율에서 생명을 죽이는 것, 즉 살생(殺生)은 경계해야 할 첫 번째 항목을 차지하고 있다. 그것을 범하는 것은 곧 악(惡)[십악(十惡)]이 된다. 따라서 참회문에서도 "살생중죄, 금일참회(殺生重罪 今日懺悔)"라 하여 십악죄 중에서 제일 먼저 참회하게 된다. 육식(肉食)에 관한 계율 역시 생명과 관련되어 있는 것이다.[9] 기본적으로 불교는 육식 문화와 서로 부딪히고 있다.[10]

그런데 계율은 어디까지나 불교의 한 측면일 뿐이다. 흔히 불교 내지 부처님의 가르침은 "삼계(三界), 사생(四生), 육도(六道), 십류(十類), 이십오유(二十五有), 일체중생(一切衆生)을 위한 가르침"이라 한다. 거기에 포함된 개

9 『능엄경』에는 다음과 같은 구절이 보인다. "아난아 내가 비구들에게 오정육(五淨肉)을 먹도록 했는데 그 고기는 모두 신통으로 만든 것으로 원래 생명의 씨가 없다. 그들 바라문이 사는 곳은 땅에 습기가 많고 모래가 많아 초목이 자라지 못한 고로 나는 자비의 신통으로 고기를 만들어 그들이 그 맛을 느끼도록 했느니라. 여래가 멸도(滅道)한 후 중생의 고기를 먹으며 부처의 제자를 지칭하는 자가 있을 것이니 어찌 하겠는가! / **이들 중생들은 모두 살생하지 말라는 계율을 범하는 까닭에 인간으로 있을 때 양을 잡아먹고 양은 죽은 후 다시 인간이 된다. 이렇게 십류(十類)의 중생들은 끊이지 않고 윤회를 거듭하며 죽고 태어나는 가운데, 서로 먹고 먹히는 악업이 영원히 몸을 묶어 이를 근절시킬 수 없게 된다**./ 너희는 마땅히 알아야 한다. 고기 먹는 자들이 설혹 삼매에 들어가는 것처럼 보이지만 모두 대나찰로서 그들은 사후 필히 생사고해에 빠질 것이다. 그들은 부처의 제자가 아니다. 고기를 먹는 자들은 서로 살상(殺傷)하여 먹노니, **이생에서는 내가 너를 먹고, 다음 생에서는 네가 나를 먹는 악순환을 영원히 끊지 못한다.** 이런 사람들이 어찌 삼계를 뛰어넘을 수 있겠는가?" (강조는 인용자. 이하 마찬가지.)

10 구제역, 살처분, 그리고 육식 문화와 관련해서 도살장[도축장] 풍경을 묘사한 후에 이어지는 다음 문장은 명쾌하다; "여기서 윤회를 믿고 있는 우리 불자로서는 실로 만감이 교차하지 않을 수 없을 것이다. 저들의 삶이 어쩌면 전생의 혹은 다음 생의 우리의 모습을 고스란히 보여주고 있는 것일지도 모른다는 생각 말이다. 왜냐하면 현세의 인간도 자신의 업보에 따라 언제든지 축생의 삶으로 떨어질 수도 있기 때문이다." 허남결, 「불교생명윤리는 무엇을 말해야 하는가—구제역과 살처분의 시대에 부쳐」, 『불교평론』 47호(2011), 256쪽.

념/용어를 사전적으로 정리해 보기로 하자.

· 삼계(三界): 욕계(欲界), 색계(色界), 무색계(無色界).

· 사생(四生): 태생(胎生), 난생(卵生), 습생(濕生), 화생(化生).[11]

· 육도(六道): 천상(天上), 인간(人間), 아수라(阿修羅), 아귀(餓鬼), 축생(畜生), 지옥(地獄).

· 십류(十類): 천상(天上), 인간(人間), 아수라(阿修羅), 아귀(餓鬼), 축생(畜生), 지옥(地獄), 성문(聲聞), 연각(緣覺), 보살(菩薩), 부처.

· 이십오유(二十五有): 중생이 윤회의 생존(bhava, 有)을 거듭하는 장으로서의 세계[삼계]를 25종으로 분류한 것. 욕계 14종, 색계 7종, 무색계 4종이 있다.

· 일체중생(一切衆生): 지구중생(地球衆生)을 포함한, 모든 살아 있는 것들.

단적으로 이들만 보더라도 불교가 모든 살아 있는 존재의 끝까지 가게 되면 일체중생을 대상으로 하는 사유라는 것을 알 수 있다. 심하게 말하면 불교는 중생 중심의 세계관이라 할 수도 있겠다. "인생과 우주는 어떻게 성립된 것인가? … 예수교에서는 하나님이 우주 만물과 인생을 창조했다고 한다. 서양 사람들의 인생관 우주관은 대개 이러한 사상으로 만족하는 모양이다. 인도의 고대 사상은 어떠한 한 원리가 있어서 그것이 잡다화(雜多化)하여 만물로 나누어졌다고 한다. 그러나 **불교에서는** 하나님이 창조했다

11 『금강경』에서는 사생(四生)을 포함한 구류중생(九類衆生)을 들고 있다. 九類衆生: "난생(卵生), 태생(胎生), 화생(化生), 습생(濕生), 유색(有色), 무색(無色), 유상(有想), 무상(無想), 비유상비무상(非有想非無想)"[所有一切衆生之類. 若卵生, 若胎生, 若濕生, 若化生, 若有色, 若無色, 若有想, 若無想, 若非有想非無想].

는 말과 한 원리의 잡다화라는 말을 모두 부인하고 **업력에 따라서 중생이 생겨나고 만물이 전개된다고 주장**한다. 이것이 업력연기설(業力緣起說)이다. 업력은 무엇인가? 중생이 동작으로 일어나는 일종의 세력을 말하는 것이니, **예수교는 하나님 중심의 창조설이요, 인도의 고대 사상은 원리 중심임에 대하여 불교의 우주관 · 인생관은 중생중심**이다."[12]

따라서 불교에서는 모든 생명 있는 존재들, 즉 중생에게 자비를 베풀라고 가르친다. 인간 역시 그 한 부분에 지나지 않는다. 인간중심주의적인 세계관과는 분명한 거리가 있다. 생명에 대한 자비(慈悲)는 초기 경전–예컨대 『숫타니파타』에 수록된 『자애경』–에서부터 확인할 수 있다. 『자애경』은 모든 존재가 안락하고 평화롭고 행복하기를 기원한다. "살아 있는 생명이면 그 어떤 것이든, 움직이거나 움직이지 않거나, 길거나 크거나 중간이거나, 짧거나 작거나 비대하거나, 보이거나 보이지 않거나, 가까이 있거나 멀리 있거나, 이미 있거나 앞으로 태어날 모든 존재가 행복하기를 바라야 합니다."라고 설파하고 있다. 아울러 "마치 어머니가 하나밖에 없는 자식을 목숨을 다해 보호하듯이 모든 존재를 향해 가없는 자애를 닦아야 한다."라고 했다.[13]

그처럼 중생을 자비롭게 대하는 정신은 대승불교와 그 경전에도 충분히 이어지고 있다. 『대방광불화엄경(大方廣佛華嚴經)』「보현행원품(普賢行願品)」에는 아주 상징적인 구절이 나온다. 보살이 중생을 수순(隨順)하는 것은 곧 부처님께 순종하여 공양하는 것이며, 중생을 존중하여 섬기는 것은 곧

12 이운허, 『불교의 깨묵: 불교입문』(동국역경원, 1972), 89-90쪽.

13 서재영, 「불교가 꿈꾸는 생명평화」, 『불교평론』 80호(2019), 217쪽, 218~219쪽에서 재인용.

부처님을 존중하여 받드는 것이며, 중생을 기쁘게 하는 것은 곧 부처님을 기쁘게 함이 된다고 한다. 그래서 일체중생은 뿌리가 되고 부처님과 보살들은 꽃과 열매가 되어 자비의 물로 중생을 이롭게 하면, 부처님과 모든 보살들의 지혜의 꽃과 열매를 이루게 된다고 한다.

심지어 급진적인 불교로서의 선종(禪宗)에서도 마찬가지다. 『선원청규』에서는 이렇게 말하고 있다. "자비의 마음으로 중생을 강보에 싸인 아기처럼 생각하라", "여래는 온 삼계(三界)를 집으로 삼고, 사생(四生)의 중생을 자식으로 삼는다."라고 했다.[14] 그런데 '삼계'와 '사생'은 불자들에게는 익숙한 개념이다. 왜냐하면 매일 아침저녁으로 외우는 예불문에 "지심귀명례(至心歸命禮) **삼계도사(三界導師) 사생자부(四生慈父)** 시아본사(是我本師) 석가모니불(釋迦牟尼佛)"이라는 구절이 나오기 때문이다. "지극한 마음으로 삼계의 도사(導師) 사생의 자비로운 아버지이신 나의 스승 석가모니불께 공경하는 예를 다합니다." 그다음에 시방삼세(十方三世) 제망찰해(諸網刹海), 시방의 마치 넓은 바다처럼 펼쳐져 있는 그물망 속에서, 항상 거기에 계시는 모든[常住一切] 부처님[佛], 다르마 즉 법[法], 스님[僧]들에게 지극한 마음으로 공경의 예를 다합니다, 라는 구절이 이어지고 있다. 이제 불교의 생명관 내지 생명에 대한 인식과 특성을 사생(四生)과 육도(六道)를 중심으로 정리하면서 마무리하고자 한다. 인간을 중생의 일부로 자리매김한다는 것, 인간의 지위를 상대화시키고 넓게 중생을 사랑해야 한다는 것을 설득시키는 논리와 구조, 그것이 핵심이다.

우선 '사생(四生)'이란 1)태생(胎生), 2)난생(卵生), 3)습생(濕生), 4)화생(化

14 서재영, 앞의 글, 219쪽에서 재인용.

生)이라는 생명의 네 가지 양태[사생][15]를 말한다. 이런 설정 자체가 인간을 포함한 생명의 층차와 다양성을 인정하고 중시할 뿐만 아니라 인간의 위상을 상대화시키고 있다. 인간 역시 '태생' 범주의 하나에 지나지 않는다. 다시 말해서 중생(衆生)의 일부를 구성하고 있을 뿐이다. 그리고 그와 같은 중생이 언제나 고정되어 있는 것은 아니다. 선악의 업인(業因)에 따라 윤회(輪回)하게 되며, 그것에는 크게 6가지 길이 있다. 그들이 곧 '육도'(六道)이다. 즉 1)천상(天上), 2)인간(人間), 3)아수라(阿修羅), 4)아귀(餓鬼), 5)축생(畜生), 6)지옥(地獄)의 여섯 세계이다. 그중에서 지옥이 가장 괴롭고 무서운 장소이며, 천상은 가장 안락한 이상 세계에 해당한다. 지옥 · 아귀 · 축생은 삼악도(三惡道)라 하며, 그곳에 태어나면 부처님의 가르침을 들을 기회나 능력이 없다. 때문에 삼악도에 떨어진 중생은 웬만한 선업을 쌓지 않고는 아수라 · 인간 · 천상[삼선도(三善道)]에 오를 수 없다고 한다.

둘째, 그 같은 사유는 업(業)과 윤회(輪廻, 轉生)의 관념, 그리고 연기(緣起)에 의해서 이론적으로 뒷받침되고 있다. 윤회의 원동력은 어디까지나 자신의 '업'이니 인과응보라 해도 좋겠다. 다시 말해서 존재의 행위가 미래와 다음 생을 결정한다는 것이다. 그리고 궁극적으로 '선(善)'을 지향한다는 점에서 생명주의에 아주 적합한 사유와 이론 체계라 할 수 있겠다. 특히 살생하지 말라는 불살생(不殺生) 계율이 그렇다. 살생은 십악죄(十惡罪)의 첫째로 꼽힌다. 한국에서도 오래전에 이미 살생유택(殺生有擇)이라는 명제가 나왔

15 ①태생(胎生, jarāyuja): 인간 · 야수 등과 같이 모태에서 태어난 것, ②난생(卵生, aṇḍaja): 새와 같이 알에서 태어난 것, ③습생(濕生, saṃsvedaja): 벌레 · 곤충과 같이 습한 곳에서 생긴 것, ④ 화생(化生, upapāduja): 천계나 지옥의 중생과 같이 무엇에도 의지하지 않고 과거의 자신의 업력(業力)에 의하여 나타나는 것을 말한다.

다. 아울러 육식에 관한 계율도 일찍부터 나와 있다.[16] 이번 생에서는 내가 너를 먹고, 다음 생에서는 네가 나를 먹는 악순환을 영원히 끊지 못한다.

셋째, 흔히 불교에서는 '생명평등'을 말하고 있다는 식으로 얘기하지만, 그렇게 쉽게 말할 수 있는 것은 아니라 생각한다. 왜냐하면 '사생'과 '육도' 관념에는 일종의 '차별'과 '서열'이 내포되어 있다고 보기 때문이다. "온 법계 허공계 시방세계의 중생이 여러 가지 차별이 있으며"[삼악도(三惡道)], 그것은 언제 어디서나 존재한다(그 자체가 지난 과거의 결과라 할 수 있다.). 그것이 곧 시방삼세 제망찰해(十方三世 諸網刹海)라 할 수 있다. 하지만 그런 차별과 서열은 불교의 독특한 시간관['과거, 현재, 미래'의 삼세(三世)]에 의해서 상대화된다. 지금의 차별과 서열은 현재의 행위[업]에 의해서 미래에 얼마든지 뒤바뀔 수 있다. '업(業)'에 따른 '윤회(輪廻)'가 그것이다--현재는 과거의 결과이고, 미래는 현재의 결과인 셈이다. 그렇게 아주 길게 보면 '생명평등'이라 할 수 있는 열린 비전을 얻을 수 있게 된다.

단적으로 그것은 초기 경전을 통해서도 엿볼 수 있다. 대표적인 것이 『자타카(Jataka)』[17]라 할 수 있는데, 본생경(本生經), 본생담(本生譚)으로 불리기도 한다. 고타마 붓다가 석가족(釋迦族)의 왕자로 태어나기 이전, 보살['보살(菩薩, Bodhisatta)' 또는 '대사(大士, Mahasatta)']로서 생을 거듭하는 사이에 천

16 '육식(肉食)' 문제에 대해서는 좀 더 상세한 논의가 필요하다고 생각한다. 초기 불경에서 다양한 모습을 볼 수 있으며, 또한 티베트 지역에서는 육식을 피할 수 없기 때문이다. 다음 기회로 미룰 수밖에 없다.

17 팔리어로 쓰인 고대 인도의 불교 설화집, 붓다의 전생에 관한 이야기, 부처님께서 전생에 보살로 거듭하고 있던 시절을 여러 가지 비유로 설명한 이야기, 팔리어(巴里語)로 자타카타카. 본생경(本生經) · 본생담(本生譚) · 전생담(前生潭) 등으로 번역되고 있다. 기원전 3세기경부터는 당시의 민간 설화를 모아 불교적 색채를 가하여 성립되었다. 한문 번역, 티베트 번역이 전해진다. 총 22부 547편의 이야기.

인(天人)·국왕·대신·장자(長子)·서민·도둑 또는 코끼리·원숭이·공작·물고기 등의 동물로서 허다한 생을 누리며 갖가지 선행공덕(善行功德)을 행한 이야기 547종이 수록되어 있다. 인과에 대한 이야기라 하겠다.[18] 선인선과(善因善果), 악인악과(惡因惡果). 윤회와 전생 이야기인 셈이다. 석가모니는 수행자뿐만 아니라 심지어 토끼·말·사슴 같은 동물로 태어나기도 했다. 메시지는 붓다가 현생에서 깨달음을 성취할 수 있었던 원인은 과거세에 많은 선행과 공덕을 쌓았기 때문이라는 것이다.

대승경전 『금광명경(金光明經)』에는 1만 마리의 물고기가 나중에 1만 명의 천자가 되었다는 이야기가 나온다. 또한 아주 오래전 마하라타 대왕에게 왕자 세 사람[마하파나, 마하데바, 마하살타]이 있었다는 이야기도 나오는데, 그때 어미 호랑이가 새끼 일곱 마리를 낳고 7일 동안 먹지 못해서 곧 죽게 되거나 아니면 새끼를 잡아먹을 듯한 기세였다. 그때 셋째 왕자가 자신을 기꺼이 호랑이 먹이로 내놓았다. 마하타라 대왕은 훗날의 수두단·슷도다나왕, 그때의 왕비는 마야 부인, 첫째 왕자는 미륵, 둘째 왕자는 데바닷다, 먹이가 된 셋째 왕자는 석가모니로 태어났다. 어미 호랑이는 구리 부인, 일곱 마리 새끼는(붓다 최초의 제자) 다섯 비구와 사리불, 목건련으로 태어났다.[「제17 사신품」 참조].

넷째, 윤회와 전생을 감안하면 대체 어떻게 살아가야 할까. 그것은 우리 '인간'이 직면하지 않을 수 없는 사안이다. 고려 후기의 비구 야운(野雲)이

18 자타카는 크게 세 부분으로 나누어 볼 수 있다. 첫째, 머리말로서 어떤 인연에 의해서 전생을 이야기하는가에 관한 유래를 말한다. 둘째, 전생에 관한 이야기, 현세의 일이 생기게 된 전생의 유래를 설하는 것으로 본론에 해당한다. 셋째, 현세의 등장인물과 전세의 그것을 연결 지어 인과관계를 밝히고 있다.

지은『자경문』에는 다음과 같은 구절이 나온다. 지극히 함축적이다.

> 주인공아! 그대가 사람으로 태어난 것은 마땅히 눈먼 거북이가 구멍 뚫린 나무를 만남과 같거늘 일생이 얼마나 되길래 수행하지 아니하고 게으름을 피우리요. 사람으로 태어나기가 어렵고 불법을 만나기는 더 어려우니라. 금생에 잃어버리면 만겁토록 어려운 것이니 모름지기 열 가지 문(찬성십문)의 계법을 가져서 날로 새롭게 부지런히 닦아서 물러서지 말고 속히 정각을 이루어 돌이켜 중생을 제도하라.
>
> 나의 본래 원하는 바는 그대 혼자만 생사의 바다에서 벗어나기를 바라는 것이 아니라 또한 널리 널리 중생을 위하는 데 있는 것이다. 무엇 때문이고. **그대 스스로 비롯함이 없는 데서부터 지금 생에 이르기까지 항상 사생(태생, 난생, 습생, 화생)을 만나서 자주자주 가고 돌아옴이 다 부모를 의지해서 태어났기 때문이니라. 그러므로 옛날의 전생 부모가 한량없고 끝이 없으니 이로 말미암아 살펴보건대 육도중생이 다 너의 여러 생의 부모가 아님이 없나니라.** 이와 같은 등의 무리가 모두 악취에 빠져서 밤낮으로 큰 고뇌를 받나니 만약 제도치 아니하면 어느 때 빠져나와 여의리요. 슬프고 애닮도다. 아픔이 심장과 육부에 얽힘이로다.[19]

19 主人公아 汝値人道함이 當如盲龜遇木이어늘 一生이 幾何관대 不修懈怠오 人生難得이요 佛法難逢이라. 此生에 失却하면 萬劫難遇니 須持十門之戒法하야 日新勤修而不退하고 速成正覺하야 還度衆生하라 我之本願은 非爲汝獨出生死大海라 亦乃普爲衆生也니 何以故오 汝自無始以來로 至于今生히 恒値四生하야 數數往還호미 皆依父母而出沒也일새 故로 曠劫父母가 無量無邊하니 由是觀之컨댄 六道衆生이 無非是汝의 多生父母라 如是等類 咸沒惡趣하야 日夜에 受大苦惱하나니 若不拯濟면 何時出離리오 嗚呼哀哉라 痛纏心腑로다

사람으로 태어나기 어렵고 부처님 법을 만나기도 어렵다. 사람으로 태어나는 것은 눈먼 거북이가 바다에서 떠도는 구멍 뚫린 나무를 만나는 것과도 같다. 혼자만 삶과 죽음의 바다에서 벗어나지 말고, 널리 중생을 위해서 살라는 것이다. 왜냐하면 오늘에 이르기까지 삶을 거듭하면서 부모 은혜를 입지 않을 수 없었고, 많은 생을 겪었으니 부모 역시 많을 수밖에 없으며, 그렇기 때문에 알고 보면 "**육도의 중생이 모두가 다 너의 여러 생에 걸친 부모**"[**六道衆生이 無非是汝의 多生父母**]라는 것이다. **육도중생(六道衆生)이 다생부모(多生父母)!** 육도중생을 마치 부모 대하듯이 하라는 것이다.

3. 생명평화 사상과 운동

현재 한국에서는 생명과 평화를 아우른 '생명평화' 담론과 운동이 활발하게 이루어지고 있다. 그 시작은 2001년 불교계를 중심으로 시작된 생명평화운동이라 할 수 있을 것이다. 이른바 '실천' 운동이라 해도 좋겠다. 그에 힘입어 한국 사회에 '생명평화'라는 말이 화두가 되다시피 했다. 현실에서의 그 같은 사상과 운동을 검토하다 보면 도법 스님이 그 핵심에 자리하고 있다는 것을 알 수 있다(이하 도법이라 칭함).[20]

'생명평화'라는 화두를 얻게 된 도법은 2004년 생명평화탁발순례의 첫 걸

20 도법 스님은 생명평화 사상가, 활동가이다. 조계종단 개혁에 참여, 인드라망생명공동체 창립, 생명평화 탁발순례, '붓다로 살자' 운동, 평화의 꽃길 등을 주도했으며 화쟁위원회 위원장을 지냈다. 그 외에 환경운동을 펼치는 수경 스님, 평화운동을 활발하게 하는 법륜 스님의 활동이 주목된다. 하지만 '생명평화'라는 측면에서는 역시 도법 스님을 들어야 할 것이다.

음을 내디뎠다. 그는 생명평화탁발순례단의 단장이었다. 이후 5년 동안 3만 리를 걸으며, 8만 명의 사람을 만나서 생명평화의 가치를 전했다.[21] 그와 더불어 1)생명평화결사, 2)생명평화경, 그리고 3)생명평화 백대서원 절명상 등의 불교에 바탕을 둔 새로운 생명평화 사상과 운동을 추동해 왔다. 그들은 서로 이어지고 있다. 최근에는 '본래붓다', '21세기 시민붓다'라는 말[개념]과 더불어 「붓다로 살자 발원문」을 내놓기도 했다. 이런 점들을 감안한다면 도법은 "연기론과 상생사상을 결합한 불교 생명평화사상의 태두"라 이를 만하며 "생명과 평화의 전도사"[22]로 불러도 좋을 듯하다. 그래서 '마을로 내려온 부처' 내지 '지리산 마을의 부처'로 불리기도 한다.[23]

그와 관련해서 생명평화의 사상과 운동에 주목하는 이 글에서는 종교인, 사상가로서 도법의 개인적인 행위, 지향성, 평가 등에 대해서는 다루지 않으려 한다는 점, 아울러 생명평화결사, 생명평화경, 생명평화 백대서원 절명상의 구체적이고 세세한 측면까지 다 다룰 수는 없으며, 또 그렇게 하려

21 이에 대해서는 김택근 · 도법, 『사람의 길 : 도법스님 생명평화 순례기』(들녘, 2008)를 참조할 수 있다.

22 이도흠, 「도법 스님: 길 위의 수행자, 지리산 마을의 부처」, 『본질과현상』 23권(2011), 235쪽.

23 이도흠, 앞의 글에서는 이렇게 말하고 있다. "도법 스님은 남원 실상사에 터를 두고 좌선을 하고 탁발을 하고 농사를 짓고 사람을 만나 차를 마시고 대화를 하면서 머무는 곳마다 생명평화를 실천하며", 또한 "실상사 주변의 귀농학교, 대안학교인 작은학교, 한생명, 인드라망공동체를 중심으로 공동체를 꾸리고 대안의 삶과 미을을 실천하고"(235쪽) 있다. 그는 "가까운 곳에서 농사를 짓다가 온 듯한데 따듯하고, 늘 온화하게 미소를 띠고 있는데 범접할 수 없는 기운이 흐르고, 말하다가 자연스럽게 유머를 던지는데 웃으며 곱씹어 보면 그 속에 진리가 춤을 춘다."(236쪽)라고 한다. "필자(이도흠)가 틱낫한 스님보다 도법 스님을 더 낫다고 보는 가장 큰 차이는 현장적 실천과 대안 제시의 면이다."(244쪽)

고 하지도 않는다는 점을 미리 밝혀 두고자 한다. 세부적인 검토는 또 다른 차원의 사안이라 생각하기 때문이다. 이하에서는 그들에 대해서 간략하게 스케치한 다음 불교 사상과 생명평화사상의 흐름에서 과연 어떤 의미와 위상을 가질 수 있는지에 대해서 초점을 맞추어 가늠할 것이다.

1) 생명평화결사: 생명평화의 대동세상

이제 생명평화 관념의 구체적인 실천과 운동 사례로서의 '생명평화결사'에 주목해 보기로 하자. 생명평화결사의 성립과 활동의 지향성을 개괄적으로 검토해 보면서 거기에 담겨 있는 함의에 대해서 논의해 보고자 한다.[24]

지난 2001년 2월에 시작된 '생명평화결사'는 "좌우익 희생자와 뭇 생명 해원상생을 위한 범종교계 100일 기도"로 시작되었다. 그 100일 기도가 끝나자 지리산 달궁에서 〈생명평화 민족화해 지리산위령제〉가 거행되었다. 그 위령제는 좌우 대립으로 희생된 원혼들과 지리산에서 죽어 간 뭇 생명들을 위로하고 새로운 세기의 비전을 모색하기 위한 자리였다. 지역과 종교와 이념의 벽을 허물고 민족의 '화합'을 모색하는 한마당이자, 개발과 파괴로부터 지리산을 온전히 보전하기 위한 생명살림운동이기도 했다. 그렇게 시작된 생명평화 논의는, 지리산생명연대의 창립을 이끌어내게 되었다. 이후 강연과 토론회, 문화 행사 등을 거치며 기도 900일을 넘기고 있던 시점에서 이라크전쟁이 발발했다. 그와 더불어 한반도에도 전쟁위기설이 감돌았다.

24 문헌 자료가 제한되어 있는 만큼, 생명평화결사 홈페이지를 참조했다. http://www.lifepeace.org/

그래서 2003년 11월 15일 1000일 기도가 끝나는 날 이 시대에 만연한 생명평화의 위기 상황을 벗어나기 위하여 지리산생명평화결사가 창립되었다. 생명평화결사라는 이름은 2005년 생명평화결사 운영위원회의에서 정해진 것이다.[25]

생명평화결사는 생명평화를 가꾸고 실천하고자 결의한 사람들의 연대이며, 생명평화 서약문에 서약한 사람들을 가리켜 **생명평화의 등불**이라 부른다.[26] 생명평화에 공감하는 사람들이 모여서 서약문에 스스로 서약함으로써 생명평화의 등불이 되었으며, 바로 그런 사람들이 모인 연대가 생명평화결사라는 것이다.

생명평화결사 「서약문」에 의하면, "생명평화는 사람과 사람과의 관계를 넘어 모든 생명과 모든 존재 사이의 대립과 갈등 · 억압과 차별을 씻어 내고, 모든 생명과 모든 존재가 다정하게 어울려 사는 길이며, 저마다 생명의 기운을 가득 채워 스스로를 아름답게 빛나게 하는 것"이다. 그리고 "생명평화의 길은 자신과 세상에 대한 신념이요, 깨어 있는 선택이며, 지금 여기에서 행동하는 삶"이라 한다. 이어 그런 간절한 믿음과 소망을 담아서 ①모든 생명을 소중히 여기고 존중하겠다, ②모든 생명을 우애로 감싸겠다, ③대화와 경청의 자세를 갖겠다, ④나눔을 적극적으로 실천하고 청빈하게 살겠다, ⑤모든 생명의 터전을 보존하겠다, ⑥한반도의 평화를 지키고 실현하기 위한 길에 앞서겠다, ⑦끊임없이 깨어 공부하겠다는 것을 서약한다.[27] 그런 다

25 자세한 내역은 http://www.lifepeace.org/001/sub03.html 참조. 생명평화결사가 〈걸어온 길〉.

26 http://www.lifepeace.org/001/sub01.html 참조.

27 http://www.lifepeace.org/001/sub02.html 참조.

음 자신은 이제 평화의 등불이며, 그 불빛이 이웃을 밝히고 서로가 서로를 비출 것이고, 그렇게 해 나가면 "마침내 우리의 삶터와 이 세상이 환히 밝아지는 **생명평화의 대동세상**이 올 것"[28]이라 한다. 생명평화의 대동세상, 그것이야말로 생명평화결사의 이상이라 해도 좋을 것이다.

그런 이상을 향해서 생명평화결사는 "학습과 수행을 중요하게 여기고 있으며 **생명평화학교**를 여름과 겨울에 엽니다. 지역별 등불모임에서도 생명평화학교를 열어 꾸준히 공부하고 스스로를 가다듬고 있습니다. 그뿐만 아니라 매년 **생명평화전국대회**를 열고 있으며 **탁발순례단**을 꾸려 3년째 전국을 걸으며 생명평화를 일구어 나가고 있습니다."[29]라고 했다. 그 같은 생명평화결사의 활동을 분야별로 나누어 보면 다음과 같이 몇 개의 하위 범주로 정리해볼 수 있겠다.

> ①생명평화 일깨우기[생명평화학교 개설(지역별 · 계절별), 생명평화독본 간행, 생명평화대회, 생명평화문화운동(기도와 명상, 시와 노래 및 춤의 보급)],
>
> ②생명평화의 정착[생명평화서약운동, 생명평화마을운동, 생명평화지대선언],
>
> ③생명평화의 확산[생명평화탁발순례, 생명평화기도 캠페인, 생명평화순례주간의 지정을 통한 순례문화 확산],
>
> ④생명평화연대 활동[생명평화심포지엄, 생명평화의 돌탑쌓기, 전쟁 방지와 생명평화 정착을 위한 각종 연대활동 등].[30]

28 http://www.lifepeace.org/001/sub02.html 참조.
29 http://www.lifepeace.org/001/sub01.html 참조.
30 http://www.lifepeace.org/001/sub01.html 참조.

생명평화결사 결성 이후 오늘에 이르기까지의 세세한 활동과 내역에 대한 검토는 이 글에서 설정한 범위를 넘어선다. 따라서 여기서는 독특한 디자인이자 일종의 상징으로서의 '생명평화 로고(무늬)'[31]에 대해서 덧붙여 두는 선에서 멈춰 서고자 한다.

이 로고(무늬)에는 온 우주 삼라만상이 하나로 연결되어 있어 서로가 서로에게 존재의 근원이 되며 의지하여 살아가고 있다는 뜻이 담겨 있다고 한다. 그러니까 "총체적 관계의 진리(중중무진연기법)인 불일불이(不一不二)의 인드라망(인도의 베다 신화에 나오는 비와 천둥의 신 인드라의 그물. 불교에서는 끊임없이 서로 연결되어 전개되는 연기적 존재를 의미함.) 세계관과 철학이고 그것을 형상화시킨 것"[32]이다.

제일 아래에 사람이 있고, 오른쪽에는 들과 산에 사는 동물들, 왼쪽에는 물에 사는 생명체[물고기]와 하늘을 나는 새가 있다. 사람 위에는 땅 위에 사는 나무, 풀 등의 식물이 있다. 왼쪽 제일 위에는 태양이 있고, 오른쪽 제일 위에는 달이 있다. 사람을 위시해서 동물과 식물 등 살아 있는 생명체는 물론, 돌이나 흙먼지 등 모든 무생물을 포함해 세상에 있는 존재들을 다 이어지게 한 것이다.

이것은 "인간이 의도적으로 만들어 낸 관념에 물들기 이전의 본래 청정한 무위자연의 우주 삼라만상과 인위적 관념에 물든 이후의 인간 사회가 그

31 생명평화 로고는 이병철 선생의 제안으로 홍익대학교 안상수 교수가 제작했다 한다. http://www.lifepeace.org/sub_img/01_img3.gif 참조.

32 도법, 『그물코 인생 그물코 사랑: 도법 스님의 생명평화 이야기』(불광출판사, 2008), 29-30쪽. 이하 『그물코 인생』으로 줄임.

물의 그물코처럼 불일불이의 총체적 관계로 존재하고 있음을 단순화시켜 표현"[33]한 것이다. 또한 그것은 (이어 보게 될) "『생명평화경』의 내용인 무위와 자연과 인위의 인간 · 인위의 국가와 국가 · 종교와 종교 · 이웃과 이웃들이 그물의 그물코처럼 불일불이적 관계로 존재하는 지금 여기 본래 나의

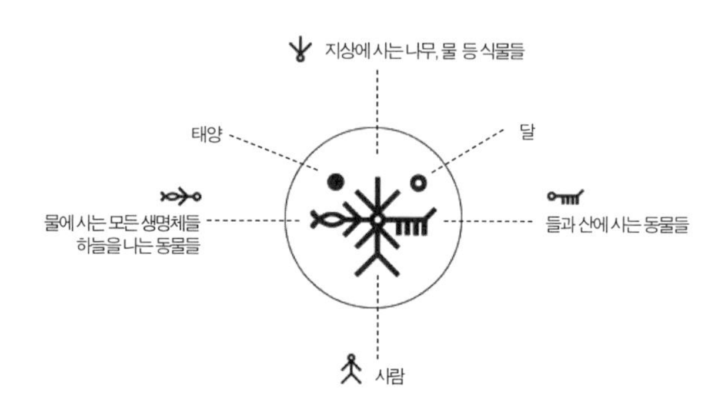

모습과 세계의 모습을 형상화한 것"이며, "존재의 실상이 본래 시공(時空) · 자타(自他) · 성속(聖俗), 유위무위(有爲無爲)가 불일불이임을 드러내고"[34] 있는 것이기도 하다.

그런데 우리 모두의 인생 화두인 지금 여기 나의 참모습에 대해 그림으로 설명한 '생명평화 로고(무늬)'는 원불교의 일원상(一圓相),[35] 조계종의 삼보륜(三寶輪),[36] 불교의 인드라망 무늬[37]와도 서로 통한다, 아니 단순화시킨

33 『그물코 인생』, 30쪽.

34 『그물코 인생』, 31쪽.

35 붓다와 성자 그리고 선사들께서 인간(본인)이 자기 생각으로 판단하고 규정하기 이전의 본래 나의 참모습, 너의 참모습, 세계의 참모습, 즉 있는 그대로의 보편적 진리를 참되게 알고(깨달음) 그 내용을 원(○)으로 형상화한 것.

36 큰 원(○)으로 표현된 보편적 진리, 그 안에 붓다, 붓다의 가르침, 승가 즉 삼보를 형상화한 작은 원 세계로 이루어져 있다.

37 보편적인 진리를 나타내는 큰 원(○) 안에 생명평화 로고(무늬)를 넣은 것. 불교 시

다면 같은 것이라 할 수도 있다, 라고 한다. 그물의 그물코처럼 연기적으로 이루어진 존재이기 때문에 분리독립, 고정불변한 그 무엇은 없으며 관계와 변화로 존재한다는 의미라는 것이다.[38]

지금까지 살펴본 것을 토대로 삼아서, 필자가 보기에 생명평화결사가 가지고 있는 함의와 특성에 대해서 간략하게 덧붙여 두고자 한다.

우선 '생명평화'라는 개념과 용어는 새롭지만, 그 기본 정신은 본래 불교의 근본 교리와도 통하는 것이다. 다만 그것을 현재의 문제 인식을 토대로 현대적인 언어로 좀 더 분명하게 표현한 것으로 볼 수도 있지 않을까 생각한다. 그리고 생명평화 개념을 쉽게 이해할 수 있는 생명평화 로고(무늬)는 원불교의 일원상, 조계종의 삼보륜, 그리고 인드라망 무늬와 서로 부딪히지 않는다. 보편적인 진리를 조금 다른 방식으로 표현하고 있을 뿐이다.

둘째, '결사' 하면 우리는 흔히 '언론 · 출판 · 집회 · 결사의 자유'를 떠올리기 쉽지만, 불교적인 맥락에서의 결사는 불교의 개혁 · 혁신 운동, 더 정확하게는 불교 내부에서 잘못과 적폐를 청산하고 혁신하려는 운동, 역사적으로는 고려 시대에 태동한 자기혁신 운동을 말한다. 고려 시대에는 왕실과 결탁하여 세속의 명예를 추구하는 승려들이 많았다. 그들은 자기 수행을 통해 중생을 구제한다는 부처의 가르침을 잊고 종파의 명분을 지키는 데에만 급급하고 세속적인 이익만 추구하고 있었다. 이에 뜻있는 승려들이 모여 혁신운동을 전개하였다. 대표적인 결사로는 ①보조국사 지눌(知訥)의 정혜결사(定慧結社), ②천태종 요세(了世)의 백련결사(白蓮結社)를 들 수 있

민단체 인드라망생명공동체에서 사용하고 있는 듯하다.

38 도법, 『붓다, 중도로 살다: 깨달음은 지금 여기 삶이 되어야 한다』(불광출판사, 2020), 240쪽. 이하 『붓다, 중도로 살다』로 줄임.

다. 그리고 현대에서 볼 수 있는 결사로는 봉암사결사[鳳巖寺結社]를 들 수 있다.[39] 그들 결사의 개혁적 · 혁신적 이미지를 따르고 있다고 해도 좋겠다.

셋째, 생명평화결사는 '결사(結社)'라는 불교 내부의 개혁운동[정혜결사, 백련결사 등] 형태를 따르고 있다는 점이다. 때문에 생명평화결사는 그 같은 불교 내부 개혁, 혁신 운동의 전통을 환기시켜 주고 있다고 할 수 있겠다. 그러면서도 불교의 근본 교리와도 통하면서도 현대적인 의미를 지닌 '생명평화'를 위한 결사라는 점에서 특성이 있다.

2) 『생명평화경』: 새로운 경전[40]

조금 순서가 바뀌었지만, 여기서는 먼저 왜 생명인가, 왜 평화인가, 그리고 왜 생명평화를 들고 나왔는가 하는 것으로부터 출발하고자 한다. 그 자체가 왜 『생명평화경』이 필요하고 또 중요한지를 말해 주는 것이 될 것이다.

우선 생명이란 무엇인가? 굳이 말하지 않아도 되겠지만, 생명평화사상

39 1947년 승려 성철 · 자운 · 우봉 · 보문 등이 한국 불교의 정체성을 회복하고 수행자 본연의 모습을 되찾기 위해 일으킨 불교 정화 운동이다. 결사의 시작은 불교 교단 체계를 수행 중심으로 확립하자는 것이었지만, 그런 움직임은 당대 불교계 전체를 개혁하는 결과를 낳았다. 그들이 지향한 주요 이념은 근본불교의 지향, 계율 수호, 수행가풍 확립 등이었다.

40 『생명평화경』은 『그물코 인생』 21~25쪽, 『붓다, 중도로 살다』 233~236쪽에 실려 있다. 『붓다, 중도로 살다』에서는 앞에 '화엄'이라는 단어를 붙여서 『화엄생명평화경』이라 했다. 아마도 『화엄경』 내지 화엄의 특성, 넓은 의미의 '불교'를 강조하기 위해서 그런 것으로 보인다. 『생명평화경』이나 『화엄생명평화경』은 결국 같은 의미라 해야 하겠지만, 본문에서도 말하겠지만 이 글의 논지로 볼 때 『생명평화경』이 더 낫다는 생각이 든다. 앞에 화엄을 씌움으로써 오히려 약간 물러서 버린 듯한 느낌을 받았다.

의 출발점이 되는 생명·개체로서의 '내 생명'은 "그물의 그물코처럼 온 우주가 참여하는 총체적인 관계로 이루어진 존재"이며, "지금 여기에서 상대들과의 조화로운 관계의 조건에 따라 온전히 살아 있는 존재"이며, "분리 독립, 고정불변하지 않고 총체적 관계의 조건에 따라 끊임없이 변화하는 존재"이며, "너이면서 나이고 나이면서 너이며[自他不一不二], 우주가 곧 나이고 내가 곧 우주인 영원과 무한의 존재"라고 한다.[41]

그러면 이 시점에서 굳이 왜 생명을 이야기하는가? 그 까닭은 무엇인가? 이에 대해서는 좀 더 분명하게 다음과 같이 답하고 있다.

· 동서고금, 남녀노소, 빈부귀천 등 누구 할 것 없이 가장 현실적이고 구체적이고 직접적이고 귀중하고 절실한 가치가 지금 여기 내 생명이기 때문이다.

· 국가·종교·이념·명리 등 모든 것을 넘어서는 최고의 가치가 지금 여기 내 생명이기 때문이다.

· 누구 할 것 없이 가장 절실한 자기 문제이며 유일무이한 가치이므로 기존의 너와 나·남자와 여자·국가와 국가·종교와 종교·이념과 이념·이익과 손해의 벽을 넘어 함께 가꾸어 가야 할 중요한 보편적 가치가 내 생명이기 때문이다.

· 파괴적인 현대 문명의 모순과 위험을 극복하고 생명살림, 평화 실현의 대안적 삶과 대안적 문명을 열어 가는 길이 이 길뿐이기 때문이다.[42]

41 『붓다, 중도로 살다』, 249쪽.

42 도법, 「생명평화운동과 대승불교의 수행: 인드라망 존재(본래부처)와 동체대비행(보현행원)」, 『불교평론』 43호(2010년), 319~320쪽. (이하 「생명평화운동과 대승불

그렇게 중요한 생명과 생명들, 그들은 생존하기 위해서 투쟁하고, 그중에서 가장 강한 자가 약한 자를 먹으면서[弱肉强食] 살아남는[適者生存] 그런 전투적인 삶보다는 평화로운 삶을 원한다. "내 생명이 살고 싶은 삶, 내 생명이 누리고 싶은 삶을 한마디로 표현하면 바로 평화이다. 내 생명이 안전하게, 건강하게, 평화롭게 살고 싶어 하고, 그 삶을 실현하고자 하는 것이 뭇 생명들의 원초적 바람이다. 만일 지금 여기 내 생명이 평화롭게 살 수 없다면 국가·종교·정치 따위가 있어야 할 이유가 없고, 자유·정의·평화도 논할 필요가 없다."[43] 그렇다, 내 생명이 안전하지 못하고 위험에 처해 있다면 듣기에 좋은 그럴싸한 개념과 가치가 대체 무슨 소용이 있겠는가, 국가와 종교와 정치가 나에게, 특히 나의 생명에 아무것도 해줄 수 없다면 그들이 대체 무슨 의미가 있겠는가.

그래서 '생명의 평화', 즉 '생명평화'가 중요하다! 때문에 일찍부터 많은 사람들이 생명평화를 꿈꾸고 모색하지 않은 적이 없다. 그런데 다시 왜, 그리고 진부하게 생명평화를 들고 나왔는가? 굳이 생명평화를 들고 나온 이유가 무엇인가? 생명평화, 생명평화 무늬, 생명평화결사, 나아가 『생명평화경』을 받들고 믿고 따르는 입장에서는 이렇게 답하고 있다.

> 핵심적 이유는 두 가지이다. **하나는 보편적 진리에 어긋나는 그릇된 세계관인 실체론적 사고이다. 다른 하나는 이분법적인 방법론이다.** 그동안 우리는, 내세운 명분은 인류의 공동선인 생명평화였지만 구체적인 역사 현실

교의 수행」으로 줄이기로 한다). 『그물코 인생』, 79~80쪽 및 『붓다, 중도로 살다』, 249~250쪽에도 실려 있다. 책에서는 '때문입니다'로 되어 있다.

43 「생명평화운동과 대승불교의 수행」, 320쪽.

에선 나와 내 편이 아닌 너와 상대편의 생명평화를 공격하고 파괴하는 패거리싸움을 반복해 왔다. 그 결과 끊임없는 살상과 파괴의 악순환을 반복해 왔고 나아가 생명 위기, 평화 위기, 삶의 위기라는 최악의 상황을 자초하게 된 것이다. 그렇기 때문에 이제는 패거리 논리를 넘어서서 누구나 함께할 수 있는 **보편적 진리의 정신으로 생명평화를 추구해야 한다고 판단한다. 따라서 보편적 진리인 인드라망 세계관과 이분법을 넘어선 중도적 실천론으로 생명평화의 화두를 붙잡아야 우리가 찾고자 하는 해답을 찾을 수 있다**는 **믿음**으로 진부하지만 다시 생명평화를 들고 나왔다.[44]

보편적인 진리의 정신으로 생명평화를 추구해야 한다. 그런데 그 보편적인 진리는 인드라망 세계관인 것이다. 그리고 이분법을 넘어서는 중도적 실천론으로 생명평화를 화두로 삼아야 한다는 것이다. 그 같은 고뇌와 탐구의 결실이 바로 『생명평화경』이라 할 수 있겠다. 『생명평화경』은 이렇게 시작한다: "나는 다음과 같이 들었습니다. 눈 내리는 한밤중에 진리의 스승께서 말씀하셨습니다." 그 첫 구절을 처음 접했을 때 필자는 '여시아문(如是我聞)'이라는 구절을 떠올렸다. 부처가 말씀하시는 것을 내가 이렇게 들었다는 것이며, 그것은 모든 불경의 첫머리를 장식하는 상투적인 구절이기 때문이다.

그런데 "나는 다음과 같이 들었습니다."로 시작했다. 함박눈이 펑펑 쏟아져 내리는 한겨울 한밤중에 경전이 완성되었기 때문에 "눈 내리는 한밤중"이라고 표현했다."[45]라는 설명을 들었을 때 신선하다는 느낌을 받았다. 전

44 「생명평화운동과 대승불교의 수행」, 319쪽.
45 「생명평화운동과 대승불교의 수행」, 322쪽.

통적인 경전 형식을 빌리고 있지만, 실상은 '작자(作者)'의 해설이었기 때문이다. 그런데 해설에서는 그 앞부분에서 이렇게 말하고 있다. "특히 **개인의 창작이 아니고 인류 모두의 지혜로 이루어진 것임**을 나타내기 위해".[46] 인류 모두의 지혜로 이루어졌다는 것이다. 놀라운 주장이라 하지 않을 수 없다. 거기에 얽혀 있는 사연을 조금 더 길게 인용해보기로 하자. 『생명평화경』의 독특한 성격과 의미를 이해하기 위해서 꼭 필요한 부분이라 생각되기 때문이다.

> 자연스럽게 불교, 기독교, 이슬람교, 힌두교, 동학, 원불교, 동양철학 등 존재의 실상에 입각한 공통적인 세계관, 현대 과학이 제시하는 공통적인 세계관, 역사 경험으로 터득한 공통적인 세계관의 정신들을 종합적으로 반영했다. 예를 들어 본다면 "동체대비론"으로는 화엄의 세계관, "이웃을 내 몸처럼 사랑하라."라는 관점으로는 기독교의 세계관, 생명그물론으로는 과학의 세계관, 인내천의 관점으로는 동학의 세계관을 담았다.
>
> **동서고금을 막론하고 존재의 실상에 일치되는 보편적인 모든 세계관을 용해시켜서 만든 것이 『생명평화경』**이다. 그중에 제일 많이 참고한 것이 『화엄경』이다. 아니 화엄의 눈 즉 인드라망의 사상과 정신의 사유로 만들어진 것이 『생명평화경』이라고 하는 것이 더 정확하겠다.
>
> 따라서 **『생명평화경』은 누구의 창작이 아니다**. 기독교, 불교, 동양철학, 현대 과학, 동학, 역사적 경험 등 인류 문명사에서 존재의 실상에 근거하여 가꾸어진 기존의 보편성을 담고 있는 모든 세계관을 나름대로 종합하여 만

46 「생명평화운동과 대승불교의 수행」, 322쪽.

든 것이다.[47]

불교 경전의 형식을 띠고 있지만, 불교 이외에 기독교, 이슬람교, 힌두교, 동학, 원불교, 동양철학, 거기에 현대 과학까지 받아들일 만한 것은 다 받아들였다는 것, 나아가서는 그들을 종합해서 체계화했다는 것이다. "동서고금을 막론하고 존재의 참모습에 일치되는 보편적이고 공통적인 모든 세계관을 함축해서 만든 것이 바로 『생명평화경』입니다."[48] 인류의 지혜가 다 모인 것이기 때문에 그 누구의 창작일 수 없으며, 따라서 어느 한 개인이 만든 것은 아니라 한다.

하지만 참고한 모든 요소들이 균등하게 반영되어 있는 것은 아니며, 또한 같은 비중으로 참조한 것도 아니다. 그중에 제일 많이 참고한 것은, 실은 『화엄경』이며, "화엄의 눈 즉 인드라망의 사상과 정신의 사유로 만들어진 것이 『생명평화경』"이라 한다. "『화엄경』의 「입법계품(入法界品)」에 나오는 53선지식과 '좋은 말씀이 바로 붓다의 말씀[善說佛說]'이라는 정신을 좋은 기준으로 삼았습니다."[49] 화엄경의 내용을 한마디로 간추리면 겹겹이 무궁무진한 관계로 이루어지는 중중무진연기(重重無盡緣起)의 세계관과 동체대비행(同體大悲行)[사홍서원(四弘誓願)]이라고 할 수 있다고 한다.[50] 그래서 『생

47 「생명평화운동과 대승불교의 수행」, 321~322쪽. 『그물코 인생』, 47쪽에도 거의 비슷한 내용이 '~습니다'체로 실려 있다.
48 『붓다, 중도로 살다』, 224~225쪽.
49 『붓다, 중도로 살다』, 224쪽.
50 『붓다, 중도로 살다』, 225쪽. "동서고금을 막론하고 존재의 실상에 일치되는 보편적인 모든 세계관을 용해시켜서 만든 것이 『생명평화경』입니다. 그중에 제일 많이 참고한 것이 『화엄경』입니다. 『화엄경』은 80권으로 되어 있습니다. 그 내용을 한마디로 요약하면 중중무진연기(重重無盡緣起)의 세계관과 동체대비행이라고 할 수 있습

명평화경』 앞머리에 '화엄'이란 두 글자를 넣어 『화엄생명평화경』이라 적기도 한다.[51] 필자가 보기에 『화엄생명평화경』에서 『생명평화경』으로 나아간 것이 아니라 오히려 『생명평화경』에서 『화엄생명평화경』으로 물러선 것처럼 여겨진다.

이 같은 독특한 성격을 지닌 『생명평화경』은 분량이 그다지 많지 않다. 글자 수로는 1,500자가 채 안 되며, 원고지로는 약 16매 정도이다. 그 내용은 크게 네 단락, 즉 ①생명평화 세계관, ②생명평화 사회관, ③생명평화 인간관, ④생명평화 수행관으로 구성되어 있다고 할 수 있다. 당연히 그들 넷은 서로 유기적으로 연결되어 있다.

생명평화 세계관이라는 것은 결국 "상호 의존성, 상호 변화성의 우주적 진리"라는 것이며, 조금 부연하면 이러하다: "이것이 있음을 조건으로 저것이 있게 되고, 저것이 있음을 조건으로 이것이 있게 되며, 이것이 없음을 조건으로 저것이 없게 되고, 저것이 없음을 조건으로 이것이 없게 되나니라."[52] 말하자면 이 세계 내지 존재는 연기법, 즉 서로 의지하고 서로 돕고 서로 변화하는 조건에 따라 끊임없이 생성・소멸하는 형태로 전개되고 있다는 것이다. "'화엄의 세계관'으로 보면 세계는 본래 그물의 그물코처럼 불일불이한 생명공동체입니다. 낱낱 존재들도 본래 불일불이한 공동체 존재입니다. 본래 세계는 겹겹으로 무궁무진하게 서로 관계 맺어서 존재합니다. 따라서 본래 불일불이의 공동체 생명임을 사실대로 알고 그 정신에 일치하도록 삶을 살아야 한다는 뜻입니다. 존재의 실상을 사실대로 아는 것을 지혜라고 하고 그 정신에 일치하도록 실천하는 것을 자비라고 합니다."『그물코 인생』, 47쪽.

51 『붓다, 중도로 살다』, 233쪽.

52 『그물코 인생』, 21쪽; 『붓다, 중도로 살다』, 233쪽. 다만 거기서는 '~입니다' 체로 되어 있다. 이하 마찬가지.

니다. 세계가 마치 살아 있는 하나의 그물이라면 낱낱 존재들은 그물의 그물코와 같은 격입니다."[53] '인드라망 공동체 세계관'이라 해도 좋을 것이다.

그 같은 세계관, 다시 말해서 상호 의존성과 변화성이라는 보편적 진리에 의해서 저절로 이루어진 것이 자연 세계라 한다면, 그 바탕 위에서 사람들이 인위적으로 만들어 낸 것이 '사회'라 할 수 있다. 사회과학과 관련해서 가장 관심을 끄는 부분이라 해도 좋겠다. 『생명평화경』에서는 그 부분에 대해서 이렇게 설파하고 있다.

> 생명평화의 벗들이여!
> 자연은 뭇 생명의 의지처이고,
> 뭇 생명은 자연에 의지하여 살아가는 공동체 존재이니라.
> 이웃 나라는 우리나라의 의지처이고,
> 우리나라는 이웃 나라에 의지하여 살아가는 국가공동체이니라.
> **이웃 종교는 우리 종교의 의지처이고,**
> **우리 종교는 이웃 종교에 의지하여 살아가는 종교공동체이니라.**
> 이웃 마을은 우리 마을의 의지처이고,
> 우리 마을은 이웃 마을에 의지하여 살아가는 고향공동체이니라.
> 이웃 가족은 우리 가족의 의지처이고,
> 우리 가족은 이웃 가족에 의지하여 살아가는 가족공동체이니라.
> 그대는 내 생명의 어버이시고
> 나는 그대에 의지하여 살아가는 공동체 생명이니라.
> 진리의 존재인 뭇 생명은

53 『붓다, 중도로 살다』, 233쪽.

진리의 길을 걸을 때 비로소 평화로워지고 행복해지나니,

그대들은 깊이 사유 음미하여 실행할지니라.[54]

나와 그대, 우리 가족과 이웃 가족, 우리 마을과 이웃 마을, 우리 종교와 이웃 종교, 우리나라와 이웃 나라는 서로 의지해서 살아가는 공동체라는 것이다. 여기서 단연코 눈길을 끄는 것은 '종교' 부분이다. 우리 종교와 이웃 종교가 서로 의지해서 살아가는 종교공동체라는 것이다. 현실적으로 종교 갈등 문제가 심각한 사회현상이 되고 있는 오늘날, 서로 다른 종교들이 서로 의지해서 살아가는 종교공동체라는 생각을 가져야 한다는 것이다. 지난 역사를 굵직굵직하게 장식했던 '종교전쟁'이나 근래에 유행했던 종교에 뿌리를 둔 '문명 간의 충돌(Civilization Clash)'을 생각한다면 앞서 있는 사유라 하지 않을 수 없다.

자연과 사회 속에서 살아가는 인간은 자연의 질서에 순응해야 하지만 동시에 주체적으로 자기 삶을 영위해 가야 하는 존재이기도 하다. 결국 인간의 길은 자연과 사회의 모든 영역에서 주체적으로 서로 의지하고 도우며 함께 살아가야 한다는 것이다. 이기적인 삶을 버려야 한다는 것이다. 예컨대 종교 영역을 보게 되면 이렇게 된다. "우리 종교의 의지처인 이웃 종교를 불안하게 하는, 진리를 무시한 내 종교 중심의 이기적 삶을 버리고 이웃 종교를 내 종교의 하나님으로 대하는 진리의 삶을 살지니라."[55] 개인, 가족, 마을, 나라 모두 마찬가지라 하겠다.

마지막 부분은 『생명평화경』의 수행 체계인데, 진리의 말씀을 잘 듣고

54 『그물코 인생』, 21~22쪽; 『붓다, 중도로 살다』, 233~234쪽.

55 『그물코 인생』, 22~24쪽; 『붓다, 중도로 살다』, 235쪽.

음미하고 실천한다[聞思修]는 전통적인 불교 수행의 기본 체계를 따르고 있다. "거룩하십니다. 진리의 스승이시여! 진리의 가르침을 귀 기울여 잘 듣겠나이다. 깊이 사유 음미하겠나이다. 온몸과 온마음을 다하여 실행하겠나이다."[56]

이렇듯이 『생명평화경』은 그 분량은 얼마 되지 않지만 거기에 담겨 있는 내용은 결코 그렇지 않다. 자연과 인간, 그리고 인간이 만들어낸 사회 전반에 걸쳐서 상호 의존성과 상호 변화성에 입각한 신선하면서도 파격적인 내용을 담고 있다. 이제 몇 가지 특징적인 측면을 정리하는 것으로 이 절을 마무리하고자 한다.

첫째, 새로운 경전으로서의 『생명평화경』이라는 측면이다. 다시 말해서 생명평화를 설하는 '경전'이라는 위상으로까지 끌어올리고 있다는 점이다. 여느 경전처럼 "나는 다음과 같이 들었습니다."라는 구절로 시작한 것 역시 시사적이다. 현대적인 의미에서 냉철하게 말한다면 도법 스님의 '창작'이라 해야겠지만, 스스로 특별히 개인의 창작이 아니라고 부연하기도 했다. 인류 모두의 지혜로 이루어진 것임을 나타내기 위해 "나는 다음과 같이 들었습니다."로 시작했다는 것, 그리고 함박눈이 펑펑 쏟아져 내리는 한 겨울 한밤중에 경전이 완성되었기 때문에 "눈 내리는 한밤중"이라고 표현했다는 것이다. 겸손하면서도 자긍심이 담겨 있다고 해도 좋겠다. 그리고 역사적으로 보자면 인도에서 불교가 전해지는 과정에서, 그리고 불교 경전이 번역[譯經]되는 과정에서, 그 시대와 사회 그리고 토양에 적절하게 더러 경전을 새롭게 만들어 갔던[僞經, 緯經] 전통을 따른 것으로 볼 수도 있지 않을까 생

56 『그물코 인생』, 25쪽; 『붓다, 중도로 살다』, 236쪽.

각한다.

둘째, 불교 혹은 불교적인 사유만을 고집하지 않는다는 점이다. 『생명평화경』은 불교적인 사유, 특히 『화엄경』의 중중무진연기(重重無盡緣起) 세계관과 동체대비행(同體大悲行)[사홍서원(四弘誓願)]을 바탕으로 하면서 불교, 기독교, 이슬람교, 힌두교, 동학, 원불교, 동양철학 등 존재의 실상에 입각한 공통적인 세계관, 현대 과학이 제시하는 공통적인 세계관, 역사 경험으로 터득한 공통적인 세계관의 정신들을 종합적으로 반영하고자 했다는 점에서 지극히 독창적이다. "동체대비론"[화엄의 세계관], "이웃을 내 몸처럼 사랑하라."[기독교 세계관], 생명 그물론[과학의 세계관], 인내천의 관점[동학의 세계관] 등이 동시에 담겨 있다. 동서고금을 막론하고 존재의 실상에 일치되는 보편적인 모든 세계관을 융해시켜서 만들었다는 것이다. 이 같은 시도 역시 특정한 종교나 세계관에 얽매이지 않는 개방성과 더불어 보편적인 것들에 대한 포용성을 보여주고 있다고 하겠다.

셋째,『생명평화경』은 세계관, 사회관, 인간관, 수행관[聞 · 思 · 修]으로 구성되어 있는데, 특히 주목되는 것은 사회관이라 하겠다. 거기서는 개인, 가족, 마을, 종교, 국가 등의 범주를 설정하고 '우리'와 '이웃'으로 이루어지는 공동체를 설파하고 있다. 특히 이웃 종교는 우리 종교의 의지처이고, 우리 종교는 이웃 종교에 의지하여 살아가는 종교공동체라는 것, 그리고 우리 종교의 의지처인 이웃 종교를 불안하게 하는, 진리를 무시한 내 종교 중심의 이기적 삶을 버리고 이웃 종교를 내 종교의 하나님으로 대하는 진리의 삶을 살라고 갈파한다. 현실에서 볼 수 있는 종교 갈등과 전쟁, 종교에 뿌리를 둔 문명 간의 충돌 현상에 대한 반성을 촉구하는 것이라 해도 좋겠다.

3) 생명평화 백대서원 절 명상[57]

생명평화 무늬(로고)를 보면서 결사 활동을 펼치고, 경전으로서의 『생명평화경』을 읽고 외우는 것 외에 또 어떤 방법이 있을까? 그들을 좀 더 체화(體化)해서 자신의 것으로 만드는 것이라 해도 좋겠다. "생명평화 백대서원 절 명상"이 그것이라 할 수 있다. 생명평화 로고(무늬)가 "지금 여기 나, 사회, 세계의 실상과 생명의 염원인 평화로운 삶, 평화로운 사회 즉 자리이타의 길인 자기완성 사회완성의 길을 보여주고" 있다면, "그 길을 잘 갈 수 있도록 하기 위해 생명평화 로고의 세계관과 철학에 근거한 구체적 실천수행"으로 만들어진 것이 곧 '생명평화 백대서원 절 명상'이라 한다.[58]

우선 제목부터 보자면, 생명평화에 대해서는 앞에서 다루었기 때문에 더 이상 말하지 않아도 좋을 것이다. 그러면 '백대서원'이란 무엇인가. '백'이란 숫자는 부족함과 결함이 없는 온전함과 완전함을 말한다. '대'란 위대함, 큰 것을 말한다. 서원은 맹서와 발원을 말한다. 각오와 다짐이라 해도 좋겠다. 생명평화를 위해서 하는 백 가지의 큰 맹서와 발원 정도가 되겠다. 그러니까 "생명평화 백대서원은 인드라망 세계관의 정신으로 제시된 실천론인 보현행원을 일반화, 생활화할 수 있도록 하기 위해 백 가지로 확대한 것이다."[59] "백대서원은 수행과 삶, 즉 **삶이 수행이 되고 수행이 삶이 되도록 하는 바른 길을 제시한 것**입니다. 그 내용은 일원상과 삼보륜, 『생명평화경』

57 '생명평화 백대서원 절 명상'은 유튜브에서 영상으로 볼 수도 있다. 목소리는 도법스님. https://www.youtube.com/watch?v=wDP8hzQmaHI

58 "생명평화 백대서원 절 명상은 지금 여기 현장에서 자리이타 즉 자기완성, 사회완성을 실현하기 위한 생명평화 수행론"이라 하겠다. 『그물코 인생』, 33쪽.

59 「생명평화운동과 대승불교의 수행」, 326쪽.

과 무늬를 통해 말하고자 하는 것을 실제 일상의 삶에 적용할 수 있도록 백 개의 문장으로 나누어 표현했습니다. 이는 21세기 세계시민들이 살아야 할 오래된 미래의 길입니다."[60]

여기까지는 이해하는 데 전혀 어려움이 없다. 문제는 그다음부터다. '절 명상'이라는 것, 왜 그것이 필요한가? 우선 절에는 합장과 (좁은 의미의) 절이 포함된다. 합장은 "서로 의지하고 도우며 불일불이로 존재하는 한 몸 한 생명의 실상을 온전하게 나타내는 몸짓"이며, "절이란 주체적으로 낮은 자, 비우는 자, 나누는 자의 삶을 온전하게 실천하는 몸짓"이라 하겠다. "높고 귀하고 고마운 상대에 대한 섬김과 모심의 온전한 몸짓이 엎드려 절하는 것입니다. 절이란 상대를 섬기고 모시는 일을 온몸으로 온전하게 실천하는 몸짓입니다. 끊임없이 그물코처럼 존재하는 자신의 참모습(연기, 공)이 온전히 불일불이가 되게 하는 연습이 절입니다."[61] 실제로 우리는 아무데서나 그리고 누구에게나 절하지 않는다. 생각 없이 절할 수는 없다. "몸과 마음을 모아 절하는 일은 바로 지금 여기에서 자신의 존재를 온전하게 사는 일이요 자신의 존재를 온전하게 사는 일은 바로 **생활의 수행화, 수행의 생활화**"[62]라 할 수 있기 때문이다.

다음으로 '명상'은 "존재의 참모습, 존재의 진리(연기, 공)에 대하여 언제나

60 『붓다, 중도로 살다』, 244쪽.

61 『그물코 인생』, 91~92쪽; 『붓다, 중도로 살다』, 256~257쪽.

62 『그물코 인생』, 92쪽; 『붓다, 중도로 살다』, 256~257쪽. 거기에 이어지는 문장 이러하다. "생활의 수행화, 수행의 생활화가 그대로 부처의 삶이요, 예수의 삶입니다. 부처 행위 하면 그대로 부처요, 예수 행위 하면 그대로 예수입니다. 부처와 예수라는 말은 생명평화의 삶을 온전하게 살아가는 존재임을 뜻합니다." 부처의 삶과 예수의 삶이 동일시되고 있다.

깨어 있음과 흔들림 없는 평정을 가꾸는 실천"을 뜻한다. 따라서 '생명평화 백대서원 절 명상'에서의 명상은 "존재의 참모습에 입각한 생명평화의 세계관과 실천 방법을 담고 있는 서원문에 대하여 언제 어디에서나 늘 깨어 있고 흔들림 없게 하고자 하는 실천"을 의미한다.[63]

이들을 종합해보자면 '생명평화 백대서원 절 명상'은 생명평화를 온전하게 하기 위해서 만들어진 백 가지 서원을 절하면서 하나하나 깊이 생각하고 또 음미하는 것이다. 인드라망 세계관의 안목과 보현행원의 실천력을 구체화하기 위해서 '절하면서 명상하는 방식'을 선택한 것이다. 백대서원이니 절도 백 번 하는 것이다. 왜 그렇게 하는가.[64] 그렇게 함으로써 우리의 몸과 마음의 병, 그리고 현실적 삶의 문제를 치유하고 해결할 수 있다고 보기 때문이다. 백대서원의 내용은 우리로 하여금 올바른 인식과 태도를 확립할 수 있게 해 줄 수 있으며, 또 몸과 마음을 모아 온몸으로 지극하게 올리는 절은 우리 몸의 무기력과 질병을 치유해 줄 수 있다, 라고 한다. 해 본 사

63 『그물코 인생』, 93쪽; 『붓다, 중도로 살다』, 258쪽.

64 작자(作者)로서의 도법은 이렇게 말하고 있다. "더 구하고 이루고 얻고 소유하려는 구하는 마음 없이 주체적으로 존재의 법칙과 질서에 따르는 삶을 살면 그 생명이 안전하다. 주체적으로 존재의 질서와 조화로운 삶을 살면 그 삶이 평화롭다. 주체적으로 존재의 진리에 맞게 살면 그 삶이 자유롭다. 주체적으로 진리에 따라 알맞게 갖고 쓰며 사는 단순 소박한 삶을 살면 그 삶이 편안하고 아름답다. 자연과 어울리고 이웃과 어울리고 상대와 어울리는 단순 소박한 삶이야말로 인간이 살아가야 할 가장 바람직한 삶인 것이다. 그 삶을 생활화, 대중화, 현대화하기 위해 허공계가 다하고 중생계가 다할 때까지 헌신하고 또 헌신한다면 그대로 본래부처의 삶이요 도인의 삶이 아니고 무엇인가. 그렇기 때문에 너나 할 것 없이 **누구나 지금 여기에서 법의 길, 다르마의 길을 따르는 삶, 자리 이타의 길을 걸어가는 보살의 삶인 단순 소박한 삶을 생활화, 대중화, 현대화하기 위해 생명평화 백대서원 절 명상을 만들었다.**" 「생명평화 운동과 대승불교의 수행」, 325-326쪽.

람은 알지만 절하는 것은 결코 쉬운 일이 아니다. 더구나 백 번이나 절한다는 것은 그냥 아무 생각 없이 할 수 있는 것이 아니다. "지극한 정성을 다하여 몸과 마음이 하나 되도록 백대서원의 내용을 잘 듣고 음미하며 절을 하면 그 자리, 그 순간, 그 자체가 그대로 생명평화의 상태인 것"이라 한다. 따라서 '생명평화 백대서원 절 명상'은 우리가 생명평화의 길을 제대로 가고 있는지의 여부를 가늠하는 잣대이기도 하며, 동시에 생명평화의 삶을 충실하게 살고 있는지의 여부를 비추어 보는 거울이라 할 수도 있겠다.[65]

여기서 그들 백 개의 서원을 일일이 다 소개할 수는 없으며, 또 그럴 필요도 없을 것이다.[66] 1~3번까지는 일반론적인 내용을 담고 있으며[67], 4번부터 생명과 생명평화에 관한 내용이 나오기 시작한다.[68] 하지만 오로지 생명, 생명평화와 관련된 것만 나오는 것은 아니다.[69] 그러다 28번에 이르러 『생명평화경』이 등장한다. "생명의 실상에 입각하여 설명한 진리의 세계관인 『생명평화경』을 음미하며 절을 올립니다." 이어지는 내용의 개요를 정리해

65 『그물코 인생』, 94~95쪽; 『붓다, 중도로 살다』, 259~260쪽 참조.

66 백대서원은『붓다, 중도로 살다』, 262~272쪽에 실려 있으며, 『그물코 인생』, 128~237쪽에서는 원문과 함께 해설하고 있다. 이하 백대서원에서의 인용은 페이지를 생략하기로 한다.

67 "1. 주체적으로 진리가 삶을 자유롭게 한다고 하신 스승의 말씀을 마음에 새기며 첫 번째 절을 올립니다. 2. 끊임없는 자기 성찰과 올바른 현실인식이 문제 해결의 첫 걸음임을 마음에 새기며 절을 올립니다. 3. 일상적인 삶의 혼란과 부작용이 문제를 실사구시적으로 다루지 않았기 때문임을 돌아보며 절을 올립니다."

68 "4. 생명위기, 평화위기의 원인이 내 생명의 정체성에 대한 무지 때문임을 돌아보며 절을 올립니다."

69 예컨대 "10. 소유는 또 다른 소유를 나을 뿐 문제해결의 길이 될 수 없는 세상 이치를 생각하며 열 번 째 절을 올립니다. 11. 싸움은 또 다른 싸움을 부를 뿐 문제해결의 길이 될 수 없다는 역사의 소리를 경청하며 절을 올립니다. 12. 부자와 일등이 행복하다고 하는 것은 실현될 수 없는 관념의 환상임을 확신하며 절을 올립니다."

보면 다음과 같다.

29~32번: 진리의 길이라 할 수 있는 생명평화 세계관

33~40번: 보편적인 진리의 길이라 할 수 있는 인드라망 세계관에 의해서 형성된 생명평화 사회관

41~48번: 생명평화 인간관 가운데 있는 참회 내용

49~54번: 생명평화 인간관(1)

55~60번: 생명평화 인간관(2)

61~66번: 생명평화 인간관(3)

67~70번: 생명평화 서약 첫 번째 단락

71~75번: 생명평화 서약 두 번째 단락

76~79번: 생명평화 서약 세 번째 단락

80~83번: 생명평화 서약 네 번째 단락

81~87번: 생명평화 서약 다섯 번째 단락

88~91번: 생명평화 서약 여섯 번째 단락

92~96번: 생명평화 서약 일곱 번째 단락

97~100번: 생명평화 서약 여덟 번째 단락[70]

70 "97. 지금 여기 나 스스로가 생명평화의 등불임을 선언하는 생명평화 서약을 마음에 새기며 절을 올립니다. 98. 지금 여기 내가 밝힌 생명평화의 등불이 이웃과 사회를 밝히는 등불로 빛나기를 발원하며 절을 올립니다. 99. 모두가 등불이 되어 서로를 비춤으로써 온 누리가 생명평화의 세상이 되기를 발원하며 절을 올립니다. 100. 내가 밝힌 생명평화의 등불로 온 누리의 생명들이 진정으로 평화롭고 행복하기를 발원하며 백 번 째 절을 올립니다."

이상의 정리에서 알 수 있듯이 28번부터는 생명평화 세계관 · 사회관 · 인간관으로 구성되어 있는 『생명평화경』과 「생명평화 서약문」의 내용과 순서에 따르고 있다는 것을 알 수 있다. 따라서 '생명평화 백대서원 절 명상'은 생명평화 무늬(로고)와 서약문, 『생명평화경』의 내용을 토대로 하고 있다는 것, 그리고 그 내용을 압축적으로 정리해서 절하면서 명상할 수 있도록 만든 것이라 해도 좋을 것이다.

이제 '생명평화 백대서원 절 명상'에 대해서 필자가 생각하는 몇 가지 특징적인 측면을 논의하는 것으로 이 절을 마무리하고자 한다.

첫째, '생명평화 백대서원 절 명상'을 처음 접했을 때 문득 절에서 더러 하는 '백팔참회문'을 떠올렸다. 백팔 개의 참회문을 읽으면서 그 하나마다 절하는 것이다. 그러면서 참회하는 것이다. 108배는 불자들이나 관심을 가진 분들은 익히 알고 있을 것이다. 백대서원 역시 108배 참회를 응용하지 않았나 하는 생각이 든다. 하지만 108이 아니라 100이란 숫자를 택했다는 점이 중요하다. 108이라면 바로 백팔번뇌를 떠올리다 보니, 아무래도 불교 색채를 강하게 띠지 않을 수 없다. 이에 비해 백(100)이란 숫자는 하나의 단위가 되면서, 동시에 모든 것을 포괄하는 온전함 · 완전함이라는 이미지도 있다. 다시 말해서 불교 색채를 상당히 희석시키고 있다는 것이다.[71]

둘째, '생명평화 백대서원'에도 '참회' 부분이 없는 것은 아니다. 41~48번의 생명평화 인간관 가운데 있는 참회 내용이 그것이다.[72] 하지만 '서원'이라

71 '생명평화 백대서원 절 명상'과는 조금 다른 뉘앙스의 명상 절도 있다. '환경명상절 108배'[지구, 자연을 위한 명상절 108배] 녹색사찰 언양 백련사 천도스님 음성.https://www.youtube.com/watch?v=N8ZhcNlgWbw

72 "41. 본래 한 몸, 한 생명 공동체임을 망각한 이기적 삶을 참회하게 하는 『생명평화경』을 음미하며 절을 올립니다. 42. 뭇 생명의 뿌리인 자연을 함부로 취급해 온 인간

했듯이 참회에 머물러 있지 않다. 불교적인 번뇌나 참회 색채를 크게 희석시키면서 '절'과 '명상'이라는 형식을 빌려서 간절한 '서원'을 말한다. 그 내역에서도 단연 생명과 생명평화가 주축을 이루고 있다. 새로운 경전으로서의 『생명평화경』과 「생명평화 서약문」의 내용과 순서를 머릿속으로 생각하면서 절하고 명상할 수 있다. 한마디로 '생명평화 수행론'이라 할 수 있겠다.

셋째, 이미 『생명평화경』에서 보았듯이 '생명평화 백대서원 절 명상' 역시 '내 종교 중심'에서 벗어나 이웃 종교에 대해 열린 자세를 과감하게 보여주고 있다. 지구화시대에 잘 어울리는 종교관이라 해도 좋겠다.[73] 백대서원에서 다른 종교가 언급되고 있는 것은 무려 5회(전체의 1/20)에 이른다.[74]

중심의 이기적 삶을 참회하며 절을 올립니다. 43. 우리나라의 의지처인 이웃 나라를 배척해 온 내나라 중심의 이기적 삶을 참회하며 절을 올립니다. 44. 우리 종교의 의지처인 이웃 종교를 부정해 온 자기 종교 중심의 배타적 삶을 참회하며 절을 올립니다. 45. 우리 가족의 의지처인 이웃가족을 외면해 온 내 가족 중심의 이기적 삶을 참회하며 절을 올립니다. 46. 내 생명의 어버이신 그대를 가볍게 취급해온 자기중심의 이기적 삶을 참회하며 절을 올립니다. 47. 내 나라, 내 종교, 내 가족 중심의 이기심으로 살아온 왜곡된 집단 중심의 삶을 참회하며 절을 올립니다. 48. 소유와 힘의 논리, 경쟁과 지배의 논리로 살아온 왜곡된 자기 사랑의 삶을 참회하며 절을 올립니다."

73 유일신 신앙체계를 가진 종교가 과연 이같은 개방성과 포용성을 보여줄 수 있을지 의문이다. 그런 측면에서 불교가 앞서 나가고 있다고 해도 좋을 것이다.

74 "36. 우리 종교는 이웃 종교에 의지하여 살아가는 종교공동체임을 마음에 새기며 절을 올립니다. 44. 우리 종교의 의지처인 이웃 종교를 부정해 온 자기 종교 중심의 배타적 삶을 참회하며 절을 올립니다. 52. 이웃 종교를 내 종교의 하나님으로 대할 때 비로소 내 종교가 빛나게 되는 진리를 생각하며 절을 올립니다. 58. 내 종교 중심의 편협한 삶을 버리고 이웃 종교와 함께하는 자족의 삶을 다짐하며 절을 올립니다. 63. 이웃 종교의 개성과 가치의 존귀함을 이해, 존중, 감사하는 진리의 삶을 다짐하며 절을 올립니다."

4. 맺음말: '동체대비(同體大悲)'와 '본래붓다'

이 글에서는 오늘날 한국 사회 전반에 걸쳐서 생명평화 사상과 운동이 전개되고 있는 상황을 보면서, 불교의 생명평화 사상과 운동에 초점을 맞추어 검토해 보고자 했다. 먼저 불교의 생명평화 사상에 대해서 정리해 본 다음, 구체적인 사례로서의 '생명평화결사', 『생명평화경』, 그리고 '생명평화 백대서원 절 명상'에 대해서 살펴보았다.

우선 불교의 경우 기본적으로 생명과 평화를 중시하는 자비의 가르침이며, 모든 살아 있는 존재, 끝까지 가게 되면 일체중생을 대상으로 하는 사유라 할 수 있다. 그런 의미에서 불교는 중생 중심의 세계관인 셈이다. 그래서 보살이 중생을 수순(隨順)하는 것은 곧 부처님께 순종 · 공양하는 것이며, 중생을 존중하여 섬기는 것은 곧 부처님을 존중하여 받드는 것이며, 중생을 기쁘게 하는 것은 곧 부처님을 기쁘게 하는 것이라 한다. 일체중생은 뿌리가 되고 부처님과 보살들은 꽃과 열매가 되어 자비의 물로 중생들을 이롭게 하면, 모든 부처님과 보살들의 지혜의 꽃과 열매를 이루게 된다고 한다.

그 같은 생각은 '사생(四生)'과 '육도(六道)' 관념을 통해서 구체화되었다고 하겠다. 생명의 네 가지 양태는 인간을 포함한 생명의 층차와 다양성을 인정, 중시할 뿐만 아니라 인간의 위상을 상대화시키고 있다. '육도'는 생명이 존재하는 여섯 개의 세계를 말하는데, 생명체는 행위[업]에 따라 '육도'를 윤회하게 된다. '업(業)'과 '윤회(輪廻)'[전생(轉生)]가 그런 관념을 떠받쳐 주고 있다. 사생과 육도에는 차별과 서열이 존재하지만, 과거-현재-미래로 이어지는 불교의 아주 기나긴 시간관에 의하면, '생명평등'이라 할 수 있는 열린 비전도 얻을 수 있다. 그리고 누구나 오늘에 이르기까지 삶을 거듭하면서 부모 은혜를 입지 않을 수 없었으니, "육도의 중생이 모두가 다 너의 여러 생에 걸친 부모"라는 데 이르게 된다. 육도 중생을 마치 부모 대하듯이 하라는 것이다[六道衆生이 多生父母!].

이어 현재적인 생명평화 사상과 운동의 구체적인 사례로서의 생명평화결사, 『생명평화경』, 생명평화 백대서원 절 명상에 대해서 살펴보았다.

(1) '생명평화결사'의 정신은 「생명평화 서약문」에 잘 나타나 있으며, 또한 생명평화 무늬(로고)가 상징해 주고 있다. 나아가서는 '생명평화의 대동세상'이라는 이상 세계를 제시해 주기도 했다. 생명평화결사가 사용하는 생명평화는 새롭지만, 그 정신은 불교의 근본 교리와도 통하는 것이며, 다만 현재의 문제 인식을 토대로 하여 현대적인 언어로 좀 더 분명하게 표현한 것으로 볼 수 있다고 보았다. 그리고 결사라는 용어에는 불교의 개혁, 혁신운동이라는 지향성이 있으며, 그것은 고려 말에 태동한 지눌(知訥)의 정혜결사(定慧結社), 요세(了世)의 백련결사(白蓮結社), 현대의 봉암사결사(鳳巖寺結社)를 잇는 것으로 볼 수 있다. 다만 현대적인 의미의 생명평화를 위한 결사라는 점에서 그 특성이 드러난다고 보았다.

(2) 새로운 경전으로서의 『생명평화경』은 글자 수로는 1,500자가 채 안 되며, 원고지로는 약 16매 정도가 된다. 그 내용은 크게 생명평화의 ①세계관, ②사회관, ③인간관, ④수행관으로 구성되어 있다. 그들은 서로 유기적으로 연결되어 있다. 하지만 생명평화를 설하는 '경전'이라는 위상과 형식을 취하고 있다. 첫머리에 "나는 다음과 같이 들었습니다."라는 구절로 시작하는 것이 그렇다. 불교 경전이 번역[譯經]되는 과정에서, 그 시대와 사회 그리고 토양에 적절하게 경전을 만들어 갔던 전통을 따른 것으로 볼 수도 있겠다.

그런데 『생명평화경』은 불교 혹은 불교적인 사유만을 고집하지 않는다. 『화엄경』의 중중무진연기(重重無盡緣起)와 동체대비행(同體大悲行)의 세계관을 바탕으로 하면서 불교, 기독교, 이슬람교, 힌두교, 동학, 원불교, 동양 철학, 현대 과학의 가르침 등을 종합적으로 반영하고자 했다는 점에서 독창적이다. 아울러 사회관에서도 이웃 종교에 대해서 열린 자세를 보여주고 있다. 이웃 종교는 우리 종교의 의지처이고, 우리 종교는 이웃 종교에 의지하여 살아가는 종교공동체라는 것, 그리고 우리 종교의 의지처인 이웃 종교를 불안하게 하는, 진리를 무시한 내 종교 중심의 이기적 삶을 버리고 이웃 종교를 내 종교의 하나님으로 대하는 진리의 삶을 살라고 갈파한다.

(3) '생명평화 백대서원 절 명상'은 생명평화를 온전하게 하기 위해서 만들어진 백 가지 서원을 절하면서 하나하나 깊이 생각하고 또 음미하는 것이다. 인드라망 세계관의 안목과 보현행원의 실천력을 구체화하기 위해서 '절하면서 명상하는 방식'을 선택한 것이다. 그렇게 함으로써 우리의 몸과 마음의 병, 그리고 현실적 삶의 문제를 치유하고 해결할 수 있다고 보기 때문이다. "지극한 정성을 다하여 몸과 마음이 하나 되도록 백대서원의 내용을 잘 듣고 음미하며 절을 하면 그 자리, 그 순간, 그 자체가 그대로 생명평화의 상태인 것"이라 한다. 따라서 '생명평화 백대서원 절 명상'은 우리가 생명평화의 길을 제대로 가고 있는지의 여부를 가늠하는 잣대이기도 하며, 동시에 생명평화의 삶을 충실하게 살고 있는지의 여부를 비추어 보는 거울이 된다는 것이다.

처음 '생명평화 백대서원 절 명상'을 보게 되면 사찰에서 백팔 개의 참회문을 읽으면서 그 하나마다 절하는 백팔참회문을 떠올릴 수도 있겠지만, 108 대신 100을 택했다는 점에서 불교적인 색채를 많이 희석시키고 있다. 물론 백대서원에는 참회하는 부분도 들어 있기는 하지만, '서원'이라 했듯이 절과 명상이라는 형식을 빌려서 간절한 바람을 말한다. 생명평화 수행론이라 할 수도 있겠다. 또한 『생명평화경』과 마찬가지로 '내 종교 중심'에서 벗어나 이웃 종교에 대한 열린 자세를 과감하게 보여준다. “우리 종교의 의지처인 이웃 종교를 부정해 온 자기 종교 중심의 배타적 삶을 참회하며 절을 올립니다.”(44) “이웃 종교를 내 종교의 하나님으로 대할 때 비로소 내 종교가 빛나게 되는 진리를 생각하며 절을 올립니다.”(52)

이렇게 본다면 구체적인 사례로서의 생명평화결사, 『생명평화경』, 생명평화 백대서원 절 명상은 불교의 근본정신을 따르면서도 시대와 상황에 맞게, 현재의 언어로 부처의 말씀과 가르침을 설한 것으로 볼 수 있지 않을까. 과격한 입장에서 부처는 한 말씀도 하지 않았다고 주장할 수도 있겠다. 이심전심과 염화시중(拈花示衆)의 미소 역시 외면할 수 없다. 지극한 것을 말로 표현하려고 하면 그 진수(眞髓)는 전달할 수 없다. 하지만 예외를 제외한다면 언어를 통하지 않고서는 다른 사람들에게 전달할 수는 없다. 말씀과 가르침의 근본원리는 변하지 않지만, 급격하게 변해 가는 시대와 상황은 새로운 언어 체계를 요청한다는 것이다.

그런 측면에서 불교에서의 전통과 혁신이라는 계기를 생각해 보게 되었다. 사실 『생명평화경』은 성립은 ‘경전’ 형식을 빌려 부처의 뜻을 말하는 것으로 볼 수도 있겠다. 그런데 어떤 측면에서는 불교의 틀을 과감하게 뛰어넘는 부분도 없지 않다. 예컨대 다양한 종교나 사상을 기꺼이 받아들이고 있는 부분, 그리고 “이웃 종교는 우리 종교의 의지처이고, 우리 종교는 이웃 종교에 의지하여 살아가는 종교공동체이니라.” ‘생명평화 백대서원 절 명상’의 경우 참회 108배[108번뇌]를 응용하면서도, 불교적인 번뇌와 참회의 색채를 걷어 내면서 절하는 간절한 서원 형식 같은 것이 그렇다.

그런 부분을 보면서 필자는 “모든 법이 부처님 법(一切法皆是佛法)”이라는 것을 특별히 강조했던 성철 스님의 『백일법문』, 그리고 “법도 버려야 하거늘 하물며 법이 아님에 있어서랴",[75] "빛깔로 나를 보려고 하거나 소리로 나를 구하는 자, 그는 사도(邪道)를 행하는 자이니 여래를 볼 수 없을 것"[76]이라 한 『금강반야바라밀경』(금강경)의 가르침을 되돌아볼 수 있었다.

이제 '생명평화결사', 『생명평화경』, '생명평화 백대서원 절 명상'의 주역이라 할 수 있는 도법과 관련해서 한 가지 덧붙이는 것으로 이 글을 마무리하고자 한다. 그는 최근 「붓다로 살자 발원문」을 내놓았다.[77] 그 발원문은 이렇게 시작한다. "신기하고 신기하도다. 어리석음에서 깨어나 보니 사람이 그대로 오롯한 붓다이네." 깨어나서 보면 사람이 그대로 붓다, 즉 '본래붓다'라는 것이다. 본래붓다인 만큼 거룩한 붓다로 살아야 한다는 것이다.[78] 그렇다, 붓다로 살자. 그것이 곧 '21세기 시민붓다 불교'라는 것이다.

사실 '발원문'이라는 형식은 불교에 아주 익숙한 것이다. 예컨대 여래십대발원문(如來十大發願文), 이산혜연선사 발원문(怡山慧然禪師 發願文) 등을 들 수 있겠다. 「붓다로 살자 발원문」은 그같은 발원문 형식에 『아함경(니까야)』과 『화엄경』의 가르침을 창조적으로 활용하여 담았다는 것이다. 「붓다로 살자 발원문」과 '본래붓다'를 보면서 "모든 중생은 모두 부처의 품성을

75 "知我說法, 如筏喩者, 法尙應捨, 何況非法"[제 6 正信稀有分].

76 "若以色見我, 以音聲求我, 是人行邪道, 不能見如來" [제 26 法身非相分]

77 발원문 전문은 『붓다, 중도로 살다』, 30~33쪽에 실려 있다. 800여자, 원고지 8.5매 정도.

78 "뭇 생명의 아픔을 내 아픔으로 여겨 한 생명 빠짐없이 평화와 행복의 길로 이끌었던 붓다의 고귀한 삶과 정신을 따라 **저희 또한 지금 여기서 거룩한 붓다로 살겠습니다.**" "**나와 너, 우리 모두가 붓다임을 한시도 잊지 않으며 온 세상이 생명평화 공동체가 되는 그날까지 붓다로 살기 위해** 쉼 없이 정진하고자 하오니 거룩한 삼보이시여, 저희의 굳은 서원이 이뤄지도록 지켜주소서." 「붓다로 살자 발원문」.

지니고 있다.",[79] "기이하고 기이하구나! 일체중생이 모두 여래와 같은 지혜로운 덕성이 있건마는 분별 망상으로 인하여 깨닫지 못하는구나."[80] 하는 구절들을 문득 떠올릴 수 있었다. 도법 스스로 토로하듯이, 그는 아주 '오래된 미래의 길', '오래된 미래의 불교'를 말하고 있는 것이다.[81] 이에 대해서는 필자의 다음 연구 과제로 삼고자 한다.

79 "一切衆生, 悉有佛性".『열반경(涅槃經)』.

80 「菩提樹下, 初成正覺, 歎曰 "奇哉奇哉. 一切衆生, 皆有如來智慧德相, 以分別妄想而不能證得」.『화엄경(華嚴經)』.

81 도법,「오래된 미래, 개벽과 생명평화」, 제1회 개벽포럼 강의안, 2019.; "21세기 시민붓다의 불교 '붓다로 살자'는 어느 종교도, 종교가 있고 없고도 관계없이 범종교 시민대중 누구나 함께할 수 있도록 하고자 하는 오래된 미래의 길, 오래된 미래의 불교로 제시된 것입니다."『붓다, 중도로 살다』, 12쪽.

통합생태학과 생명평화운동의 접점*

허남진 인천대 기초교육원 강사

* 이 글은 필자의 「통합생태학의 지구적 전개」(『한국종교』 50, 2021)를 수정한 것이다.

1. 머리말

오늘날 우리는 기후위기, 생물 서식지의 파손과 멸종, 기아, 빈부격차 심화 등 지속가능한 삶을 위협하는 지구적 위기에 직면하고 있다. 이처럼 우리는 지구를 포함한 모든 생명이 위협에 놓여 있는 '지구위험시대'에 살고 있다. 이러한 지구적 위기는 인간과 자연, 인간과 인간 등 총체적인 관계가 파괴되고 있다는 것을 명백히 보여준다. 이제 인간과 인간, 국가와 국가 간의 평화가 아닌 인간과 자연까지 포괄하는 지구공동체의 평화가 절실히 요구된다.

오늘날 생태위기는 인간이 전체 지구공동체의 구성원으로 공동체에 의존한다는 (생태적) 진실을 망각하며 발생했다. 즉, 인간만의 안녕을 위해 자연과 지구를 과도하게 착취하고, 이용한 결과이다.[1] 인간이 지질학적 힘으로 작용하여 지구시스템의 변화에 지대한 영향을 미쳤다는 인류세 담론이 대표적인 예이다.

이와 같은 지구적 위기상황에서 서구와 남미에서는 통합생태학, 한국에서는 생명학과 같은 학문적 전환의 흐름과 생명운동[생명평화운동]이 전개되

1 박태현.「만물은 서로 연결되어 있고 인간도 결코 예외가 아니다 - 생태 정의와 인권, 그리고 지구법[학]」,『가톨릭평론』 11. 2017, 24쪽.

고 있다. 생태위기 나아가 지구위기 상황을 해결하기 위해 서구에서는 행성적 사유를 통해 지속가능한 지구공동체의 평화를 모색하고자 통합생태학이라는 명칭으로 통합적 지구학이 활발하게 전개되고 있다.[2] 한국의 생명평화운동 역시 서구와 남미의 통합생태학과 공명(共鳴)한다. 통합생태학과 생명평화운동의 공통점은 생태와 평화의 지평 확장에 있다. 생태학이 생물학의 분야학에서 자연・사회・인간 등을 포괄하는 생태학으로 확장된 것처럼, 지구적 생태위기 상황에서 지구공동체의 평화담론으로 확장된 것이다. 인간과 인간뿐만 아니라, 이 지구에 사는 모든 존재들이 함께 더불어 살아가는 근본적인 평화가 필요하다는 인식이다. 이것이 바로 통합생태학, 생명평화운동이다.

이하에서는 통합생태학의 지구적 전개를 추적하기 위해 서구, 남미, 한국을 중심으로 통합생태학의 흐름과 목적을 살펴볼 것이다. 이후 지구적으로 전개되고 있는 통합생태학과 생명평화사상과의 접점을 밝힐 것이다.

2 이하의 '통합생태학' 흐름은 다음의 책을 참조했다. Sam Mickey, *On the Verge of a Planetary Civilization A Philosophy of Integral Ecology*. London: Rowman & Littlefield Publishers, 2014; Sam Mickey, Sean Kelly and Adam Robbert(eds.), *The Variety of Integral Ecologies: Nature, Culture, and Knowledge in the Planetary Era*. New York: State University of New York Press, 2017.

2. 서구의 통합적 지구학으로서 통합생태학

1) 전일적 사유(Whole Earth Thinking)

전일적인 지구 사유(Whole Earth Thinking)는[3] 1960년대 우주에서 지구를 바라본 경험으로 시작됐다. 이러한 사유는 지구에 거주하는 모든 존재가 서로 연결되어 있다는 지구공동체로서의 인식을 출현시켰고, 지구를 인간과 자연 그리고 만물이 거주하는 '공동의 집'으로 인식하게 되었다. 이렇게 지구에 거주하는 모든 존재가 서로 연결되어 있다는 생태학적 존재 곧 지구공동체(Earth Community)를 구성하고 있다는 행성시대(planetary era)가 시작되었다. 하지만 인간은 지구에서 살아갈 수밖에 없는 지구적 존재임에도 불구하고 지구, 인간, 인간 이외의 존재들과 공생하는 방법을 잘 알지 못했다. 이제 인간은 지구는 인간 · 자연 · 만물의 공동의 집이라는 생태적 인식, 인간과 모든 생명 그리고 지구가 위협받고 있다는 파멸에 대한 인식, 지구와 인간 그리고 만물은 운명공동체라는 인식에 대한 자각을 통해 지구에서 살아가는 방법을 배워야 한다.[4]

생태학이 집, 주거지를 뜻하는 오이코스(oikos)와 로고스(logos)가 결합된 개념이라는 점에서 생태학은 지구학인 셈이다. 이에 따라 생태학의 연

3 "전일적 사유(Whole Earth Thinking)"용어는 샘 미키(Sam Mickey)가 스테파니 카자(Stephanie Kaza)와 게리 스나이더(Gary Snyder)로부터 계발 받은 용어로 지구공동체의 공존을 모색하기 위한 통합적 사유와 방법을 의미한다.(Sam Mickey. *Whole Earth Thinking and Planetary Coexistence Ecological wisdom at the intersection of religion, ecology, and philosophy*. New York: Routledge, 2016, pp. 2-15)

4 에드가 모랭, 『지구는 우리의 조국』. 이재형 옮김. 문예출판사. 1996, 255-256쪽

구 대상에는 지구라는 '집'과 그 집에 함께 거주하는 모든 존재까지 포함된다. 프랑스의 철학자이자 사회학자인 에드가 모랭(Edgar Morin, 1921-현재)은 지구를 '물리적·생물학적·인류학적 측면이 복합된 총체'로 정의하면서 '지구운명공동체(earthly community of destiny)'라는 개념을 제시했다. 인간공동체도 지구운명공동체 속에 포함된다는 것이다.[5] 이와 함께 인간과 모든 생명을 지구의 자식(child of the Earth)으로 바라보고 지구를 조국(Homeland earth)이라 말했다.[6] 그에게 20세기 말의 가장 중요한 사건은 인간이 지구라는 행성과 밀접한 관련을 맺고 있고, 지구의 운명과 연관되어 있다는 지구운명공동체에 대한 인식의 출현이다. 우리는 지구에서 태어나고, 지구에 속해 있으며, 지구 위에 살고 있다는 것이다. 그래서 그에게 지구는 집이며 모태(母胎) 즉 조국이다. 따라서 인간은 지구운명공동체라는 점을 깨닫고 지구를 보존하고 구원해야 한다고 주장한다.[7]

인류세 시대, 생태 위기 등 우리가 지금 지구에서 살아간다는 것은 곧 지구공동체의 공존에 도전받고 있다는 것을 의미한다. 전 지구적 차원의 해결책을 모색하기 위해 '지구학'이라는 학문 분야가 출현한 것처럼 지금과 같은 전 지구적 위기 상황에 대응하기 위해서는 전일적 사유가 필요하다. 전일적 사유는 진화하는 우주 안에 위치한 상호 연결된 행성에 인간과 자연이 지구공동체를 이루면서 살고 있다는 자각이다. 즉 인간은 지구라는 행성에서 인간 이외의 존재들과 함께 생태적 관계 속에서 연결되어 있다는 통

5 위의 책, 83-84쪽.
6 위의 책. 171쪽.
7 위의 책. 254-260쪽.

합적 사유이다.[8]

전일적 사유는 생동하는 지구공동체의 출현을 고양시키고 인간을 재창조하고 그리고 생태적 지혜를 찾고자 하는 사고이기도 하다.[9] 다시 말해, 지구가 직면하고 있는 도전에 대해 포괄적이고 적절한 해석을 하기 위해 서로 다른 학문과 서로 다른 지식의 경계를 교차하려는 노력이다.

지구공동체의 지속 가능한 공존을 이해하는 데 기여한 대표적인 학문 분야는 생태학이다. 초기 생태학이 생물학의 한 분야학으로 출발했지만 환경생태학, 인간생태학, 사회생태학, 경제생태학, 정치생태학, 문화생태학, 종교생태학 등 최근 생태학과 실천은 매우 다양하게 전개되고 있다. 이렇듯 생태학은 지구 전체에 대한 연구로 전환되고 있다. 전일적 사유에 근거하여 지평이 확장되고 있는 것이다. 그만큼 전 지구적 위기가 복합적으로 연결되어 있다는 것을 반증한다. 전일적 사유에 근거하여 지구와 인간 그리고 모든 존재가 지구라는 행성에서 공존하는 것을 모색하기 위한 학문적 전환이 통합생태학이다.[10]

8 Sam Mickey, *Whole Earth Thinking and Planetary Coexistence Ecological wisdom at the intersection of religion, ecology, and philosophy*. New York: Routledge. 1015, p. 144.

9 Sam Mickey, *On the Verge of a Planetary Civilization A Philosophy of Integral Ecology*. London: Rowman & Littlefield Publishers, 2014, p. 109.

10 Sam Mickey, *Whole Earth Thinking and Planetary Coexistence Ecological wisdom at the intersection of religion, ecology, and philosophy*, pp.2-6; Sam Mickey, *On the Verge of a Planetary Civilization A Philosophy of Integral Ecology*, 2014 p.4.

2) 통합적 지구학으로서 통합생태학

1866년 독일 생물학자 에른스트 헤켈(Ernst Haeckel, 1834-1919)이 처음 사용한 생태학이라는 말은 희랍어 '오이코스(oikos)'에서 나온 '에코(eco)'와 학문을 의미하는 로고스(logos)가 결합된 용어로 유기체와 자연환경과의 상호 의존성에 대한 생물학적 연구로부터 시작되었다. 생태학이 생물학적 연구에서 차츰 다양한 학문적 영역의 주요한 주제로 부각된 것은 생태 위기가 인류 및 지구 행성 자체의 파멸로 이어질 수 있다는 문제의식이 확산되면서부터이다.[11] 이와 같이 생태학은 생물학뿐만 아니라 경제학, 사회학, 문학, 철학, 종교학 등과 분리될 수 없는 학문 분야로 확장되고 있다. 이후 통합생태학(integral ecology)이라는 새로운 흐름이 전개된다. 2015년 프란치스코 교황이 반포한 회칙 「찬미받으소서(Laudato si)」에서 통합생태학을 주장하면서 최근 다양한 맥락에서 '통합생태학'이라는 용어가 등장하고 있다. 이러한 통합생태학은 인간을 포함한 지구공동체가 직면하고 있는 상호 연결된 위기에 효과적으로 대응하기 위해 제안된 것이다.

'통합생태학'이라는 용어는 1958년 힐러리 무어(Hilary Moore)의 『해양생태학(Marine ecology)』에서 처음 출현했다. 이후 미국의 심리분석학자이자 심리상담 전문의인 클라리사 에스테스(Clarissa P. Estés, 1945-현재)가 야성과 여성의 심리적 · 신화적 연관성에 대해 연구한 『늑대와 함께 달리는 여인들(Women who run with wolves: Myths and stories of the wild woman archetype)』에서 '통합생태학' 용어를 사용했다.[12] 본격적으로 통합생태학의 흐름을 주

11 유기쁨, 「생태주의와 종교연구 흐름과 전망」. 『종교문화연구』 9, 2007, 55쪽.

12 Sam Mickey, Sean Kelly, and Adam Robbert(eds.), *The Variety of Integral Ecologies:*

도한 인물은 지구철학자 펠릭스 가타리(Félix Guattari, 1930-1992), 브라질 해방신학자 레오나르도 보프(Leonardo Boff, 1938-현재)와 천주교 사제이면서 지구학자인 토마스 베리(Thomas Berry, 1914-2009)이다. 최근에는 프란치스코 교황이 전 지구적 문제를 해결하기 위해 통합생태학을 제안하면서 본격적으로 통합생태학의 논의가 활발하게 진행되고 있다.

우선 통합생태학은 두 가지 문제의식에서 시작한다. 첫째, 오늘날 지구와 지구에 거주하는 모든 존재의 위기를 해결하기 위해서는 전일적 사유를 통해 다양한 생태적 지혜를 수렴해야 한다는 것이다. 둘째, 모든 것은 연결되어 있다는 사고이다. 즉 오늘날의 생태 위기는 단순히 자연환경의 문제가 아닐 뿐만 아니라 사회적 · 정치적 문제로 완전히 환원될 수 없다는 것이다. 이러한 두 가지 문제의식은 지구적으로 논의되고 있는 통합생태학의 특징이다.

이처럼 서구의 통합생태학은 생태 위기를 해결하는 것이 하나의 관점으로는 불가능하다는 문제의식에서 출발했다. 광범위하고 복합적인 생태 위기를 설명하고 해결하기 위해서는 인문학과 과학 등 다양한 학문이 통합되어야 한다는 것이다. 통합생태학의 가능성을 논하기 위해서는 다양한 학문의 생태화가 선결되어야 한다.

토마스 베리는 실제로 통합생태학이라는 용어를 언급하지는 않았다. 하지만 그의 여러 저작에서 통합생태론적 사유를 찾을 수 있다.[13] 그는 생태적

Nature, Culture, and Knowledge in the Planetary Era. New York: SUNY Press, 2017, p. 8.

13 에스베른 하겐스는 토마스 베리의 저서에 '통합비전(integral vision)', '통합생태적 공동체(integral ecological community)', 통합기능(integral functioning), 인간을 지구의 통합적 구성원으로 바라보는 등 '통합'이라는 단어가 들어 있다는 점에서 그를 통

영성과 함께 영적 안내자(spiritual guide)로서 통합적 생태주의자의 필요성을 주장했다. 통합적 생태주의자를 통해 태초에 시작된 우주의 성스러움 측면을 이해할 수 있게 되었다는 것이다.[14] 그에 의하면, 가이아 이론을 통해 지구를 통합적으로 이해하기 시작했다. 그렇기 때문에, 이제 지질학 · 화학 · 생물학 등 지구의 통합적 기능에 관심을 두는 연구들이 새로운 시각으로 거듭나야 한다고 주장한다.[15] 그러므로 그에게 통합적 생태학은 통합적 지구학(integral earth studies)을 의미하며, 그것은 지구공동체에서 인간의 생태적 지위에 대한 탐구이다. 이를 통해 인간과 지구가 상호 이익이 되도록 우리 인간과 문화적 전통을 재창조하는 데 목적이 있다.[16] 그가 제창한 생태대(Ecozoic era)는 바로 그러한 시대를 지칭한다. 현재 지구공동체를 괴롭히고 있는 파괴는 인간을 자연 세계와 분리시키고 있는데 그것은 '지구의 통합된 단일 공동체'에 참여하는 의식을 발전시키지 못하는 인간의 의식과 행동의 형태가 가져온 결과이기도 하다. 그렇기 때문에 베리의 '위대한 과업(the Great Work)'은 '인간을 재창조하는 것'이며, 지구공동체 구성원으로서 통합된 지구공동체에 참여하는 새로운 형태의 의식을 창조하는 것이다.[17] 요약

합생태학의 개척자라고 말한다. (Sean Esbjörn-Hargens, Sean, "Ecological Interiority: Thomas Berry's Integral Ecology Legacy". *In Thomas Berry, Dreamer of the Earth: The Spiritual Ecology of the Father of Environmentalism.* edited by Ervin Laszlo and Allan Combs. Rochester: Inner Traditions, 2011, pp. 92-104)

14 Thomas Berry, *The sacred universe: Earth, spirituality, and religion in the twenty-first century*. M. E. Tucker. ed.. New York: Columbia University Press, 2009, pp. 129-138.

15 토마스 베리. 『위대한 과업』. 126-128쪽.

16 위의 책. 207-210쪽.

17 위의 책. 15쪽.

하면 토마스 베리의 통합생태학적 사유는 지구와 지구에 거주하는 모든 존재가 공존하기 위한 모색이다.

한편 이러한 통합생태학적 사유는 프랑스 녹색당 창당 멤버인 지구철학자 펠릭스 가타리의 『세 가지 생태학』에서 찾을 수 있다. 『세 가지 생태학』에는 자연과 인간의 관계를 주요 연구 대상으로 설정한 환경생태학, 사회적 관계를 강조하는 사회생태학, 이 세계의 상태가 인간의 정신 상태와 연결되어 있다고 보는 정신생태학 등 3가지 흐름으로 도식화되어 있다. 가타리는 세 가지로 생태학을 분류하고 있지만 행성 규모의 생태 위기에 대응하는 것이 다차원적인 작용이 없이는 불가능하다는 관점에서 세 가지 생태학의 작용 영역을 통합해야 한다고 주장한다. 그래서 그가 제안한 '생태철학(Écosophie)'은 세 가지 생태학을 통합시키기 위한 개념이다. 가타리는 이렇게 세 가지 생태학의 통합을 주장하고 있지만 주체성 생산에 주목하고 있다는 점에서 그의 통합생태학은 마음생태학에서 시작한다. 가타리는 네트워크나 공동체 속에서 어떤 특이점이 발생했을 때 전체를 변화시킬 수 있다는 '분자혁명론'과 결부시켜, 마음생태학의 영역을 주체성 혹은 특이성 생산기제로 보고 있다. 마음생태학을 통해 주류 사회와 다른 특이성을 창출시켜, 마치 생태계에서 부분의 변화가 전체에 변화를 줄 수 있다는 관점에서 특이성이 출현하게 되면 생태계에 의존하는 자본주의는 고장 나거나 다른 방향으로 움직일 수밖에 없게 된다는 것이다.[18]

18 펠릭스 가타리, 『세 가지 생태학』. 윤수종 옮김. 동문선. 2003, 8-9쪽 ; 신승철, 「환경과 민주주의: 생명위기 시대에서 생태 민주주의 역할- 가타리의 생태학적 구도와 주체성 논의를 중심으로」, 『기억과 전망』 25, 2011, 50쪽.

3. 남미의 인간과 지구의 통합적 해방을 위한 통합생태학

1) 해방신학과 생태학의 통합

통합생태학의 두 번째 흐름은 생태 위기를 해결하는 것이 하나의 관점으로는 불가능하다는 시각이다. 행성적 차원의 생태 위기를 설명하고 해결하기 위해서는 인문학과 과학 등 다양한 학문이 통합되어야 한다는 것이다.

레오나르도 보프는 「생태와 가난: 지구의 울부짖음과 가난한 자의 울부짖음(Ecology and Poverty: Cry of the Earth, Cry of the Poor)」에서 과학, 인문학, 보존(conservation), 환경주의 운동에서 나타난 접근 방식을 하나로 모으는 생태학의 통합적 접근을 주장했다. 보프는 생태학을 '관계의 학문이자 관계의 예술'이라고 정의한다.[19] 기존의 살아 있는 존재를 중심으로 전개된 생물학적 생태학의 개념이 확장되고 있다고 보면서 생태학을 '살아 있는 존재이든 그렇지 않은 존재이든 모든 존재가 자신과 그리고 존재하는 모든 것과 갖는 관계, 상호작용, 대화'로 확장시키고 있다. 이에 따라 생태학은 자연과의 관계(환경생태학)뿐만 아니라 사회와 문화(사회생태학, 인간생태학)와 관계가 있게 된다.[20] 그는 모든 것은 연결되어 있다는 관점에서 생태학이 모든 것을 연결시키는 태도 곧 학제적 이해를 발전시켜야 한다고 주장한다. 그래서 그는 생태학적 기본 자세를 통합적 관점으로 이해한다. 이러한 주장에 기초하여 소외된 입장에서 그리고 지구의 모든 존재가 위협받고 있는 지구 위기 상황에서 모든 실천과 지식을 생태학적 관점으로 재조명해야 한다

19 레오나르도 보프, 『생태신학』. 김항섭 옮김. 가톨릭출판사, 2013, 23쪽.
20 위의 책. 21쪽.

고 주장한다. 생태경제학, 생태사회학, 생태정치학, 생태의학, 생태심리학, 생태신학처럼 생태화가 되어야 한다는 것이다.[21]

그는 다양한 생태학을 '기술의 길'(생태기술학), '정치의 길'(생태정치학), '사회의 길'(사회생태학), '윤리의 길'(생태윤리학), '정신의 길'(정신생태학), '영성의 길'(우주적 신비) 등 '길'로 설명한다.[22] 즉 생태 문제를 해결하는 다양한 길이 있다는 것이다. 하지만 전통적인 생태학의 한계를 지적한다. 식물학, 산림학, 해양학, 생물학, 유전학을 중심으로 이루어진 환경생태학은 사회적 악을 고려하지 않았다고 비판한다. 즉 자연에서 더욱 중요한 존재인 소외되고 가난한 사람들에 대한 침해와 자연을 연결 짓지 못한다는 것이다. 그에게 참된 생태학은 전일적이고 자연과 함께하는 연대적 계약을 전제하는 것이다. 해방신학적 틀에서 생태학을 논하고 있다는 점에서, 그의 생태학은 인간의 문제와 자연의 문제를 밀접한 상호 관계 속에서 고려하는 사회생태론적 관점과 통합적 영성을 강조하는 영성생태학에 가깝다.

보프의 통합생태학은 생태적 위기가 단순히 종이나 생태계의 문제가 아니라 전체로서의 지구가 위기에 직면하고 있다는 위기 담론에 근거한다. 여기서 '전체로서의 지구'는 전일적 사유와 유사하다. 이러한 문제의식에서 가난한 자와 지구의 통합적 해방을 위해 해방신학과 생태학을 통합시킨다. 이에 따라 생태학은 삶과 노동의 질적 향상, 사회복지와 함께 자연의 복지를 포함하는 사회의 모델과 발전 모델에 대한 비전이 담겨져야 한다고 말한다.[23] 오늘날의 연구는 약 1천5백만 년 동안 이어진 진화의 과정이 전개될

21 위의 책. 24-27쪽.
22 위의 책. 36-59쪽.
23 위의 책. 28-30쪽.

수 있는 상태의 유지가 가능하고, 사회-우주적 번영이 이루어질 수 있도록 사회와 자연의 새로운 계약이 창출될 수 있는 통합적 생태학이어야 한다고 주장한다.[24] 그의 논의를 좀 더 밀고 나가면, 지금까지 환경에 대해서는 일정하게 성찰됐지만, 총체적인 환경에 대해서는 제대로 성찰하지 못했다고 비판한다. 그는 모든 생명체는 그것을 형성해 주는 생명 조건들의 총체와의 관계 속에서 성찰되어야 한다는 것이다. 그러므로 보프의 생태학은 모든 것이 더불어 형성하는 관계와 상호 연결 상태, 상호 의존 상태 그리고 상호 교환 상태에 대한 지식이다. 이런 관점에서 생태학은 물리학, 해양학, 지질학, 생물학, 동물학, 인문학, 천문학, 우주론 등과 같은 특정 지식이 상호 연결된 지식에 관한 지식이 된다.[25] 그렇기 때문에 경제, 정치, 사회, 군사, 교육, 도시, 농업 등도 생태학적 성찰의 대상이 된다.[26]

한편 보프의 통합생태학은 생명과 자유를 향한 가난한 사람들의 울부짖음과 억압하에서 신음하는 지구의 울부짖음을 자신들의 출발점으로 설정하고 있다. '지구의 울부짖음과 가난한 자의 울부짖음'은 토마스 베리가 제시한 위대한 과업인 지구와 인간의 상호 번영과 일치한다. 특히 보프는 사회적 번영은 인간중심주의에서 벗어나 식물, 동물, 미생물 등 자연에 존재하는 모든 존재가 행성공동체(planetary community)를 구성하기 때문에 이들의 요구에도 주의를 기울여야 한다고 주장한다.[27] 이 지점에서 해방신학

24 Leonardo Boff and Virgilio Elizondo, "Ecology and Poverty: Cry of the Earth, Cry of the Poor". *Concilium: International Journal of Theology* 5, 1995, pp. ix-x.

25 레오나르도 보프. 『생태공명』. 황종렬 옮김. 대전가톨릭대학교출판부. 2018, 25-26쪽.

26 Leonardo Boff and Virgilio Elizondo. Ibid.. ix-x.

27 Sam Mickey. *On the Verge of a Planetary Civilization A Philosophy of Integral Ecology*, p. 20.

과 생태학이 통합된다. 해방신학과 생태학의 통합을 주장하는 보프는 해방신학과 생태 담론 모두 가난의 상처와 지구에 가해지는 약탈이라는 두 상처에서 출발한 것으로 보았다. 해방신학이 생태적 관심에서 시작되지는 않았지만 생태론과 직접적인 관계가 있다고 말한다. 즉 가난한 이들과 억압당하는 이들이 자연에 속하고, 생태적 곤경을 겪는 상황에 처해 있기 때문이다.[28] 그래서 인간 참상은 해방신학이 생태론을 성찰하는 출발점이 된다. 이렇게 보프는 해방신학과 생태학을 통합시켜 인간들이 서로 관계를 형성하는 방식(사회정의)과 인간이 자연 안에서 다른 존재들과 자신들의 관계를 조직화해 가는 방식(생태 정의) 등 사회정의와 생태 정의를 통합시킨다. 지구도 사회와 발전 모델의 약탈적이고 치명적인 조직 아래에서 울부짖고 있기 때문에 가난한 자의 울부짖음과 지구의 울부짖음은 분리된 것이 아니라 서로 연결되어 있기 때문이다. 결국 이를 발생시키는 근본 원인에 대한 성찰을 통해 인간과 지구의 통합적 해방이 이루어져야 한다고 주장한다. 행성 지구에서 평화가 보장될 때 비로소 생태적이고 사회적인 정의가 실현된다고 말한다.[29] 그래서 보프가 주장하는 통합적 해방은 인간과 인간, 지구와 인간, 인간과 만물의 평화 곧 지구평화를 의미한다.

28 레오나르도 보프. 『생태공명』. 225-231쪽.
29 위의 책. 240-241쪽.

2) 프란치스코 교황의 '통합생태학'

1971년에 바오로 6세 교황은 레오 13세의 회칙 『새로운 사태(Rerum Novarum)』 반포 80주년에 "인간들이 자연을 무분별하게 착취하여 자연을 파괴하고 그러한 오용의 재앙이 이제는 바로 인간에게 미칠 위험이 있다."라고 지적한 이후 1990년대부터 교황청 주요 문헌에서 생태 문제를 주요한 현안으로 다루기 시작했다. 천주교에서 생태 문제를 비중 있게 다루면서 생태적 각성을 부각시킨 인물은 요한 바오로 2세이다. 그는 1990년 「제23차 세계 평화의 날 담화」에서 '창조주 하느님과 함께하는 평화, 모든 피조물과 함께하는 평화'를 통해 이전 인간 중심의 평화론을 모든 피조물의 평화론으로 확장시켰다. 1991년 회칙 『백주년(Centesimus Annus)』에서는 '인간의 생태학'과 '노동의 사회생태학'에 대한 관심을 강조했다. 여기서 '인간의 생태학'은 인간의 환경윤리 문제, '노동의 사회생태학'은 도시 생활의 심각한 문제를 제기하기 위한 용어로 사용했다.

베네딕토 16세 교황은 2007년 「제40차 세계평화의 날 담화」를 통해 '평화생태학(ecology of peace)'을 제안했다.

> '평화생태학'
>
> 8. 교황 요한 바오로 2세께서는 회칙 「백주년(Centesimus Annus)」에서 "하느님께서 인간에게 원래의 선한 목적을 따라 사용하도록 땅을 주셨을 뿐 아니라, 인간도 선물하셨으니 인간은 자신이 타고난 자연적 윤리적인 구조를 존중해야 한다."라고 말씀하셨습니다. 창조주께서 위임하신 이러한 임무에 응답하여 인간은 평화로운 세상을 만드는 데 참여할 수 있습니다. 자연생태학과 더불어 이른바 '인간' 생태학이 있습니다. 이는 다시 '사회' 생태학을

필요로 합니다. 이 모든 것은 인류가 진정으로 평화를 바란다면 자연생태학 곧 자연 존중과 인간생태학의 연관성을 더욱 잘 인식해야 함을 의미합니다. 환경을 무시하면 인간의 공존을 해치고 그 반대의 경우도 마찬가지라는 것을 경험이 말해 줍니다. 피조물과의 평화와 인간 간의 평화에는 불가분의 연관성이 있다는 것이 더욱 자명해지고 있습니다.

9. (생략)환경을 부적절하거나 이기적으로 사용하는 환경 파괴와 지구 자원의 무자비한 축적은 불만과 갈등 그리고 전쟁을 야기합니다.[30]

베네딕토 16세는 인류가 진정으로 평화를 건설하기 위해서는 자연생태학과 인간생태학의 연관성을 인식해야 한다고 주장하면서 피조물과의 평화와 인간 간의 평화는 불가분의 관계에 있음을 주장했다. 자연과의 평화 없이는 인간의 평화가 불가능하다는 것이다. 지구공동체의 공존을 위한 지구평화론이 베네딕토 16세 때부터 본격적으로 제안되고 있다. 2010년 「제43차 평화의 날 담화문」에서 "평화를 이루려면 피조물을 보호하십시오."라는 생태 정의론을 제창하였다.[31] 담화문에서 베네딕토 16세는 '환경 난민들'의 문제를 통해 생태계 위기가 다른 문제와 밀접하게 연관되어 있음을 지적했기 때문이다. 특히 피조물의 보호와 평화 건설은 긴밀하게 연결되어 있다는 인식에 근거하여 "인간생태학이 이 사회 안에서 존중받을 때, 환경생태학도 혜택을 받는다."라고 하면서 환경생태학과 인간생태학의 통합을 요

30 베네딕토 16세. 「2007년 세계평화의 날 담화 8항」. 2007년 1월 1일.

31 교황 요한 바오로 2세. 「1990년 세계 평화의 날 담화」 및 교황 베네딕토 16세. 「2010년 세계 평화의 날 담 화」 참조.

청했다.[32] 프란치스코 교황은 2015년 천주교 역사상 최초의 생태회칙인 「찬미받으소서(Laudato si)」를 통해 '통합생태학'을 본격적으로 논의했다.

> 생태 위기가 복합적이고 그 원인이 다양하기 때문에 해결책이 현실을 해석하고 변화시키는 한 가지 방법에서만 나올 수 없다는 사실을 깨달아야 합니다. 이는 여러 민족들의 다양한 문화적 풍요, 곧 그들의 예술과 시, 그들의 내적 삶과 영성에 의지해야 한다는 것입니다. 만약 우리가 파괴한 모든 것을 바로잡게 하는 생태론을 발전시키고자 한다면, 어떠한 학문 분야나 지혜를 배제할 수 없습니다. 여기에는 종교와 그 고유 언어도 포함됩니다.[33]

프란치스코 교황은 지금의 생태 위기는 복합적이고 그 원인 역시 다양하기 때문에 그 해결책을 찾기 위해서는 종교생태학을 포함한 다양한 생태 지혜를 수렴하여 생태론을 발전시켜야 한다고 주장했다. 이렇게 프란치스코 교황은 생태 문제를 신학적으로 성찰하면서 자본주의로 대표되는 산업 문명이 어떻게 지구를 착취했고, 불평등을 초래했는지에 대한 문제를 제기하면서 통합생태학을 통해 해결 방안을 모색했다. 프란치스코 교황은 생태 위기의 근원을 '기술' · '기술 관료적 패러다임의 세계화'에서 찾았고, 기술 관료적 패러다임의 세계화에 대응하는 다른 시각 · 사고방식 · 정책 · 교육 · 생활 방식 · 영성의 필요성을 주장했다.[34] 여기서 프란치스코 교황의 통합생태학의 사유가 확인된다. 여기서 '통합적'이라는 의미는 완전한 혹은

32 베네딕토 16세 「제43차 평화의 날 담화」. 2010년 1월 1일.

33 프란치스코. 『찬미받으소서』, 63항.

34 프란치스코. 『찬미받으소서』, 63항.

전일적인 의미를 담고 있다. 그래서 교황에게 생태학은 인간과 자연과의 관계뿐만 아니라 인간과 인간, 신과 인간, 인간과 사회 등 모든 관계를 의미한다.

교황의 통합생태학적 사유는 인류공동체를 포함하여, 모든 존재, 곧 모든 피조물이 근본적으로는 상호 관계를 맺고 있다는 사실에서 출발한다. 그렇기 때문에 생태회칙의 중심에는 하느님과 인간, 그리고 모든 피조물 사이에 있는 근본적인 관계성이 위치하고 있다.[35] 이와 같이, 프란치스코 교황은 환경정의에서 생태 정의로의 전환을 주장한다. 지구의 울부짖음과 가난한 이들의 울부짖음에 응답해야 할 필요성을 주장하면서 사람(People), 지구(Planet), 번영(Prosperity), 평화(Peace), 동반자 관계(Partnership) 등 5가지의 통합을 제안했다. 이를 '통합적 접근'으로 지칭하고 있는데 이는 "모든 것은 연결되어 있다."라는 문제의식에서 출발한 것이다.[36]

이렇듯 프란치스코 교황의 생태회칙은 "모든 것은 연결되어 있다."라는 문제의식에서 시작한다. 환경 위기와 사회 위기가 별개의 위기가 아닌 환경적인 동시에 사회적인 복합적 위기에 당면하고 있다는 인식에서 통합생태학을 주장한 것이다. 프란치스코 교황에게 환경은 '자연과 그 안에 존재하는 사회가 이루는 특별한 관계'를 의미한다. 그래서 생태 문제의 근원을 확인하기 위해서는 사회 기능, 경제, 행태, 유형, 현실 이해 방식에 대한 분석이 이루어져야 한다는 것이다.[37]

35 『찬미받으소서』. 139항.

36 위의 책. 79-92쪽.

37 프란치스코. 『찬미받으소서』, 139항.

> 오늘날 우리는 참된 생태론적 접근은 언제나 사회적 접근이 된다는 것을 깨달아야 합니다. 그러한 접근은 정의의 문제를 환경에 관한 논의에 결부시켜 지구의 울부짖음과 가난한 이들의 울부짖음 모두에 귀를 기울이게 해야 합니다.[38]

프란치스코 교황은 보프와 동일하게 가난한 이들과 지구의 취약함의 긴밀한 관계에 대해 성찰했다. 그에게 지구를 소외시키고 약탈하는 것과 가난한 사람들을 억압하고 약탈하는 것(생태적 불평등)은 분리된 것이 아니라 긴밀하게 연결된 위기이다. 그래서 생태 위기와 사회 위기는 분리된 위기가 아니라 사회적인 동시에 환경적인 복합적인 위기로 인식한다. 따라서 그 해결책을 찾기 위해서는 환경, 경제, 사회, 문화 나아가 일상 생활의 생태학을 통합하는 접근이 필요하게 된다.

프란치스코 교황은 보프와 동일하게 정의의 문제를 생태와 연결시켜 지구의 울부짖음과 가난한 이들의 울부짖음 모두에 귀를 기울여야 한다고 요청했다.[39] '지구의 울부짖음과 가난한 이들의 울부짖음'이라는 언급에서 확인할 수 있듯이, 프란치스코 교황의 「찬미받으소서」는 기후변화의 위기와 사회경제적 부정의가 서로 연결되어 있음을 강조하는 등 보프의 통합생태학의 문제의식을 공유하고 있다.

주지한 바와 같이, '지구의 울부짖음과 가난한 사람들의 울부짖음'은 해방신학과 생태학을 결부시킨 보프의 통합생태학과 일치한다. 프란치스코 교황과 보프는 지구와 인간의 해방을 강조하는 통합적 해방을 강조했다.

38 프란치스코, 『찬미받으소서』, 49항.
39 프란치스코, 『찬미받으소서』, 49항.

프란치스코 교황과 보프 모두 생태계의 남용으로 인한 피해와 그 피해가 지구와 가난한 사람들에게 미치는 영향을 인식했다. 그들에게 지구를 소외시키고 약탈하는 것은 가난한 사람들을 억압하고 약탈하는 것과 다르지 않다.[40] 남미 출신인 프란치스코 교황과 보프는 중남미 주교회의 생태 문제에 대한 입장에 영향을 받았을 것이다. 또한 인간의 발전이 경제적, 정치적 측면뿐만 아니라 도덕적, 정신적, 문화적 등 인간존재의 모든 차원에서 고려되어야 한다는 천주교 사회의 가르침 등 전일적 인간 발전 개념을 통합생태학으로 확장시켰다고 볼 수 있다.

프란치스코 교황은 2017년 브라질 교회의 형제애 캠페인에 보낸 메시지에서 '개인적, 사회적, 생태적 회개'를 강조했다. 이 메시지에서 교황은 환경의 훼손에는 언제나 사회 불의가 수반된다고 인식하고 지구를 학살하고 가난한 이들의 존엄을 해치는 지구적 위기에 대해 경고했다.[41]

끝으로 남미의 통합생태학의 특징을 정리해 보자. 남미의 통합생태학은 "모든 것은 연결되어 있다.", "지금의 위기는 생태적 위기이면서 동시에 사회적 위기라는 복합적 위기이다."라는 문제의식에서 생태 위기와 그에 따른 가난한 사람들을 연결시키고 있다. 그래서 남미의 통합생태학은 오늘날의 지구적 위기의 모든 측면을 고려하고 해결책을 모색하는 생태학을 의미한다.

다음 장에서는 서구 및 남미의 통합생태학과 한국의 생명평화운동이 어

40 Canceran, delfo cortina, "Climate Justice: The Cry of the Earth, the Cry of the Poor (The Case of the Yolanda/Hayain Tragedy in the Philippines)". *Solidarity: The Journal of Catholic Social Thought and Secular Ethics*. Vol. 8-1, 2018, p. 3.

41 프란치스코 교황, 『우리 어머니인 지구(Nostra Madre Terra)』. 한국천주교중앙협의회, 2020, 59-61쪽.

떠한 지점에서 접점을 이루는지 살펴보겠다.

4. 한국의 생명평화운동

일찍이 생태철학자 박준건은 서로 대립하는 모든 것은 서로 의존하고 보완적이기 때문에 심층생태론과 사회생태론이 화해할 수 있는 방향을 모색해야 한다고 주장한 바 있다. 그에 의하면, 생태 문제는 정치 · 경제 · 사상 · 문화 · 교육 · 종교 등과 연결되어 있고 특히 소비와 욕구를 조작하는 자본의 논리에 긴밀하게 연결되어 있기 때문에 인간중심주의는 극복되어야 하지만 생태 문제를 다룰 때 인간과 인간 사회를 도외시하는 것은 아무런 소용이 없다. 그래서 의식혁명(심층생태학)과 사회혁명(사회생태학)의 통합을 주장한다.[42] 이러한 문제의식을 명확하게 담고 있는 운동이 한국의 생명운동과 생명평화운동이다.

1) 생명학과 생명운동

한국의 민주화 이후 사회운동의 주요한 흐름 중 하나는 생명운동이다. 생명운동은 '환경'문제를 사회문제로 간주하고 생명의 살림이라는 이념적 차원에서 운동화한 것으로서, 근대 산업 문명이 초래한 위기에 대한 자각과 그로 인해 인간과 생태 곧 모든 생명의 위기에 대한 인식에서 시작된 운동

42 박준건. 「생태적 세계관. 생명의 철학」. 경상대학교 인문학연구소 엮음. 『인문학과 생태학-생태학의 윤리적이고 미학적인 모색』. 백의, 2001, 75-80쪽

이다. 만물이 생명 아닌 것이 없다는 인식하에서 온 생명체를 살리는 생명운동 곧 살림운동이 전개되고 있는 것이다. 대표적인 한국 생명운동을 전개하고 있는 '한살림'의 「한살림선언」에서 확인할 수 있듯이, "한살림은 생명에 대한 우주적 각성이며, 자연에 대한 생태적 각성이고, 사회에 대한 공동체적 각성이다."라는 문구는 남미의 통합생태학적 사유를 연상시킨다.

한국 생명운동은 1960~1980년대 원주 그룹을 중심으로 전개되었다. 원주 지역의 생명운동은 당시 천주교 원주교구를 중심으로 전개된 민주화운동, 농촌 지역의 협동운동에 대한 성찰과 전환 과정에서 출현했다. 이러한 전환 과정에서 새로운 가치관과 그에 맞는 생활양식을 만들고자 1985년 '한살림'이 창립됐다. '한살림'은 "모든 생명을 함께 살린다.", "모든 생명이 더불어 산다.", "모든 생명이 더불어 사는 세상을 이룬다.", "모든 생명은 유기적 연관 속에서 더불어 무한하게 공생한다." 등의 의미로, "경쟁과 분열·부정과 불신·공해와 파괴가 나날이 만연·심화되어 가는 생명파괴의 '죽임의 질서'를 공생과 협동·화합과 신뢰가 가득한 생명살림의 '삶의 질서'로 전환하여 자연과 인간·인간과 인간의 올바른 관계를 형성·창조하기 위해" 시작되었다.[43] 이처럼 한살림은 모든 생명이 상생하는 지구공동체의 평화를 실현시키기 위해 시작됐다.

43 '한살림'은 '모든 생명을 함께 살린다', '모든 생명이 더불어 산다', '모든 생명이 더불어 사는 세상을 이룬다', '모든 생명은 유기적 연관 속에서 더불어 무한하게 공생한다'는 등의 의미로, "경쟁과 분열, 부정과 불신, 공해와 파괴가 나날이 만연·심화되어 가는 생명파괴의 '죽임의 질서'를 공생과 협동, 화합과 신뢰가 가득한 생명살림의 '삶의 질서'로 전환하여 자연과 인간, 인간과 인간의 올바른 관계를 형성·창조하기 위해" 시작되었다.(이상국, 「한살림운동이란?」. 『도시와 빈곤』. 통권 19호, 1995, 46-48쪽.

한국 생명운동을 주도한 인물은 김지하(1941-2022)와 장일순(1928-1994)이다. 김지하는 1980년대부터 생명학과 그에 기반한 생명운동을 제창했다. 김지하의 생명사상은 전 지구적으로 확산되고 있는 생명파괴 현상 곧 생태적 위기에서 출발한다. 그는 "생명이 위태롭다, 지구 생태계 전체가 심각히 오염되어 있다. 그것을 먹어야 하는 인간 생명도 위태롭다."라고 지구적 위기를 진단하고 죽임에서 살림의 문명으로 전환해야 한다고 주장했다.[44] 그에게 생명운동이란 생명의 '죽임'으로부터 '살림'이다.[45] 이를 동양 사상 용어로 표현하면, 함께 살고, 서로 살리는 '공생'과 '상생', 한글로 표현하면 '살림'이다.

김지하는 서구 생태운동을 환경 정책과 개량주의적 환경운동의 제1의 물결, 사회구조, 경제제도, 문화와 사상 등 근본적인 문제의 해결을 요구하는 제2의 물결 등 2가지 물결로 설명하면서 제3, 제4의 물결이 출현하고 있다고 말했다. 이를 생태학의 흐름으로 대비시키면, 제1의 흐름은 환경생태학, 제2의 흐름은 사회생태학 또는 문화생태학이다. 그렇다면 그가 예언하는 또 다른 흐름은 '좀 더 근본적인 문명 전환의 문제와 문명적인 가치관, 세계관, 우주관의 문제'에 대한 요구이다.[46] 이러한 요구에 대한 그의 학문적 모색이 '생명학'이다. 유럽식의 생태학에 대응하고 한국의 동학사상을 바탕으로 동서양을 통합시키기 위해 '생명학' 곧 한국적 생명사상을 정립하고자 했다.[47] 지구적 생태 위기를 근본적으로 해결하기 위해서는 동학, 풍수학과

44 김지하. 『생명과 평화의 길』. 문학과지성사. 2005, 244쪽.
45 위의 책. 245쪽.
46 김지하. 『생명학 1-생명사상이란 무엇인가』. 화남, 2008, 37-42쪽.
47 위의 책. 23쪽.

서양 생태학을 상호 보완적으로 결합시켜야 가능한 것으로 보았다.[48] 서양 생태학의 틀에서 벗어나 시선을 한국 사상으로 돌리고 있는 것이다. 다시 말하자면, 서양 생태학의 한계를 동양 사상을 통해 보완하고자 한 것이다.

그런데 김지하는 왜 자신의 '학'을 생태학이 아닌 '생명학'으로 명명했는가? 논란의 여지는 있지만, 그는 '환경'과 '생태'는 잘못된 개념이라고 비판했다. '환경'은 철저한 인간중심주의와 유물적 지구관의 산물이며, '생태' 또는 '생태학'은 생명계와 무생명계를 명확히 구분한다는 것이다. 그에게 우주 만물은 무생명계까지 포함하는 스스로 생성하고 자기 조직화하는 생명이며, 이를 '우주생명'으로 지칭했다.[49] 이러한 우주생명론은 모든 존재를 주체로 인식하는 '우주적 공동주체' 개념으로 이어졌다.[50]

> 생물학, 진화론, 불교와 동학, 노장학, 주역과 기학 등 생명이나 생성, 변화와 관련된 책들을 닥치는 대로 읽기 시작하였고 바로 그 무렵에 환경문제, 녹색운동, 생태학적 사유에 관한 유럽의 움직임들을 책을 통해 알게 되었으며, 생명이라는 화두의 시대적 중요성과 함께 생명사상, 생명운동의 방향을 구상하기에 이르렀습니다.[51]

여기서 나타나듯, 김지하의 '생명학'은 가이아 이론, 지구시스템과학, 양자역학, 생물학, 철학 그리고 동양 사상의 통합적 연구를 통해 형성되었다.

48 김지하. 『생명과 자치: 생명사상 · 생명운동이란 무엇인가』. 솔, 1996, 96쪽.
49 김지하. 『생명학 1-생명사상이란 무엇인가』. 76-79쪽.
50 김지하. 『흰 그늘의 미학을 찾아서』. 실천문학사, 2005, 274쪽.
51 위의 책. 63쪽.

자신이 탐독한 종교 문헌과 과학 서적이 모두 생명으로 귀결되었다는 자각에서 '생명학', '생명운동'의 방향이 설정된 것이다. 하지만 '가시적으로 드러난 질서'의 생태 연구나 학적 체계로는 지구적 생명파괴를 해결할 수 없고 영성의 자각이 선결되어야 한다고 주장했다.[52] 즉 지구와 우주 전체의 보이지 않는 숨겨진 질서에 대한 근원적 인식에 기초한 생태학의 변화를 요청했다. 전일적 지구 사유를 통해 생태학이 변화되어야 한다는 것이다. 이상과 같이 그가 주창한 '생명학' 혹은 '우주생명학'은 전 지구적 위기를 해결하기 위한 통합생태학이라 할 수 있다.

한편, 김지하는 '존엄과 생명의 존중과 사랑이라는 보편 진리를 생활적으로 구체화시키고 새롭고도 폭넓은 세계관을 창출해 내야 하며, 영성적이면서도 공동체적인 새로운 생존 양식 창조'를 주장했다. 인간과 자아, 인간과 인간, 인간과 자연 사이에 결정적인 친교와 평화를 성취시킬 생명의 세계관, 생명의 존재 양식을 출현시켜야 한다는 것이다.[53] 따라서 김지하의 생명학은 지구평화학이기도 하다. 이러한 지구평화론은 장일순에서도 확인된다.

장일순은 1970년대 말부터 문명전환운동을 모색했다. 당시 민주화운동과 계급운동이 활발하게 전개되었던 당시에 그는 제3의 길을 모색했다. 물질주의적 산업 문명의 근본적인 전환 없이는 인류의 미래는 없다고 생각했기 때문이다. 이에 따라 대안적 문명을 창출하기 위해 생명운동으로 전환하게 된다.[54] 이처럼 그의 제3의 길은 생명에 대한 근본적인 인식 전환을 통

52 위의 책, 78-86쪽.

53 김지하, 「창조적인 통일을 위하여 - 〈로터스상〉 수상연설」, 『밥-김지하 이야기 모음』, 분도출판사, 1984, 11~12쪽.

54 무위당을 기리는 모임, 『너를 보고 나는 부끄러웠네』, 녹색평론사, 2004, 175-176쪽.

해 이루어졌고, 인간과 인간 · 인간과 자연이 공생하는 방향으로 나아가야 한다는 자각에서 출발했다.[55] 모든 존재가 생명이라는 김지하의 우주생명론처럼 자연과 우주 즉 온 우주가 공생하는 길을 모색하게 된 것이다. 이와 같이 장일순은 민족과 인간 중심의 상생에서 전일적인 지구적 차원의 평화론으로 지평을 확장했다. 즉 인간과 인간의 평화 나아가 인간과 자연의 평화로 확장한 것이다.[56] 이러한 생명평화운동은 1989년 '한살림모임'으로 이어졌고, 생명운동의 이념과 실천 방향이 담겨 있는 '한살림선언'이 발표됐다. 이렇게 원주 그룹의 생명운동은 사회적 정의 문제를 포함한 인간과 자연 즉 생태에 관한 문제로 확장된 생명평화운동인 것이다.

2) 생명평화운동

이후 생명운동은 평화사상과 만나면서 생명평화운동으로 이어졌다. 생명운동이 '생명평화운동'이라는 더 넓은 사회운동으로 진화한 것이다.[57] 물질적 성장을 추구하는 현 인류의 위기를 영성 회복을 토대로 한 탈물질적 삶의 양식으로 전환하고자 한 생명운동은 종교적 차원에서 확산되었다.[58] 이렇게 한국 생명운동이 종교 사상에 근거하여 종교를 매개로 하고 있듯이, 한국의 생명평화운동 역시 천주교 · 개신교 · 불교 등 종교가 중심이 되어

55 장일순.『나락 한알 속의 우주』. 녹색평론사, 2009, 194쪽.

56 김재익,「장일순의 생명사상에 관하여-상생. 공생. 전생을 중심으로」.『생명연구』 51, 2019, 49-51쪽.

57 주요섭.「생명운동은 '노아의 방주'가 아니다-생명담론과 새로운 사회운동」.『한국의 생명담론과 실천운동:2004년 세계생명문화포럼』. 경기문화재단, 2004, 593쪽.

58 이소영.「생태담론과 생명운동의 정치적 함의」.『동양사회사상』 26, 2012, 306-307쪽.

전개되고 있다. 이처럼 최근 한국 종교의 공공성은 생명 · 정의 · 평화가 서로 긴밀히 연결되어 있다는 인식 속에서 생명평화운동으로 표현되고 있다.

> 2000년대 초반 그 말을 '환경판'에 들여오고 '생명평화선언문'을 작성할 때 제가 생각했던 것은 '생명과 평화'가 아니라 '(모든)생명의 평화'였습니다. 20세기가 인간만을 생각한 '노벨평화의 시대'였다면, 21세기는 인간도 포함된 모든 생명체들의 공생 · 평화의 시대다, 그런 세상을 만들자는 뜻으로 사용했지요. 역사시대 내내 인간들끼리 지지고 볶았지만, 그땐 그나마 자연에는 해를 끼치지 않았던 시절이었지요. 하지만 산업사회로 진입한 이후 제어가 안 되는 인간의 고약한 산업 활동으로 인해 이제는 산 것들 모두 여섯 번째 멸종을 향해 치달리게 되었습니다. 지구온난화를 촉발한 게 바로 우리 인간이지요. 다른 생명체들의 평화가 묵살된 채 인간만의 평화는 어불성설이지요.[59]

한국에서 '생명평화' 용어는 2000년 10월 21일 조계사에서 진행된 '새만금농성선포식'에서 처음으로 사용되었다. '생명평화' 용어를 창안한 생태소설가이자 생태사상가인 최성각에 의하면, 생명평화는 생명과 평화의 합성어가 아닌 '(모든)생명의 평화' 즉 인간을 포함한 모든 생명체의 공생과 평화라는 의미에서 만들어졌다.[60]

생명평화는 인간과 인간의 관계를 넘어 모든 생명, 모든 존재 사이의 대

59 「풀꽃평화를 꿈꾸는 '툇골'의 생태주의 작가 최성각」, 『춘천사람들』, 2018년 6월 9일자.
60 임은경, 「[인터뷰]"80년대가 민주화운동이었다면 지금은 환경운동" - '생명평화'라는 용어와 '삼보일배'를 처음 만든 소설가 최성각」. 『월간말』 11월호, 2007, 126쪽.

립과 갈등, 억압과 차별을 씻어 내고, 모든 생명이 공생할 수 있는 지구평화의 의미를 담고 있다.[61] 그런 의미에서, '생명평화'는 생명 · 생태 · 평화는 서로 중첩되면서 분리될 수 없다는 관점이다. 앞에서 서술했듯이, 김지하는 '우주생명학'을 제시하면서 인간 내면의 평화, 민족과 민족, 문명과 문명 사이의 영구 평화, 우주 만물 질서의 근원적 평온의 회복, 인간과 인간의 사회적 경제적 평화, 인간과 자연의 생태학적 평화, 인간과 도구 사이의 경건한 평화를 제시했다.[62] 이와 같이 생명운동은 평화라는 개념과 만나면서 생명평화운동으로 재창조되었다.

주지한 바와 같이, 생명운동의 평화와 생명이라는 슬로건을 본격적으로 제기한 것은 새만금간척반대운동에 참가한 종교인들이다. 특히 지리산 실상사의 도법 스님 등 불교계의 역할이 컸다. 이렇게 새만금간척반대운동은 환경 보전을 넘어서서 생태계의 평화, 그리고 생명 담론이 운동의 중심에 자리 잡게 했다. 여기서 생명평화운동이 시작되었다. 이후 '생명평화 민족화해 평화통일 지리산천일기도', '지리산생명평화결사', '생명평화탁발순례' 등으로 이어지면서 '생명평화'는 사회적 언어로 자리 잡았고 개신교, 천주교, 불교 등 종교사회운동의 공통 용어가 되었다.[63]

본격적인 생명평화운동은 '지리산 살리기 운동'에서 비롯된 2003년에 결성된 '생명평화결사운동'이다. 생명평화결사운동은 생명과 평화는 분리될

61 「생명평화서약문」(생명평화결사 홈페이지: http://www.lifepeace.org/001/sub02.html 2021년 4월 9일 검색)

62 김지하. 「생명 평화의 길」. 『민족미학』 3, 2005, 66쪽.

63 주요섭, 「한살림선언 이후 한국 생명운동의 전개-'다시-보기'와 몇 가지 문제의식 및 기대들」, 『모심과 살림연구소 기획 세미나 "전환의 시대, 생명운동의 길 찾기"자료집』, 2022년 6월 17일, 19쪽.

수 없다는 관점에서 종교적 영역과 개인적 과제로 간주되던 수행과, 사회운동 영역으로 분류되던 '사회변혁'을 통합적으로 추구하는 생명운동이다.[64]

> 세상의 평화를 원한다면, 내가 먼저 평화가 되어야 함을 압니다.(중략) 평화는 살림이며 섬김과 나눔의 다른 이름이요, 함께 어울림이며, 깊이 사귐입니다. 그러므로 **생명평화는 사람과 사람과의 관계를 넘어 모든 생명, 모든 존재 사이의 대립과 갈등, 억압과 차별을 씻어 내고, 모든 생명, 모든 존재가 다정하게 어울려 사는 길**이며, 저마다 생명의 기운을 가득 채워 스스로를 아름답게 빛나게 하는 것입니다. (중략) 온 누리의 뭇 생명, 온 누리의 모든 사람이 진정으로 평화롭고 행복하기를 서원하며 생명평화결사를 서약합니다.[65]

〈생명평화 서약문〉을 통해 생명평화의 의미를 구체적으로 확인할 수 있다. '생명평화'는 인간과 인간뿐만 아니라 전일적인 모든 생명의 평화를 의미한다. 전일적 지구 사유를 통한 지구공동체의 평화를 의미한다. 개신교 생명평화운동을 전개한 김용복(1938-2022)은 '평화운동은 생명운동의 출발이고 생명운동은 평화운동의 포괄적 지평'이라고 주장하면서, 생명운동과 평화운동은 서로 분리될 수 없다고 말했다.[66] 인간의 평화와 자연의 평화를

64 이병철, 「내가 걸어온 길에서의 생명운동」. 『종교 · 생명의 대전환과 큰 적공』. 원광대 원불교사상연구원 편. 모시는사람들, 2016, 274-275쪽.

65 「생명평화서약문」(생명평화결사 홈페이지: http://www.lifepeace.org/001/sub02.html 2021년 4월 9일 검색)

66 김용복, 「평화운동은 생명운동이다」. 『YMCA생명평화운동구상』. 한국YMCA전국연맹 생명평화센터, 2007, 35쪽.

강조하면서 그동안 평화운동은 인간 생명에만 집중해 왔고, 이로 인해 자연 생명에는 무심했다고 주장하면서 생명평화운동을 제창한 것이다. 인간의 평화와 자연의 평화는 '가난한 자의 울부짖음과 지구의 울부짖음'을 모두 경청해야 한다는 남미의 통합생태적 사유와 만나게 된다.

천주교의 대표적인 생명평화운동은 문규현(1949-현재) 신부에 의해 시작된 '생명평화마중물'이다. 문규현 신부는 생명평화 용어가 처음으로 사용된 2001년 '새만금농성선포식'에 참석했던 인물이기도 하다. '생명평화마중물'은 문규현 신부를 중심으로 지속 가능한 생태적 삶과 평화운동의 방향을 모색하기 위해 2004년 4월 창립된 생명평화운동 단체이다.

> 우리가 꿈꾸는 생명평화의 삶은 모든 생명이 서로의 삶에 없어서는 안 될 구실을 하고 있다는 것을 알고 사람과 사람, 사람과 자연, 사람과 세상이 서로를 존중하며 상생의 삶을 살아가는 것입니다.[67]

〈창립 취지서〉를 통해 확인할 수 있듯이, 모든 것이 생명이고, 이러한 생명은 서로 없어서는 안 되는 존재라는 인식에서 인간과 인간, 인간과 자연의 평화를 주장하고 있다. 이렇게 종교의 공공성은 '생명평화'로 수렴되고 있다.

이상과 같이, 서구의 생태학과 과학 그리고 동양 사상을 통합한 '생명학'을 바탕으로 시작된 생명운동과 생명평화운동을 통해 한국의 통합생태학적 사유를 확인할 수 있다.

67 「창립취지문」(생명평화마중물 홈페이지 http://yespeace.kr. 2021년 4월 9일 검색)

5. 맺음말

본 글을 통해 통합생태학의 지구적 전개를 살펴보았다. 지구적 위기는 인간과 자연, 인간과 인간 등 총체적인 관계가 파괴되고 있다는 것을 명백히 보여준다. 근대 산업 문명은 인간을 위한 물질적 풍요를 가져왔지만, 인간은 무한한 생존경쟁 속에서 지나친 소비구조를 형성하며, 개인과 개인 · 개인과 사회 · 국가 간의 불신과 대립 · 증오를 키워 왔다. 그뿐만 아니라 자연과의 상생을 고려하지 않은 개발과 파괴로 인해 지구 전체가 몸살을 앓고 있다. 이러한 지구의 위기, 지구에 거주하는 인간과 만물의 위기 상황에서 생태학의 전환의 흐름이 전개되고 있다. 서구와 남미에서는 통합생태학, 한국에서는 생명학을 기반으로 하는 생명운동과 생명평화운동이 그것이다.

서구의 통합생태학은 지금의 지구 위기는 하나의 관점으로 해결될 수 없다는 문제의식에서 인간생태학, 사회생태학, 환경생태학 등을 통합시키려는 학문적 전환이다. 해방신학자 레오나르도 보프와 프란치스코 교황을 중심으로 전개되고 있는 통합생태학의 목적은 인간과 지구의 해방에 있다. 서구와 남미는 통합생태학을 중심으로 학문과 실천의 전환이 전개되었다면, 한국에서는 생명학과 생명평화운동에서 통합생태론적 사유를 찾을 수 있다. 평화 담론 역시 인간과 인간, 국가와 국가의 관계를 지구적 생태 위기 상황에서 생명과 평화가 결합하면서 지구공동체로 확장된 지구평화로 확장되고 있다. 그래서 통합생태학의 지구사적 전개의 접점은 지구와 지구에 거주하는 모든 존재 즉 지구공동체의 공존과 평화를 모색하는 지구평화학으로 개념화시킬 수 있다.

한국의 생명학, 생명운동 역시 지구의 모든 존재의 공생과 상생을 모색하기 위해 시작됐다. 서구와 남미의 통합생태론과 한국의 생명운동은 모두 인간과 인간의 평화와 공존이 아닌 지구뿐만 아니라 지구에 거주하고 있는 인간과 모든 존재가 함께 지속 가능한 공존을 모색하는 데 있다. 지구·인간·비인간적 존재 등 모든 존재를 생명과 주체로 인식하는 토마스 베리의 '지구공동체', 김지하의 '우주적 공동주체' 개념은 통합생태학과 생명학 또는 생명평화운동의 접점을 확인시켜 준다.

최근 인류세는 지질학, 생물학, 기후학, 지구시스템학, 사회학, 경제학, 정치학, 철학 등 다양한 학문 분야를 횡단하면서 성찰되고 있다. 인류세는 단순히 지질학적, 기후학적 문제가 아닌 인간존재 방식에 대한 문제와 연결되기 때문이다. 또한 인류세는 지구와 인간을 포함한 모든 존재에게 고통이기도 하다. 이제 우리에게 필요한 것은 행성적 사유와 함께 지구와 지구 생명체들과의 적절한 관계가 무엇인지에 대한 재성찰이 아닐까? 바로 여기에 통합생태학의 의의가 있다.

한국 개신교의 생명평화운동과 사상*

—한국YMCA와 기독교환경운동연대를 중심으로

김 재 명 건양대학교 의학과 의료인문학교실 조교수

* 이 글은 필자의 「한국개신교의 '생명평화' 운동과 사상－한국YMCA와 기독교환경운동연대를 중심으로－」『종교연구』 81-3, 2021)를 수정한 것이다.

1. 한국 개신교 생명평화운동의 등장 배경

사회운동의 차원에서 바라볼 때 1987년 민주화운동을 기점으로 한국 개신교의 사회적인 이미지가 크게 변화하였다. 1980년대까지 한국 개신교의 사회적 이미지는 한국기독교교회협의회(NCCK)를 중심으로 인권, 민주화, 통일 등과 연결되었다. 하지만 1989년 12월 한국기독교총연합회(한기총)의 출범과 함께 1990년대 이후 한국 개신교의 사회적 이미지는 반공, 보수, 극우 등과 연결되었다. 즉, 1980년대까지 진보적이었던 한국 개신교의 이미지가 1990년대를 거치면서 보수적인 이미지로 변화된 것이다. 물론 한국 개신교는 동일한 성질과 정체성을 지닌 단일한 실체가 아니다. 한국 개신교라는 울타리 안에는 매우 다양한 스펙트럼이 공존하므로 한국 개신교의 본질적인 정체성이 무엇인지를 규명하는 것은 다른 차원의 문제이다. 예컨대 민주화운동에 참여한 한국 개신교는 교회 일반이었다기보다 특정 교단 소속 교회가 중심이 되었지만 그 파급력은 한국 개신교를 대표하는 것으로 드러났다.[1] 즉, 한국 개신교는 내부에서 다양한 성격의 교단과 교파가 서로 각축을 벌이며 경쟁하지만, 특정 시기에 사회 일반에 비친 한국 개신교는

1 전명수, 「1960-70년대 한국 개신교 민주화운동의 특성과 한계: 종교사회학적 접근」, 『한국학연구』 35, 2010, 336쪽.

진보 혹은 보수의 양 극단적인 이미지 중 하나가 두드러졌다.

사회 일반에 비친 한국 개신교의 주된 이미지는 1990년대 이후 보수적인 방향으로 급격히 변화하였는데, 이것은 단지 이미지의 변화만을 의미하는 것은 아니었다. 실제로 민주화운동에 기여했던 많은 조직과 개인들이 1980년대까지는 교회의 울타리 안에서 활동했다가 1987년 이후 독자적인 조직으로 분화하였다. 그 과정에서 이른바 진보적인 개신교의 내적 동력이 상당부분 상실되면서 사회운동에서의 개신교의 대표성을 잃어 갔다. 반면 민주화 이후 이른바 보수적인 개신교는 더 적극적으로 자신들의 목소리를 표출하기 시작하면서 한국 개신교의 사회적인 대표성을 획득하였다.[2] 그리고 그 과정에서 지난날의 대표성을 상실한 진보적 한국 개신교는 시민운동으로 방향을 잡았다.

1987년 이후 한국 개신교 시민사회운동은 노동운동 및 민중운동과 분화하는 과정에서 등장하였다. 주된 관심 영역은 환경문제, 남북나눔, 교회개혁이었으며, 핵심 구호는 정의, 생명, 평화였다.[3] 이러한 운동 방향을 주도한 대표적인 두 단체가 한국YMCA와 기독교환경운동연대이다. 이 두 단체는 민주화 이후 한국 개신교 시민사회운동의 출발점이 되었고, 비슷한 구호 아래 각자의 '생명평화운동'을 전개했지만 그 양상은 사뭇 달랐다. 한국YMCA가 에큐메니컬 진영의 사회 정의 측면에 방점을 두었다면, 기독교환경운동연대는 복음주의권을 포함하여 교회 개혁과 환경문제에 방점을 두었다.

2 김민아, 「1987년 민주화 전후 시기 사회 변동에 대한 한국 진보적 개신교 사회 운동의 대응 방안 연구」, 박사학위 청구논문, 서울대학교, 2019, 158쪽. 진보적 한국 개신교의 사회 운동에 대한 연구사는 김민아의 박사학위 청구논문 16쪽을 참조.

3 장규식, 「민주화 이후 한국의 개신교와 시민사회」, 『한국기독교와 역사』 48, 2018, 12쪽.

여기에서 사용되는 '생명평화'라는 용어는 소설가 최성각이 최초로 사용한 것으로 알려져 있다. 그는 『월간 말』(2007년 11월 호)에 실린 인터뷰에서 2000년 김대중 대통령이 노벨 평화상을 수상하는 것을 보고, "생명평화라는 말은 생명과 평화의 합성어가 아니라 노벨평화의 상대말로서 '생명의 평화'라는 뜻으로 만든 것"이라고 밝혔다.[4] 또한 최성각은 《문화일보》에 기고한 「이제는 '생명평화'다」(2003.6.13)라는 글에서 "우리는 이 행성의 주인이 아니라 잠시 머무는 과객(過客)일뿐이건만 그동안 너무 난폭하게 자연을 대해 왔다."라고 하면서, "사람과 사람, 사람과 자연의 올바른 관계를 회복하는 일이 그 어느 때보다 화급하"고, "우리는 그런 상생을 전제로 한 평화를 '생명평화'라 이름 붙이기로 한다."라고 밝혔다.

본 글에서는 이렇게 1990년대를 통과하면서 새롭게 등장한 한국 개신교 사회운동을 '생명평화운동'으로 설정하고, 이를 주도한 대표적인 두 기독교 단체를 중심으로 생명평화운동의 전개 양상과 그 내용을 살펴보고자 한다. 두 단체의 활동은 '생명평화'라는 차원에서는 겹치지만 사상적 근거와 운동의 방향성에서는 적잖은 차이를 보인다. 이것은 한국 개신교의 생명평화운동이 단일한 모습이 아니라는 것을 의미한다. 따라서 본고는 이 두 단체의 주요한 사상적 내용과 운동 양상을 살펴봄으로써 한국 개신교 생명평화운동의 현황과 방향성을 이해하는 것을 목표로 삼는다. 이를 통해 다양한 종교계의 생명평화운동과의 비교연구를 위한 기초 자료로 삼고자 한다.

4 인터뷰 기사에서는 이 용어를 "2000년 10월 21일 조계사 앞마당에서 수경 스님, 문규현 신부, 최열 환경운동연합 대표, 오세훈 의원 등과 함께 한 '새만금농성선포식' 자리에서 처음 썼다"고 했는데, 날짜에 오류가 있다. 녹색연합이 2000년 10월 17일에 발표한 보도자료에 의하면, 실제로는 2000년 10월 16일(월) 오후 1시 "새만금 갯벌살리기 밤샘농성 돌입 선포식"이었다.

2. 한국YMCA의 생명평화운동과 사상

한국YMCA는 설립 때부터 시민사회운동으로 등장하였다. 한말에서 일제시대의 1기를 거쳐, 해방 후 2기에 한국 사회 시민운동의 개척자가 되었으며, 현재는 '생명평화'를 화두로 하는 3기에 들어서 있다.[5] 3기의 시작점이 명확하지는 않지만, 대체로 2004년 37차 전국대회부터 2014년 한국YMCA 100주년 사이로 보고 있다.[6] 한국YMCA 전국연맹결성 90주년 기념으로 열린 '제37차 전국대회(2004.5.14~16)'에서는 향후 10년 동안 한국YMCA가 추구할 중심 가치를 '생명과 평화', '새로운 청소년 문화 창조', '지역사회와 함께' 등으로 제시하였다.[7] 또한 '한국YMCA 100주년 기념식(2014.4.2)'에서는 '비전 선언문'을 발표하여 "사회적 책임을 다하고, 생명평화문화운동과 시민사회운동 전개, 사회적 영성 계발, 기독교적 책임을 다하는 지도자 양성에 힘쓸 것"을 밝혔다.[8] 이처럼 3기에서는 생명과 평화가 주요한 의제로 등장하면서 현재 한국YMCA 운동의 주요한 사상적 근거가 되고 있다.

5 장규식, 「한국YMCA 전국연맹 100년의 역사적 성찰」, 『기독교사상』 04, 2014, 18-21쪽.

6 이윤희, 「평화담지체로서 제3기 한국YMCA 생명평화운동론 연구: 생명평화센터의 생명전기」, 한국YMCA전국연맹 간사 자격취득 청구 논문, 2016, 5쪽.

7 「한국YMCA 제 37차 전국대회」, 《크리스천투데이》, 2004년 5월 20일자, www.christiantoday.co.kr/news/168161 (접근 2021년 10월 20일).

8 「한국YMCA, 100주년 비전선언문 발표」, 《뉴스파워》, 2014년 4월 2일자, http://www.newspower.co.kr/24483 (접근 2021년 10월 20일).

1) 한국YMCA 생명평화운동의 전개

한국YMCA 3기의 생명평화운동은 생명평화센터를 중심으로 전개되었다. 2004년 37차 전국대회에서 생명평화운동이 선포된 후 '생명평화센터' 설립의 필요성이 제기되었고, 마침내 2007년 연맹 특별기구로 생명평화센터가 시작되었다. 하지만 초창기에는 인적, 물적인 제약으로 인해 활동이 여의치 않아 지도력계발국의 한 부서로 편제되었다가 2010년에 가서 본격적인 활동을 전개했다. 2015년까지 주요 활동 내역은 '팔레스타인과 한반도 평화협력운동', '생명평화교육 교재 개발과 담론 조직', '핵 없는 세상을 위한 한국 그리스도인 신앙 선언', '새로운 평화통일운동의 비전 탐색' 등이다.[9] 센터 간사로 활동한 이윤희에 의하면, 2007년에 생명평화센터가 독립기구 성격으로 설립되었지만 당초 계획과 달리 담당 간사 1인이 대부분의 업무를 전담하여 활동이 쉽지 않았음을 짐작케 한다.[10]

현재 생명평화센터 활동의 지속성은 확실하지 않다.[11] 하지만 현재 한국 YMCA 홈페이지의 'YMCA 주요 활동' 소개에서는 생명평화운동의 지속성

9 이윤희, 「평화담지체로서 제3기 한국YMCA 생명평화운동론 연구: 생명평화센터의 생명전기」, 한국YMCA전국연맹 간사 자격취득 청구 논문, 2016, 110-111쪽.

10 위의 글, 9쪽.

11 생명평화센터 홈페이지(http://125.141.229.9/peaceon, 접근 2021년 11월 11일)가 존재하지만, 2016년 11월 21일 이후 소식 업데이트가 되지 않고 있다. 개편된 한국 YMCA 홈페이지(http://ymcakorea.kr, 접근 2021년 11월 11일)에서는 별도의 생명평화센터 메뉴를 찾아볼 수 없는 것으로 보아 현재는 활동이 매우 축소되었거나 중단된 것으로 보인다. 다만 현재 생명평화센터의 페이스북 주소(https://www.facebook.com/peacenter/, 접근 2021년 11월 10일)는 존재하지만, 별다른 업데이트가 없는 상황이다.

을 짐작케 하는 내용들이 적지 않다. 예컨대 하위 항목 "평화와 통일운동"에서는 "한국YMCA는 21세기를 맞이하면서 새로운 100년의 선교사명으로 '생명평화운동을 선언'하였다고 하였고, "청소년 운동" 항목에서는 "YMCA는 예수의 복음과 삶을 따라 생명의 감성과 평화를 실천하는 자발적인 운동체"라고 하면서, "정의에 기초한 사랑과 평화 그리고 화해의 공동체를 만들어가고자 노력하고 있"다고 하였다. 또한 '청소년YMCA'의 별칭이 "생명·평화의 바람꽃"이라고 하였다. 또한 "대학YMCA" 항목에서는 대학YMCA를 "생명·평화·정의의 실현을 위하여 활동하는 단체"라고 소개하였으며, "시민운동" 항목에서는 "공존과 상생의 문화를 만들어 나가기 위해 함께 노력"하고 있다고 하였다. "국제 연대" 항목에서는 "세계시민으로서의 의식과 감수성을 가지고 생명과 정의를 바탕으로 한 평화적 공존을 위해 국제사회와 상호 연대하고 협력"한다고 하였다.[12] 이처럼 현재 한국YMCA 활동의 주요한 내용이 '생명평화'와 밀접한 관련이 있음을 확인할 수 있다.

2) 한국YMCA 생명평화운동의 사상

2004년 생명평화운동을 선언한 이후 운동의 사상적 근거는 '비전 선언문'(2014년 발표)에 드러났다고 볼 수 있다. 따라서 본 절에서는 비전 선언문의 내용을 검토함으로써 한국YMCA의 생명평화운동의 사상적 근거를 파악하여 한국YMCA 운동을 생명평화운동의 차원에서 이해하고자 한다. 그런데 비전 선언문 분석에 앞서 이와 밀접한 관련이 있는 것으로 추정되는 앞선

12 http://ymcakorea.kr (접근 2021년 11월 10일).

시기의 '생명을 위한 평화헌장(2010년 1월 발표, 이하 평화헌장)'과 '생명과 평화를 여는 2010년 한국 그리스도인 선언(2010년 4월 3일 발표, 이하 생명평화선언)'을 먼저 살펴보고자 한다. 이 두 가지 문서는 비전 선언문과 직간접적인 연관성이 있다고 판단되기 때문이다.

(1) 생명을 위한 평화헌장

세계교회협의회, 아시아기독교협의회, 필리핀교회협의회가 공동으로 주최했던 2002년 9월 마닐라 국제회의에서 '생명평화포럼(Forum on Peace for Life)'이 설립되었고, '동북아 평화를 위한 민간 헌장(People's Charter on Peace for Life in North East Asia)' 제정이 결의되었다. 2005년 12월 홍콩 생명평화포럼에서의 논의를 거쳐, 2006년 10월 한국 화천에서 헌장 제정을 위한 워크숍이 열려 헌장 개요가 승인되었다. 2007년 7월 홍콩과 10월 화천 국제협의회에서 헌장 초안에 대한 수정이 있었고, 이후 세계 각처의 승인을 얻어 2010년 1월에 '생명을 위한 평화헌장(People's Charter on Peace for Life, 이하 평화헌장)'이 발표되었다. 김용복(아태생명학연구원장, YMCA 생명평화센터 고문)을 헌장 초안위원회 주관으로 하여 전 세계 종교 지도자와 학자 등 총 36명이 헌장 제정에 참여하였다.[13]

평화헌장은 '서언', '전문 및 목적', '제1절 새로운 역사적 맥락', '제2절 생명을 위한 평화의 이해', '제3절 평화에 대한 위협', '제4절 인권과 평화', '제5절 진정한 안보', '제6절 평화 건설', '결어', '주석', '참석자 명단'으로 구성되었으며 한글과 영어로 작성되었다. 헌장의 주요 내용은 '전문'에 다음과 같

13 평화헌장제정위원회, 「생명을 위한 평화 헌장」, 서울: 한국YMCA전국연맹 생명평화센터, 2010, 11-12쪽.

이 드러난다.

> 모든 민족이 평화와 존엄의 삶을 살려는 열망과 그럴 권리를 자각하면서, 지금 새롭게 전개되는 지구적 상황은 새로운 도전을 야기시키고 있고 평화에 대한 위협들이 곳곳에서 나타나고 있으며 거기에 모든 생명체의 총체적인 안전이 달려 있는 것을 인식하면서, 정의에 기초한 평화생명을 위한 평화가 참평화라는 것을 재발견 해야 한다는 필요에 의해 연대하면서, 지배와 착취의 세력들과 타협하고 안주했던 것을 반성해야 한다는 필요성을 의식하면서, 평화를 만들고 구축하기 위한 시민들의 참여와 새로운 헌신의 필요를 강조하면서, 이 헌장은 민중의 평화에 대한 불타는 대망과 염원의 확언으로서 채택되었다.[14]

'전문'의 내용을 보면, 평화헌장은 '생명을 위한'이라는 수식어를 달고 있지만 전반적인 내용의 초점이 '평화'에 있다는 것을 확인할 수 있다. 이러한 경향성은 평화헌장의 여러 곳에서 발견된다. 우선 '서언'에서는 "생명을 위한 평화(Peace for Life)라는 어휘도 설명이 필요하다."라고 하면서, "생명과 평화를 연결하는 것은 비교적 새로운 시도"인데, "평화는 생명의 충만함을 위해서" 존재하고, "생명의 충만함을 위해서는 생명의 존엄성과 평화가 필수적"이며, "생명의 충만함은 평화, 정의 그리고 자유를 의미한다."라고 하였다. "평화는 생명과 밀접하게 엮여"있지만 생명을 위해서는 평화가 근간이 되어야 한다는 것으로 해석할 수 있다.[15]

14 위의 글, 14쪽.
15 위의 글, 12쪽.

평화헌장의 본문에서도 유사한 강조점을 발견할 수 있다. '제1절 새로운 역사적 맥락'에서는 "정의가 평화의 조건인 것과 같이 평화는 생명의 충만함을 위한 조건"이라고 하였는데, '정의-평화-생명'으로 이어지는 관계를 설정하고 있다.[16] 즉, 정의가 있어야 평화가 있고, 평화가 있어야 생명의 충만함이 있다고 본 것이다. 이 세 가지는 긴밀한 관계에 있지만 최종 목표인 생명의 충만함을 위해서는 정의에 기반한 평화가 중요하다고 보는 맥락을 읽을 수 있다. '생명평화'에 대한 이러한 이해는 '생명평화'를 처음 사용했다고 알려진 최성각의 그것과는 다소 궤를 달리한다고 볼 수 있다. 최성각은 우리가 "그동안 너무 난폭하게 자연을 대해 왔기"때문에 "사람과 사람, 사람과 자연의 올바른 관계를 회복하는 일이 그 어느 때보다 화급"하고, 이런 맥락에서 "그런 상생을 전제로 한 평화를 '생명평화'라 이름"하고 있다.[17] 최성각이 생태적 혹은 환경적 관점에서 '생명평화'를 사용한 반면에 평화헌장에서는 생명평화를 정의와 평화에 방점을 두고 사용하고 있는 것이다.

평화헌장에서도 생태적이고 환경적인 관점이 전혀 등장하지 않는 것은 아니다. '제2절 생명을 위한 평화의 이해'에서는 "민중은 모든 생명체들과 조화를 이루면서 공생할 권리를 가지고 있다."라고 하면서 생태적인 생명평화 이해를 반영하고 있다. 하지만 "우리 지구 위성에 사는 민중들은 신성불가침의 생명권을 가지고 있으며 평화는 그 선결 조건"이라는 언급, "오늘의 생명권은 정치적 살해, 강제적 퇴거, 주거의 파괴와 같은 여러 형태의 폭력에 의하여 부정되고 있다."라는 대목에서는 다시 정의와 평화를 더욱 강

16 위의 글, 15쪽.

17 최성각, 「이제는 '생명평화'다」, 《문화일보》, 2003년 6월 13일자, http://www.munhwa.com/news/view.html?no=2003061301010830048002 (접근 2021년 10월 3일).

조하는 모습을 보인다. 더 나아가 "평화는 근본적으로 생명의 존엄성, 자유, 정의, 연대, 관용, 평등과 같은 보편적 가치를 나누는 것"이고, "통전적 평화 이해는 인류는 모든 생명을 보전하는 생명권과 독립되어 살 수 없다는 인식을 포함한다"고 전한다. 또한 "평화에 대한 이해는 확대되어 태평(太平)으로 이어져야" 하고, "평화와 정의는 불가분리의 관계"이며, "평화는 의로운 관계의 결과"라고 강조한다.[18] 즉, '통전적 평화 이해'와 '태평'이라는 표현을 통해 평화를 정의와 생명권을 모두 포함하는 핵심적인 요소로 재정의하고 있는 것이다.

평화에 대한 이런 인식은 생태적이고 환경적인 문제까지도 포괄하는 것으로 이해된다. '제4절 인권과 평화'에서는 "지구화 과정에서 일어나는 자연환경의 착취와 파괴는 평화에 대한 위협"이라고 진단한다. 더 나아가 '제5절 진정한 안보'에서는 "평화 정책으로서의 환경보호"를 언급하고 있다.

> 생태계의 평화는 강조되어야 한다. 전쟁과 군사화의 생태적 결과는 극도로 심각하다. 무력 분쟁은 생태계를 위험에 빠뜨리고 경제성장을 훼손하며, 지속 가능한 개발과 생계를 위태롭게 하면서 자원의 하부 구조를 파괴하고 훼손하여 사회의 자립을 축소화한다. 세계를 지배하는 소비자들은 압도적으로 부자들에게 집중되어 있다. 그러나 세계 소비 체제에서 야기되는 생태계의 훼손은 가난한 자들에게 가장 가혹하게 작용한다. 환경의 군사적 파괴, 특히 토착 토지의 군사화를 종식시키는 것이 중요하다. 평화는 모든 생명체를 위한 평화이기 때문에 환경 파괴는 평화에 대한 위협이다. (중략)

18 평화헌장제정위원회, 「생명을 위한 평화 헌장」, 서울: 한국YMCA전국연맹 생명평화센터, 2010, 16-20쪽.

> 이제는 안보를 국가의 주권이나 국경 대신에 인간과 생태적인 차원에서 재규명할 때가 왔다. 무장을 위한 자금을 인간 안보와 지속 가능한 개발을 위하여 전환하면 새로운 정책을 실행하여 여성과 토착민처럼 소외된 집단들의 동등한 참여를 보장할 수 있으며, 무력 사용을 제한하고 진정한 국제적 집단 안보 체제를 지향하는 새로운 사회질서를 건설할 수 있을 것이다. 지구온난화와 기후변화는 급격히 지구 위에 인간이 생존하는 데 위협이 되어 가고 있다.[19]

평화헌장은 기본적으로 지구 제국으로 규정된 미국의 전쟁과 군사화를 가장 근원적인 위협으로 여기면서, 이를 고발하고 저항하는 평화를 추구한다. 따라서 이때의 평화란 지구 제국의 폭거에 대한 정의 추구에 기초하며, 결국 그것은 생명의 충만함을 위한 평화의 수립을 요구하는 것이다. 생태와 환경이 언급되는 맥락도 이와 맞닿아 있어서 생태와 환경 그 자체를 강조하기보다는 정의와 평화에 연계된 것으로 언급된다. 평화헌장이 한반도 비무장 군사 접경선(DMZ)에 위치한 화천의 종공원에 설치된 것도 이러한 경향을 반영한 것이라 볼 수 있다. '생명평화'를 생명보다는 정의와 평화에 방점을 두는 평화헌장의 관점은 한국YMCA의 비전 선언문에도 계승되었을 것으로 추정된다. 평화헌장 초안위원회 주관이면서 '생명을 위한 평화헌장을 제정하며'를 작성한 김용복이 한국YMCA 생명평화센터의 위원이자 고문인 것에서 이를 짐작할 수 있다.

19 위의 글, 29-31쪽.

(2) 생명과 평화를 여는 2010년 한국 그리스도인 선언

평화헌장 발표와 비슷한 시기인 2010년 4월 3일에 '생명과 평화를 여는 2010년 한국 그리스도인 선언(이하 생명평화선언)'이 발표되었다. 20여 명의 신학자와 목회자가 참여하여 작성한 선언문에 대해 김희헌(한국기독교사회문제연구원 연구실장)은 다음과 같이 평가하였다.

> '2010년 생명평화선언'은 분명 한국 교회의 소중한 전통을 잇는 사건이었다. 1973년 5월 20일 소수의 신학자들에 의해 발표된 한국 그리스도인 선언이 민중신학이라는 한국의 신학을 태동시켰고, 1988년 2월 29일 한국기독교교회협의회(NCCK)가 발표한 '민족의 통일과 평화에 대한 한국 기독교회 선언'이 한국 사회의 근원적 문제인 분단에 대한 교회의 책임을 표방했다면, '2010년 생명평화선언'은 이 두 선언의 정신을 이어 새로운 시대에 새로운 과제를 짊어지겠다는 그리스도인의 다짐이었다.[20]

앞선 시기 두 선언의 정신을 계승하고자 "한국민중신학회 전국대회(2009.5.29)"에서 선언문 작성과 연합활동의 모색이 제안되었고, 2010년 1월과 2월의 초안 검토와 수정을 거쳐 3월 15일에 최종안이 채택되어 4월 3일 부활절에 발표되었다. 선언에는 모두 808명이 참여하였다. 이후 지속적인 활동을 위해 일종의 정기적인 회합인 '생명평화마당'을 출범시켰다.[21] 여

20 「'2010년 생명평화선언'이 나오기까지」, 《뉴스앤조이》, 2011년 1월 27일자, https://www.newsnjoy.or.kr/news/articleView.html?idxno=33684 (접근 2021년 10월 23일).

21 생명평화마당 카페 주소(https://cafe.daum.net/2010declaration) (접근 2021년 10월 23일). 현재 활동이 그리 활발한 것으로 보이지는 않는다.

기에서도 '생명평화'라는 용어가 사용되고 있지만, 그것이 사용되는 맥락은 최성각의 그것과 달리 생명에 초점을 두기보다는 정의와 평화에 강조점을 두는 것을 생명평화선언의 내용에서 확인할 수 있다.

> 우리는 정의와 평화와 생명이 송두리째 파괴되고 있는 현실을 직시하며, 이 상황을 극복하기 위해 우리의 신앙을 고백하고, 그 고백에 따라 행동하려는 각오를 다지고자 합니다. (중략) 우리가 살고 있는 땅에서 생명과 평화를 이루려는 노력은 현재 중대한 위협을 받고 있습니다. 무한 경쟁의 신자유주의적 경제 질서 속에서 사회적 양극화는 매우 위험한 지경에 이르렀습니다. (중략) 친기업 부자만을 위한 정책들로 인해 민중의 생존권은 유린당하고 있습니다. 자본의 이익만을 위해 진행되고 있는 도시 재개발 사업은 가난한 세입자들을 거리로 내몰면서 용산 참사와 같은 비극을 일으켰고, 제2, 제3의 참사를 예고하고 있습니다. 현 정부의 대북 정책은 남북한의 대립과 갈등을 초래하여 그동안 이루어 온 한반도의 화해와 통일을 향한 성과를 무너뜨리고 있습니다. (중략) 또한 '4대강 살리기 사업'이라는 미명하에 진행되는 무분별한 개발 정책은 민중의 생활 터전과 생태 질서를 파괴하고, 생명에 대한 근본적인 존중과 경외감을 말살하고 있습니다. 이토록 처참한 현실은 우리 사회와 국가의 테두리를 넘어 범지구적 차원에서 생명 질서가 총체적으로 파괴되고 있는 상황과 무관하지 않습니다.[22]

22 「'생명과 평화를 여는 2010년 한국 그리스도인 선언' 전문」, 《뉴스앤조이》, 2010년 3월 26일자, https://www.newsnjoy.or.kr/news/articleView.html?idxno=30380 (접근 2021년 10월 23일).

당시 이명박 정권의 정책과 그 배경이 되고 있는 신자유주의 체제를 비판하는 것이 생명평화선언의 주요한 맥락이다. 여기에서도 생태 및 환경문제가 언급되긴 하지만, 평화헌장과 유사하게 그것이 진술되는 맥락은 경제적 정의와 군사적 평화에 초점이 맞추어져 있다. 생명평화선언은 출발부터 생명평화마당에 이르기까지 그 중심에는 민중신학과 토착신학, 사회 및 교회개혁, 교회 연합이 중심적 내용들이었다. 즉, 여기에서 생태에 대한 내용은 상대적으로 적고 방점을 둔 것도 아니며, 내용상 평화헌장과 매우 유사한 맥락에 서 있다. 이런 방향성이 등장한 배경은 다음과 같은 사실에서 확인할 수 있다.

> 2010년 4월 3일에 발표된 '2010년 생명평화선언'과 그 후속 활동은 한국 개신교 운동의 역사에서 중요한 상황적 의미를 갖고 있다. 그것은 에큐메니컬 진영이 대내외적인 절실한 요청에 응답하여 자발적인 연합 운동을 시도했다는 점에 있다. 1970~1980년대의 민주화와 인권 운동에서 개신교 진보 진영이 했던 사회적 · 교회적 역할은 그 후 절차적 민주주의가 확립되던 시기에 점차 시들어 갔다. 그러는 동안 세계는 신자유주의의 득세와 소비문명의 범람으로 인해 무수한 문제를 만들어 내고 있었음에도 불구하고, 한국 교회는 이에 편승하여 더욱 타락하는 방향으로 흘러갔고, 기독교 진보 진영 역시 그 진보의 미덕인 예언자적 비판과 미래적 가치의 창조를 힘 있게 전개하지 못했다.[23]

23 「'2010년 생명평화선언'이 나오기까지」, 《뉴스앤조이》, 2011년 1월 27일자, https://www.newsnjoy.or.kr/news/articleView.html?idxno=33684 (접근 2021년 10월 23일).

즉, 생명평화선언은 평화헌장과 유사하게 이른바 기독교 진보 진영이 민주화 이후 자신의 역할을 다하고 있지 못하다는 성찰에서 교계 내부로부터 제기된 목소리이다. 이것은 '생명평화'를 화두로 삼고 있지만 그 내용은 민주화 운동의 연장선상에서 정의와 평화에 더 방점을 둔 것이라 평가할 수 있다.

(3) 한국YMCA 비전 선언문과 JPIC

한국YMCA 전국연맹 창립 100주년 기념식(2014.4.2)에서는 '한국YMCA 개정 목적문(이하 개정 목적문)'과 '한국YMCA 새로운 운동 100년을 향한 비전 선언문(이하 비전 선언문)'이 발표되었다. 개정 목적문에서는 "역사적 책임 의식과 생명에 대한 감성을 일구어 사랑과 정의와 평화의 실현을 위하여 일하는 것"을 목적 중 하나로 설정하였다. 또한 비전 선언문에서는 "우리는 한국YMCA운동 2세기의 새로운 장정을 떠나는 결의로 청년이 중심이 된 회원공동체, 선교 정체성을 강화하는 기독교사회운동체, 정의·평화·창조질서를 회복하는 생명공동체 건설에 헌신할 것을 다짐한다."라고 하였다. 여기에서도 앞서 평화헌장이나 생명평화선언과 유사하게 '생명평화'를 평화와 정의를 중심으로 사용하고 있음을 확인할 수 있다. 더 나아가 "경제가 주도하는 세계화", "전지구적인 생태 위기와 자원 고갈", "패권적인 군사주의" 등의 표현이 등장하는 것으로 볼 때, 전체적인 문제의식은 평화헌장이나 생명평화선언과 크게 다르지 않다고 볼 수 있다. 즉, 평화헌장과 생명평화선언의 기조가 비전 선언문에도 그대로 반영되어 있는 것이다.

비전 선언문에도 생태 및 환경에 관한 언급이 등장한다. 그런데 이것 역시 평화헌장이나 생명평화선언과 마찬가지로 정치적인 맥락에서 정의와 평화에 초점을 두어 사용된다. 예컨대 "우리는 참여 민주주의와 사회적 정의, 생태적 지속 가능성에 기초하여 성숙한 시민사회와 지속 가능한 지역사회의 건설을 위해 민주 시민 지도력을 육성하고 주민의 참여 · 자치 역량을 키우는 시민정치운동을 전개한다", "우리는 사회적 · 경제적 약자와 생태적 · 문화적 소수자들을 치유하고 보살핌은 물론 이들을 삶의 주체로 세우기 위한 섬김과 나눔의 문화를 만들어 간다." 등의 슬로건에서 이를 확인할 수 있다.[24]

결국 한국YMCA의 생명평화운동에서는 '생명평화'를 생태운동이나 환경운동의 차원에서보다는 지난 시기 민주화운동의 연장선상에서 정의와 평화를 강조하는 경향을 보인다고 평가할 수 있다. 이것은 홈페이지에서 소개된 "YMCA 주요활동"으로 "청소년운동, 시민운동, 사회교육 및 사회체육, 대학YMCA, 평화와 통일 운동, 국제 연대, 지역YMCA 협력사업, 지도력 계발"이 제시된 것에서도 확인할 수 있다. 앞서 살폈던 것처럼 각 주요 활동의 설명에서는 생명평화운동에 대한 언급이 등장하지만, '생명평화'는 생태적이고 환경적인 차원에서 언급되기보다는 정치적인 맥락에서 정의와 평화를 중심에 두고 이해되고 있는 것이다.

한국YMCA를 중심으로 하는 이른바 에큐메니컬 진영에서의 이러한 '생명평화' 이해는 기본적으로 세계교회협의회(World Council of Churches, 이하 WCC)가 제시한 "정의, 평화, 창조보전(Justice, Peace and the Integrity of Creation, 이하 JPIC)에 근거한다고 볼 수 있다. 여기에서 '창조보전'이 '생명평화'와 가장 근접한 개념일 것이다. 생태 혹은 환경과 가장 연관성이 높은 개념이기 때문이다. 그런데 WCC가 1985년에 JPIC 프로그램을 시작할 당시

24 「YMCA 목적문과 비전선언문」, 〈YMCAKOREA〉 홈페이지. http://www.ymcakorea.kr/open_content/info/info_04.php (접근 2021년 10월 24일).

"'창조보전'은 '정의와 평화'라는 기존의 관심사에 덧붙여진 부록"에 지나지 않았다는 평가가 있다. 이후 1990년 서울 JPIC 세계대회를 기점으로 사회적 관심사와 환경적 관심사 사이의 신학적 간극이 줄어들긴 했지만, "정의, 평화, 창조보전 사이의 상호 연계는 아직 WCC 프로그램과 우선권에 반영되기보다는 구호에 그쳤다."는 것이다.[25] 지금까지 살펴본 한국YMCA를 비롯한 에큐메니컬 진영의 생명평화운동이 바로 이러한 흐름에 서 있다고 판단된다. 사회적 관심사에 우선권을 둔 맥락에서 '창조보전'을 이해하고 있는 것이다. 반면 '창조보전'을 사회적 관심사보다는 환경적 관심사에 초점을 두고 이해하면서 전개된 생명평화운동은 이제 살펴 볼 기독교환경운동연대를 중심으로 전개되었다.

3. 기독교환경운동연대의 생명평화운동과 사상

기독교환경운동연대(이하 기환연) 홈페이지의 '활동 안내'에서는 기환연이 "산업화로 인한 공해가 사회문제로 등장한 1982년 '한국공해문제연구소'로 첫발을 내딛었"으며, "1997년부터는 기독교환경운동연대로 조직을 확대 개편하여 부설기관인 (사)한국교회환경연구소와 함께 기독교 신앙을 바탕으로 '교회를 푸르게 가꾸고 세상을 아름답게 만드는' 운동을 펼쳐 가고 있다고 밝힌다.[26]

25 황홍렬, 「WCC의 생명선교와 한국교회의 생명선교 과제」, 『선교와 신학』 34, 2014, 52-54쪽.

26 「활동안내」, 〈기독교환경운동연대〉 홈페이지. http://www.greenchrist.org/bbs/

한국공해문제연구소(1982.4.13 창립)'는 개신교계와 가톨릭계 인사가 중심이 되어 설립되었는데, '한국반핵반공해평화연구소(1989.4)'와 '한국교회환경연구소(1992.7)'로 명칭을 변경하였다가 조직을 확대 개편하여 '한국기독교환경운동연대(1997.3)'로 다시 명칭을 변경하면서 '한국교회환경연구소'를 부설기관으로 두었으며, 최종적으로 '기독교환경운동연대(1998.2)'로 명칭을 변경하여 오늘에 이르고 있다.[27]

기환연은 설립 당시 개혁적 진보 교단과 인사들이 중심이 되었지만, 옥한흠 목사(예장 합동, 사랑의 교회)가 참여하는 등 보수 성향 교단을 포함하는 초교파적 단체를 지향하면서, 창조 질서 보전을 위한 생태환경운동을 전개하였다.[28] 생태환경 기도문을 비롯하여 각종 교육출판물을 간행하고 있는데, 이에 대한 분석을 통해 기환연 생명평화운동의 사상적 내용을 확인할 수 있다.

1) 기독교환경운동연대 생명평화운동의 전개

기독교환경운동연대의 시작이 되었던 '한국공해문제연구소(이하 공문연)'는 "우리나라에서 공해 문제를 민간 차원에서 해결하려고 한 최초의 환경단체"로 평가받는다. 함세웅 신부가 이사장을 맡고 가톨릭의 김승훈 · 김택암 신부, 개신교의 조승혁 · 조화순 · 권호경 목사가 주도적으로 참여했지

content.php?co_id=intro1 (접근 2021년 10월 30일).

27 「기독교환경운동연대 정관」, 〈2021년 기독교환경운동연대 정기총회 자료집〉(2021년 4월 15일), 32쪽. http://www.greenchrist.org/bbs/board.php?bo_table=ref_3&wr_id=155 (접근 2021년 10월 30일).

28 전명수, 「한국 개신교 환경운동의 특성과 과제」, 『종교연구』 59, 2010, 116쪽.

만, 공문연 설립에는 교수와 법조인, 농민운동가와 언론인도 참여하였다. 또한 '설립취지문'에서도 종교적인 언급은 전혀 찾을 수 없으며, "공해문제연구소는 공해에 관심을 기울여 온 사회단체와 긴밀히 협조하여 민중의 공해에 대한 인식을 구체적이고 구조적으로 파악할 수 있도록 돕고, 피해 주민들 스스로 공해를 추방할 수 있는 역량과 행동을 지원하여, 맑고 푸른 금수강산을 다시 이룩하는 데 설립의 목적을 둔다."라고 하였다.[29]

기환연의 전신인 공문연은 비록 기독교계 인사가 중심이 되었지만 그 활동의 목적과 방향은 일반 시민사회를 대상으로 하는 환경운동에 가까웠다고 할 수 있다. 그런 차원에서 국내 환경운동 단체들도 자신들의 뿌리를 공문연에서 찾는 경우가 많다. 그런데 1987년 민주화 이후 결성된 공해추방운동연합(공추련, 1988.9.10)을 통해 시민사회운동으로서의 환경운동이 본격적으로 등장하고, 마침내 전국 주요 8개 환경 단체가 통합하여 창립한 환경운동연합(1993.4)이 탄생하면서 기환연은 운동의 방향을 다소 달리 설정하게 된다. 기환연의 '정관'에서 밝히고 있듯이, 기환연은 "환경문제를 기독교 신앙의 관점에서 교회와 사회에 인식시키고, 기독교환경운동을 확산함으로써 하나님의 창조 세계를 보전"하는 데 그 목적을 두게 되었다. 이러한 경향은 '제5조 회원의 자격'에서도 드러나는데, "본 회의 목적에 찬동하고, 회원으로서의 의무를 다하는 개인, 단체 및 교회로 구성"한다고 하여 '교회'를 주요한 회원의 요건으로 삼았다.[30]

29 「2021 세계 환경의 날, 한국공해문제연구소 터에 동판 설치」, 〈환경운동연합〉(2021년 6월 8일). http://kfem.or.kr/?p=216916 (접근 2021년 10월 30일).

30 「기독교환경운동연대 정관」, 〈2021년 기독교환경운동연대 정기총회 자료집〉(2021년 4월 15일), 32-33쪽. http://www.greenchrist.org/bbs/board.php?bo_table=ref_3&wr_id=155 (접근 2021년 10월 30일).

교회를 중심으로 하는 기독교 신앙 관점의 활동 양상은 현재 기환연의 주요한 사업에서도 확인된다. 기환연 홈페이지에서는 주요 사업으로 5가지가 소개되어 있는데, 회원 사업, 녹색교회 사업, 현안대응 사업, 연구교육 사업, 은총의 숲 사업이 그것이다. 2020년도 활동 내역에 대한 정기총회 보고를 보면, 회원 사업으로는 뉴스레터 발송, 재생지 사용 캠페인(27개 교회 및 단체 참여), 소식지《녹색은총》발행, 회원 독서모임, 일회용품 없는 우리교회 PAC 사업(시범교회 3곳), 생태 정의학교, 기환연 후원의 날, 도서 출간 등이 열거되었다. 녹색교회 사업으로는 녹색교회 교육 워크숍, 연대 사업, 녹색교회네트워크 총회(총 21교회 대표자), 환경주일 연합예배와 녹색교회 시상, 녹색교회 아카데미, 생태달력 발행 등이 열거되었다.

현장 활동 사업으로는 교계 연대 활동(NCCK, 기독교사회선교연대회의, 예장총회 사회봉사부 생태 정의 위원회 등), 탈핵 관련 활동(탈핵시민행동, 고준위 핵폐기물 전국회의 등), 기후위기 관련 활동(기후위기 비상행동), 종교환경회의, 탈GMO 관련 활동, 몽골 은총의 숲 활동, 기타 연대 활동 등이 열거되었다. 연구교육 사업으로는 한국교회환경연구소 운영, 환경부 종교단체 환경교육 지원사업, 한국교회 환경교육 세미나, 생태교육교재 출판, 해외 문서 번역 및 배포, 교회 생태신학 연속 강좌, 교회와 생태환경 신앙강좌, 기독교환경회의, 연구도서 출간 등이 열거되었다. "강의, 설교, 기고, 성명서, 인터뷰" 항목에서는 강의 11회, 설교 4회, 기고 14회, 성명서 및 선언문(기자회견문과 논평 포함) 31회, 인터뷰 9회가 열거되었다.[31]

31 「2020년 사업보고」, 〈2021년 기독교환경운동연대 정기총회 자료집〉(2021년 4월 15일), 9-19쪽. http://www.greenchrist.org/bbs/board.php?bo_table=ref_3&wr_id=155 (접근 2021년 10월 30일).

대부분의 활동이 교회와 교계를 중심으로 운영되는 것을 확인할 수 있다. 탈핵시민행동이나 기후위기와 관련된 "현장 활동 사업"의 경우에도 형식적으로는 일반 사회시민운동이나 정치활동에 참여하는 모양새이지만, 실제 활동의 내용은 교회와 교계를 중심으로 기독교적 관점에서 연대하는 활동 양상이다. 이런 활동 방식이 한국YMCA와는 다소 방점이 다른 측면이라 하겠다.

2) 기독교환경운동연대 생명평화운동의 사상

한국공해문제연구소 설립에는 다양한 동기를 가진 사람들이 참여하였다. 본격적인 환경운동을 하려는 사람도 있었고, 민주화운동의 방편으로 활용하고자 하는 사람들도 있었다. 하지만 공해 추방과 반공해운동을 기독교의 신앙운동 차원에서 전개해야 한다는 생각을 가진 이들도 있었다. 그래서 공문연의 창립을 "새로운 '공해' 화두와 한국 기독교 '사회선교' 의식의 제휴"로 평가하면서 "민주화운동에 투신했던 이들과 기독교의 사회선교와 환경문제의식을 지녔던 이들, 즉 1970년대 한국 사회변혁에 헌신했던 두 물줄기가 합류하면서 출현"한 것으로 평가하기도 한다.[32] 또한 공문연은 1984년 5월 25일에 매해 6월 첫 주일을 환경주일로 설정함으로써 환경문제를 신앙의 차원으로 적극적으로 끌어들였다. 하지만 당시의 시대적 환경에서 반공

32 성백걸, 「녹색은총, 기독교환경운동연대 25년의 발자취」, 〈기독교환경운동연대 25주년 기념 발제자료〉(2007년 4월 14일), http://www.greenchrist.org/bbs/board.php?bo_table=ref_3&wr_id=59&sfl=wr_subject&stx=25&sop=and (접근 2021년 10월 30일), 6-7쪽.

해운동은 사회운동 혹은 정치운동에 무게중심이 쏠릴 수밖에 없었다.

공문연이 본격적으로 기독교 정신에 근거하는 교회운동 쪽으로 방향을 분명히 한 것은 1987년 민주화운동 직후이다. 당시 공문연의 주도적 활동가였던 최열과 정문화가 나가면서 공문연은 새로운 임원진을 꾸리는 가운데 공추련을 비롯한 여타의 공해운동과 관계 설정을 하면서 새로운 방향을 모색했는데, 그것은 "교회 쪽, 생활 쪽"의 반공해운동이었다. 그리고 마침 그 무렵 서울에서 WCC의 '정의 · 평화 · 창조 질서 보전 대회'(1990.3.5~12)가 열렸다. 이를 계기로 "환경과 생태계 위기를 신앙과 선교의 본질적인 문제"로 보는 기독교 환경 단체들이 등장했고, 한국교회환경연구소와 기독교환경운동연대도 탄생하게 된 것이다. 기환연은 스스로를 "기독교 부문의 환경운동"으로 정의하면서 "보수, 진보를 초월한 초교파적인 운동을 벌여나가고자" 하였다.[33]

기환연에서는 '생명평화'라는 용어를 잘 사용하지 않는다. 기환연의 활동과 문서에서 자주 등장하는 단어는 '창조(세계)보전', '생태 정의', '생태 영성'처럼 '생태'와 연관된 것들이 많다. 이것은 기환연이 생태학이나 생태 담론의 맥락에서 활동을 전개한다는 것을 의미한다. 그런데 이것은 내용상으로 볼 때 오히려 최성각의 '생명평화' 개념에 근접한다. 다만 그 방향이 "교회 쪽, 생활 쪽"으로 향하고 있는 점이 다를 뿐이다. 따라서 기환연의 운동을 '생명평화운동'의 맥락에서 파악하는 것이 가능하다. 이제 기환연과 한국교회환경연구소에서 발간한 서적과 교재를 중심으로 이러한 사상적 경향을 살펴보고자 한다.

33 성백걸, 앞의 글, 20-25쪽.

(1) 창조 세계 보전

기환연은 생태학과 생태 담론을 적극적으로 수용하면서 '환경'이라는 용어가 지니는 인간중심성에 대한 비판에도 동의한다. 심지어는 린 화이트(Lynn Townsend White Jr., 1907-1987)의 기독교 비판도 일부 수용하는데, "다스리고 땅을 정복하라는 하나님의 명령을 에덴동산의 정원사나 청지기의 역할보다 자기 욕심을 따라 창조 세계를 착취해도 되는 것으로 오해하여 현대 생태 위기의 원인이 되었다는 린 화이트의 지적은 틀리지 않았다."라는 것이다.[34] 즉, 미국의 유럽 중세 역사학자 린 화이트가 서구 기독교의 인간중심적 창조설이 자연 파괴와 생태 위기의 근본 원인이라고 비판한 내용에도 공감하는 것이다.[35] 하지만 여기에 그치지 않고 이것을 기독교적 관점에서 재해석한다.

> 생태계에서 인간의 위치는 이전보다 좀 더 겸허한 자세를 요구한다. 인간중심주의 사상에서 벗어나 돌봄의 청지기의 역할을 요구하는 것이다. 생태 담론은 자연이 더 이상 인간의 이익을 위해 존재하는 것이 아니라 자연 자체에 고유한 가치를 가지고 있다고 본다. 인간은 자연을 훼손할 자격이 없게 된다. 자연 안의 모든 피조물에는 하나님의 동등한 섭리가 담겨 있다.[36]

창조 세계의 보전을 위해서 인간은 '청지기'의 역할을 담당해야 하는데, 이것은 결국 재창조 과정이면서 구속(redemption)의 사건이라고 본다. 생태

34 한국교회환경연구소, 『신앙으로 읽는 생태교과서』, 서울: 동연, 2019, 18쪽.
35 White, L. J., "The Historical Roots of Our Ecologic Crisis," *Science* 155, 1967.
36 한국교회환경연구소, 『신앙으로 읽는 생태교과서』, 서울: 동연, 2019, 77쪽.

적 관점에서 "하나님과 인간, 인간과 인간, 인간과 자연 사이의 고통의 고리가 끊어지고 창조 본래의 모습으로 회복되는 사건이 구속의 사건"이라는 것이다.[37] 생태계에 대한 이러한 기독교적 관점은 교회 중심의 다양한 생명평화운동으로 이어진다.

> 기후위기 시대의 기독교 공동체는 정의, 평화, 창조 세계 보전(JPIC)의 선교적 사명을 수행하는 '녹색교회'가 되어야 합니다. 기독교 공동체에서 창조 세계의 온전성을 회복하는 생태 정의의 삶을 배우고 익히며 나눔으로써, 우리가 살아가는 지구가 하나님이 창조하신 생명들이 상호의존의 방식으로 살아가는 공동체라는 것을 깨달아야 합니다.[38]

기환연은 2008년부터 한국기독교교회협의회 생명문화위원회와 함께 생태적 목회와 생명 선교에 앞장선 교회들을 찾아 매년 녹색교회로 시상하고 있다. 또한 많은 교회들이 생태적 신앙을 실천할 수 있도록 다양한 프로그램과 교육을 실시한다. 대표적인 예로는 친환경 재생용지 사용, 로컬푸드 이용, 생태여행, 초록가게(그린마켓), 공동체 텃밭 가꾸기, 새살림 공방, 교회 담장 허물기, 채식하기 등 생활 밀착형 활동을 개발하여 홍보하는 것을 열거할 수 있다.[39]

기환연의 창조 세계 보전과 회복을 위한 정신이 가장 두드러지게 드러나는 사업은 '몽골 은총의 숲' 사업일 것이다. 이것은 기환연이 2008년 10월

37 위의 책, 19쪽.

38 이진형, 『그린 엑소더스』, 서울: 삼원사, 2020, 30쪽.

39 위의 책 참조.

몽골 황사 및 사막화 발원지를 탐방한 후, 몽골 현지 NGO 단체인 'GREEN SILKROAD'와 함께 몽골 정부로부터 3,000,000㎡의 토지를 30년간 임차하여 2010년부터 몽골 사막에 숲을 조성하기 시작한 사업이다.[40] 해외선교의 생태적 모델 혹은 생태 선교 및 생명 선교의 차원에서 진행되고 있다고 하는데, 기환연의 생명평화운동의 사상이 대표적으로 잘 반영된 사업으로 보인다.

(2) 생태 정의

기환연의 창조 세계 보전에 대한 기독교적 관점은 곧바로 생태 정의와 연결된다. 즉, 창조 세계 보전을 위한 청지기로서의 인간의 역할은 구속사적 맥락에서 인간이 따르고 실천해야 할 생태 정의를 요구한다는 것이다.

> 『성경』은 하나님이 처음 창조하신 세계는 하나님께서 보시기에 참 좋았던 곳이라고 이야기하고 있습니다. 하지만 사람들이 하나님의 창조 세계를 지키고 돌보는 소명으로부터 멀어지게 되면서 피조물들은 창조 세계의 온전함을 상실하는 고통 가운데 머물게 된 것이지요. 지금 우리가 두려운 마음으로 바라보고 있는 여러 기후변화의 징후는 우리 인간의 어리석음과 욕심이 거룩한 창조 세계를 파괴한 결과로 일어난 일이지 결코 하나님이 바라신 일이 아닙니다. 그 때문에 기후변화 시대를 살아가는 그리스도인은 하나님이 지으신 창조 세계의 온전함(Integrity of Creations)을 보전하는, 하나님의 생태 정의(Eco-justice)를 회복하는 일에 힘과 정성을 기울여야 합니다.[41]

40 〈몽골은총의숲 10주년 기념 세미나 자료집〉(2019년 11월 22일). http://www.greenchrist.org/bbs/board.php?bo_table=forest&wr_id=9 (접근 2021년 9월 23일).
41 이진형, 앞의 책, 34-35쪽.

더 나아가 기환연은 『신앙으로 읽는 생태교과서』에서 호주의 '지구 성경 프로젝트(The Earth Bible Project)'를 소개하면서, 『성경』에서 발견되는 생태 정의 원리를 제시한다. 우주의 모든 구성원은 자체의 내재적 가치를 지닌다는 '내재적 가치 원리', 지구의 모든 생명체는 연결되어 있다는 '상호 연관성 원리', 우주의 모든 것은 존재 목적이 있다는 '존재 목적의 원리', 지구의 모든 구성원은 지구공동체를 유지해야 한다는 '상호 돌봄의 원리' 등이 그것이다. 특히 "지구와 구성원들은 인간의 부정의에 의해 고통을 받을 뿐 아니라 그들에게 저항하여 정의를 추구한다."라는 '저항의 원리'도 포함된다.[42]

생태 정의와 관련된 이러한 언급들을 통해 보면, 기환연이 실천하는 다양한 현안 대응 사업들이 바로 이러한 맥락에 자리하고 있다는 것을 이해할 수 있다. 홈페이지에 올라온 자료들의 일부 제목을 열거해 보면 다음과 같다.

〈성명서〉 COP 자체가 문제임을 드러내 COP26, 또다시 기후 정의를 외면하다(2021.11.3).

〈성명서〉 정의로운 2030 감축목표 설정하고, 기후 정의 실현하라(2021.10.27).

전국 신공항 반대 1만인 서명운동(2021.10.15).

〈입장문〉 2050탄소중립위원회 국민참여분과 종교위원 사퇴(2021.10.1).

〈성명서〉 안전에 구멍 난 핵발전소 이제는 멈춰야 한다(2021.9.15)[43]

42 한국교회환경연구소, 『삶으로 일구는 생태 영성』, 서울: 동연, 2020, 24-25쪽.
43 「현안대응 사업」, 〈기독교환경운동연대〉 홈페이지. http://www.greenchrist.org/

기환연 홈페이지에는 '커뮤니티' 메뉴 아래 '생태 정의를 위한 기도' 메뉴가 있는데, 매월 기도문이 공지되고 있다. 다양한 내용의 기도문이 올라오지만, 대체적인 기도의 내용은 죄의 고백과 회개 후 실천을 위한 다짐으로 이어진다. 더 나아가 기환연에서는 "예배를 통해 기독교 공동체가 생태적 참회를 함으로써 이 모든 죄악을 바로잡고 정의와 평화, 창조 세계의 온전함을 회복하는 거룩한 부름을 받은 공동체임을 깨달아야 한다."고 강조한다.[44] 또한 "가난이 복이라고 하신 예수님의 가르침을 삶으로 실천하며, 기독교 공동체의 청빈 전통을 회복해야 한다."고 전한다.[45] 결국 기환연의 모든 실천들은 기독교적 관점에 근거한 생태 정의를 위한 행동으로 귀결되는 것이다.

(3) 생태 영성

기환연의 생명평화운동의 사상적 근거는 결국 기독교적 가르침인데, 이것은 '생태 영성'으로 집약된다. 기환연과 한국교회환경연구소가 발행한 『신앙으로 읽는 생태교과서』에 의하면, "생태 영성은 하나님의 피조물인 인간과 자연이 친밀한 관계를 형성하는 생태 시대의 그리스도교 영성의 줄임말"이다. 그리고 그 근거는 세 가지 차원에서 발견된다고 하는데, 예수가 생태적이고, 『성경』이 생태적이며, 창조 세계 자체가 거룩한 복음이라고 한다.[46]

bbs/board.php?bo_table=activity&page=1 (접근 2021년 11월 10일).

44 이진형, 앞의 책, 57쪽.

45 위의 책, 146쪽.

46 한국교회환경연구소, 『삶으로 일구는 생태 영성』, 서울: 동연, 2020, 12쪽.

더 구체적으로는 예수가 생태운동가나 생태사상가는 아니었지만, "창조 세계의 아름다움을 음미할 수 있는 시인"이자 "그 속에서 하나님의 지혜를 읽는 순수한 영혼의 지혜자"였기에 생태적이라고 한다. 『성경』 역시 "하나님의 감동에 의해 인간이 기록한 것으로, 그 안에는 하나님과 인간 그리고 창조 세계가 중심 주제로 등장"하는데, 이것을 인간중심주의 시각으로 잘못 읽어왔다는 것이다. 마지막으로 "그리스도교는 하나님 말씀인 책으로서 『성경』과 하나님 작품으로서 책인 창조 세계라는 두 권의 책"을 가지고 있다고 하면서, "하나님을 드러내는 계시의 원천을 창조 세계와 성경 전체"로 보고 있다. 따라서 "생태적 눈뜸"을 통해 예수와 『성경』과 창조 세계를 생태적인 눈으로 다시 바라보아야 한다고 강조한다.[47]

기환연의 이러한 사상은 "JPIC에서 창조보전이 정의, 평화보다 앞서야" 하며, 이는 일종의 "신학적 회심"으로서, "이러한 신학적 회심을 바탕으로 생태 정의, 경제 정의, 사회 정의를 확립"해야 한다는 생명선교적 요청과 그 맥을 같이한다고 볼 수 있다.[48] 바로 이 점이 한국YMCA가 전개하는 생명평화운동과 차별점이 발생하는 부분이라 할 수 있다. 기환연은 생명평화운동의 시작과 끝을 철저하게 기독교적 관점에서 전개하며 그것을 생태신학의 형태를 취한 후 교회운동으로 이끈다. 따라서 모든 실천에서 기독교적 근거를 찾고 또 그것을 적극적으로 알린다. 이것은 기환연에서 제작하는 교과서나 문서들이 대부분 말씀 묵상, 기도문을 포함하는 일종의 예식서의 형태를 갖추어 교회에서 활용할 수 있도록 제작되는 것을 보아도 확인할 수 있다.

47 위의 책, 12-33쪽.

48 황홍렬, 「WCC의 생명선교와 한국교회의 생명선교 과제」, 『선교와 신학』 34, 2014, 69-70쪽.

4. 한국 개신교 생명평화운동의 다양성

민주화 이후 한국 개신교는 시민운동으로 방향을 잡았고 이때의 구호는 '생명평화'였다. 한국YMCA와 기독교환경운동연대가 이렇게 전개된 한국 개신교의 생명평화운동을 주도하였지만, 두 단체의 활동과 사상에서는 적잖은 차이가 있었다. 이것은 비단 두 단체만의 차이가 아니라 한국 개신교 시민운동의 주요한 두 흐름의 분화를 의미한다. 물론 이것이 두 흐름 사이의 대립을 뜻하는 것은 아니다. 오히려 두 흐름 모두 '정의, 평화, 창조보전(JPIC)'에 기초한다. 하지만 이 세 가지 사이의 이해와 강조점이 다르다. 즉, 두 흐름이 사용하는 '생명평화'의 실질적 내용이 다른 것이다.

지금까지 살펴보았듯이 한국YMCA의 생명평화운동은 창조보전보다는 정의와 평화에 방점을 두었다. 반면 기독교환경운동연대의 활동은 창조보전이 출발점이자 도착점이며 정의와 평화도 창조보전의 맥락에서 이해한다. 두 흐름의 운동 영역과 방식에서도 차이를 보인다. 한국YMCA가 기존의 노동, 인권, 경제, 사회 운동 등과의 연속선상에서 정의와 평화를 강조하고 생태환경적인 요소를 부가적으로 수용한다면, 기독교환경운동연대는 오히려 반대로 생태 및 환경 운동을 중심에 두면서 정의와 평화를 수용하는 입장을 취하는 것이다.

이러한 운동 방식과 사상의 차이는 종교적 측면에서도 드러난다. 한국YMCA의 생명평화운동은 여전히 기독교 세계관 위에 서 있지만 그 지향성은 이른바 세속 사회 혹은 세속 윤리와 맞닿아 있다. 따라서 출발은 기독교적 이념에서 했을지라도 그 목표는 반드시 기독교적일 필요가 없는 것이다. 다시 말해 운동을 전개하는 과정에서는 굳이 기독교를 전면에 내세우지 않는다. 반면, 기독교환경운동연대의 생명평화운동은 생태학의 원리를 가져와 그것을 기독교적인 이념(창조-타락-구원)과 결합시키고, 그 운동의 원리와 원칙을 기독교 사상에서 찾아내어(생태 영성, 생태신학) 그것을 교회 내에서 운동으로 확산하는 방향으로 나아간다. 이러한 사상적 방향성의 차이는 두 진영의 주요 운동 영역에서도 드러나는데, 한국YMCA가 주로 사회운동의 차원에서 대사회적 활동에 강조를 두는 반면, 기독교환경운동연대는 에큐메니컬 진영뿐만 아니라 복음주의권도 포괄하면서 교회운동적 성격을 보인다.

재차 강조하지만 두 진영의 이러한 차이가 대립적인 것은 아니다. 두 단체는 여전히 JPIC를 공유하고 있으며, 한국YMCA도 평화신학 및 평화교회운동을 전개하고 있다. 다만 교회운동이 한국YMCA의 주요한 방점은 아닌 것이다. 마찬가지로 기독교환경운동연대 역시 대사회적인 활동을 활발하게 전개한다. 하지만 기환연의 경우에는 그것을 끊임없이 기독교적 이념에서 확인하고 강조하는 것을 멈추지 않는다. 그리고 운동의 동력도 최대한 기독교 내에서 찾으려 하며, 교회운동의 차원에서 사회운동을 전개하려 한다.

한국YMCA와 기독교환경운동연대가 보여주는 이러한 두 흐름은 한국 개신교 생명평화운동이 단일한 모습이 아니며 내적 다양성이 존재한다는 것을 의미한다. '생명평화'라는 동일한 구호 아래에서도 실제의 내용과 방향성이 다른 것이다. 여러 종교가 펼치는 생명평화운동과의 비교 맥락에서는 생태적 관점과 교회운동의 방향을 취한 기환연의 운동이 더 직접적인 비교대상이 될 수 있을 것이다. 하지만 한국YMCA도 교회운동과 생태적 관점을 완전히 배제한 것이 아니기 때문에 향후 이러한 두 흐름이 어떻게 교차하고 또 발전해 갈지 주목해 볼 필요가 있다.

제2부

한국종교의 지구학적 해석

조선후기 실학의 지구학적 해석

김 봉 곤 동학농민혁명기념재단 조사위원

1. 머리말

전통적으로 조선왕조에서 추구했던 성리학 내지 주자학은 수기치인(修己治人)을 통하여 자신을 인격적으로 완성하여 세상을 바르고 원만하게 이끌어 가는 것을 목표로 한다. 여기에서 수기 즉 자신의 인격적 도야는 사물을 바르게 관찰함으로써[격물(格物)], 지식을 극진히 하여[치지(致知)], 자신의 뜻을 성실하게 하고[성의(誠意)], 마음을 바르게 하는 것[정심(正心)]이다. 그리고 치인(治人)은 인격적 도야를 바탕으로 세상을 다스리는 것이기 때문에, 사물을 관찰한 결과가 달라지면 자신뿐만 아니라 세상을 이해하고 통치하는 방식이 달라지게 된다. 바로 이러한 점에서 조선 후기 특히 18, 19세기 서양 천문학과 과학이 유입되면서 종래의 우주관과 지구관뿐만 아니라, 경세관이나 인생관이 어떻게 달라졌는지는 매우 중대한 일에 속한다.

오늘날 논의되고 있는 지구학과 각종 재난에 관한 연구는 지구와 지구를 둘러싼 우주와의 관계를 어떻게 이해할 것인지, 지구 내의 각종 현상 특히 재이에 대해서 어떻게 이해할 것인지, 그리고 지구 내 존재로서의 인간의 삶은 어떻게 이루어져야 하는지가 관건일 것이다. 이러한 학문의 태동은 전 지구적 재난과 위기의 시대에서 지구에 대한 인식이 새로워지고, 새로운 틀에서 우주관이나 인생관이 모색되어질 필요가 있어서라고 할 수 있는데, 18, 19세기에 새로운 과학 지식이 서양에서 유입되면서, 당대의 우주론과 인생관의 기초였던 유학에서도 새로운 형태의 지구학과 인간관이 모색되고 있음이 주목된다.

우리는 18~19세기에 형성된 이 새로운 학문을 흔히 실학으로 부르고 있는데, 실학은 1923년 최남선(1890-1957)이 '조선 후기의 새로운 학풍'을 '실학'이라고 명명한 이래 1930년대 조선학 운동의 핵심으로 부상하였으며, 해방 이후에는 민족문제와 근대화론이 결합되어 자생적 근대의 출발로도 규정되었다. 이후 실학을 자생적 근대의 출발로 볼 수 있느냐의 문제와 함께 2000년대에 들어서서는 기존 주자학과 조선 후기의 학풍을 다양하게 찾아보고 있는 실정이다.[1] 본고에서는 기존 주자학과는 달리, 새롭게 출현한 우주관・재이론・인생관을 실학으로 규정하면서, 18, 19세기에 유입된 서양과학의 영향으로 우주와 지구, 재이, 인생관 등을 어떻게 모색하였는지를 살펴보고자 한다.

2. 실학자들의 지구와 우주에 대한 인식

전통적으로 동양의 우주관은 천원지방(天圓地方)설에 기초하고 있다. 하늘은 둥글고(天圓) 지구가 네모나다(地方)는 사고의 기초하에 지구는 인간과 자연을 포함한 거대한 물질 생명체이고, 하늘은 해와 달, 별을 매달고 지구를 도는 것으로 이해해 왔다. 즉 지구는 정지해 있고, 하늘이 도는 것이다. 또한 정지된 지구의 중심은 천하의 중심 국가인 중국이고, 중국에서 멀어진

1 추제협, 「조선 후기 실학연구의 고민과 반성-그 방법 모색을 중심으로」, 『율곡학연구』 46, 2021, 242쪽.

지역일수록 중화가 아닌 오랑캐들이 사는 변경으로 인식되었다. 천원지방에 의해서 모화사상이 심화되어 간 것이다.

그러나 16세기 이후 동양에 서양 지리학과 천문학이 유입되면서, 동양에서도 점차 천원지방의 우주관에서 벗어나서 지구구체설과 자전설, 태양공전설 등의 입장에서 지구와 우주와의 관계를 새롭게 인식하게 되었다. 이러한 천체관의 변화는 지구상에 존재하는 여러 나라와 개인에 대해서도 중화사상에서 벗어나 새롭게 인식하는 계기가 되었다.

먼저 병여(炳如) 김석문(金錫文, 1658-1735)은 지전설을 주장하였다. 김석문은 일찍이 『주역』에 관심이 많아서 소옹(邵雍)의 상수학이나 장횡거(張橫渠)・주희의 성리학적 우주관을 알게 되었으나, 서양 신부 나아곡(羅雅谷: 본명 Jacques Rho)의 『오위역지(五緯曆指)』에 소개된 티코 브라헤(Tyge Ottesen Brahe, 1546-1601)의 천체관을 수용하여 독자적인 지전설을 확립하였다. 먼저 김석문은 『역학이십사도총해(易學二十四圖總解)』에서 지구를 중심으로 그 둘레를 달과 태양 및 항성이 회전하며 다시 태양의 둘레를 수성・금성・목성・화성・토성 등이 회전하고 있다고 주장하였다.

그러나 김석문은 지구는 움직이지 않는다고 한 티코 브라헤와는 달리, 지구가 남북극을 축으로 제자리에서 1년에 366회 회전한다고 하여 독창적인 지전설을 주장하였다. 이는 김석문이 종래의 천문학 대신 땅이 둥글다는 지구설을 수용하고, 모든 천체는 서쪽에서 동쪽으로 회전하며, 우주는 태극천으로부터 중심부의 지구로 갈수록 빨라진다는 외지중질설(外遲中疾說)을 주장한 것과도 관계가 깊다. 이러한 김석문의 지전론은 조선 후기 우주론에 새로운 시각을 제시했으며 홍대용(洪大容, 1731-1783)의 지전설에 큰 영향을 끼쳤다.[2] 김석문은 이 밖에도 지구의 각 지점마다 햇빛의 양이 달라서 추위와 더위 · 풍년과 흉년이 일어나고, 이에 따라 정치윤리의 변화가 일어난다고 주장하여 중국 중심의 세계관 · 역사관에서 탈피하고 있다는 점에서 홍대용의 선구를 이룬다.

홍대용은 먼저 주자학에서 하도(河圖)의 형상에서 역법의 원리, 낙서에서 지리(地理)가 시작되었다고 하는 것은 추론이 심하다고 평가했다. "하도는 사방 모퉁이와 네모난 부분이 없이 둥근데, 둥근 것은 별이므로 역법이 행해지고, 낙서는 사방 모퉁이와 네모진 부분이 있으니, 네모난 것은 땅이므로 구주를 구획하고 땅을 네모나게 나누는 법이 여기에서 시작되었다."라는 것은 지나친 추론이라는 것이다.[3]

홍대용 역시 김석문처럼 지구구체설과 자전설을 주장했다. 땅이 해를 가릴 때 일식이 되는데, 가리워진 체가 둥근 것은 땅의 체가 둥글기 때문이며, 지구가 자전하면서 하늘과 땅에 각각 세력을 형성한다는 것이다.

> 대저 땅덩이는 하루 동안에 한 바퀴를 도는데, 땅 둘레는 9만 리이고 하루는 12시(時)이다. 9만 리 넓은 둘레를 12시간에 도니, 번개나 포탄보다도 더 빠른 셈이다. 땅이 이미 빨리 돌매 하늘 기(氣)와 격하게 부딪치며 허공

2 이원진, 「두 사건에서 보는 지구적 전환(two geological turn): 우리는 어떤 지구를 상상할 것인가-홍대용의 자전설과 자법어물(資法於物), 라투르의 대지설과 사고 전시」, 『원불교사상과 종교문화』 88, 원광대학교 원불교사상연구원, 2021, 387쪽.

3 소옹은 "圓者, 星也. 曆紀之數, 其肇於此乎 方者, 土也. 畫州并土之法, 其仿於此乎(『皇極經世書』 卷13 「觀物外篇上」)"라고 하였는데, 홍대용은 주희의 『주역』을 논한 글에서 "河圖之圓 無隅角也 圓者星也 非星曆紀之法不行 故曰曆紀之數 肇於河圖 洛書之方 有隅角也 方者土也 非土畫州之法不行 故曰畫州之法 倣於洛書 邵朱之意盖如此 恐推之太深(『湛軒書內集』 卷1, 三經問辨 「周易辨疑」)"이라고 하였다.

에서 쌓이고 땅에서 모이게 되니, 이리하여 상하의 세력이 있게 되는데 이것이 지면(地面)의 세력이다. 땅에서 멀다면 이런 세력이 없을 것이다. 또는 자석(磁石)은 무쇠를 당기고 호박(琥珀)은 지푸라기를 끌어당기게 되니, 근본이 같은 것끼리 서로 작용함은 물(物)의 이치다.[4]

9만 리 되는 지구가 12시간마다 돌면서 하늘의 기와 부딪치며 허공과 땅에서 각각 만물과 세력이 형성되었다는 것이다. 이처럼 지구가 자전하는 설을 주장한 홍대용은 지구가 무한한 우주의 중심이 될 수 없다고 주장했다.

지구가 해와 달의 중심은 되지만 오위의 중심은 될 수 없고 해가 오위의 중심은 되나 여러 성계의 중심은 될 수 없다. 해도 중심이 될 수 없는데 하물며 지구에 있어서랴?

홍대용은 지구 둘레를 해와 달이 돌고 있다고 여겼기 때문에 지구가 해와 달의 중심이 된다고 하였다. 또한 해의 둘레는 수, 금, 화, 목, 토 5성이 돌고 있기 때문에 해가 중심이 된다고 하였다.[5] 그러나 다섯 별이 도는 해도 중심이 되지 못하는데, 해와 달이 도는 지구가 우주의 중심이 될 수 있겠냐는 것이다. 이에 홍대용은 무한우주론을 전개한다.

4 홍대용, 『湛軒書內集』 卷4, 補遺, 「毉山問答」
5 홍대용의 지구와 일, 월, 오성과의 관계는 이용범, 「이익의 지동론과 그 논거: 홍대용의 우주관」, 『진단학보』 34, 진단학회, 1972, 53쪽 참조.

지구가 중심이 될 수 없다는 것을 가르쳐 주심을 삼가 들었습니다. 감히 묻건대, 은하(銀河)는 어떤 세계입니까?

은하란 여러 세계를 묶은 한 세계로, 공계(空界)에 두루 돌아 한 큰 테두리를 이룬 것이다. 이 큰 테두리 가운데 많은 세계의 수효가 몇 천 몇 만이나 되는 바, 해와 지구 등의 세계도 그중의 하나일 뿐, 이 은하는 하늘에 한 큰 세계이다. 그러나 지구에서 볼 때 이와 같을 뿐, 지구에서 보이는 외에도 은하 세계와 같은 것은 몇 천 몇 만 몇 억이나 되는 줄을 알 수 없으니, 나의 자그마한 눈에 의하여, 갑자기 은하가 가장 큰 세계라 할 수도 없을 것이다.

지구와 해는 은하 안의 천만 개 되는 별 중의 하나일 뿐이며, 은하 외에도 은하 세계와 같은 것이 몇 천만억이 되는 것을 알 수 없으니, 은하도 가장 큰 세계라 할 수 없다는 것이다.

김석문보다 약간 늦은 시기에 활동했던 이익(李瀷, 1681-1763)도 서양의 구중천설을 받아들여 우주의 중심에 위치한 둥근 지구를 생각했다. 그는 『성호사설(星湖僿說)』 권2 「천지문(天地問)」 〈지구(地球)〉에서 "지구 아래위에 사람이 살고 있다는 말은 서양(西洋) 사람들에 의하여 비로소 자세히 알게 되었다."라고 하고서 지심론(地心論)을 주장하였다. 참판 김시진(金始振)과 남극관(南克寬) 등의 '개미가 계란 껍데기에 붙어서 돌아다녀도 떨어지지 않는 것이 사람이 지면에 사는 것과 다름이 없다.'라는 주장에 대해서 개미의 발이 잘 달라붙기 때문에 계란 껍데기에서 떨어지지 않으나, 발이 없는 벌레는 벽에 올라가다가 당장 떨어지고 말기 때문에 잘못된 비유라고 주장한다.

이 문제는 마땅히 지심론(地心論)을 따라야 할 것이다. 일점(一點)의 지심에는 상하 사방이 모두 안으로 향하여 있어서 큰 지구가 중앙에 달려 있음을 볼 수 있으니 조금도 움직이지 않는 것은 추측해 알 수 있는 것이다. 계란은 지구 한쪽에 붙어 있으니 계란도 지구를 뜨기만 하면 당장 떨어지고 만다. 그렇다면 계란 밑에도 개미가 기어다닐 수 있겠는가.[6]

상하 사방의 모든 것이 하나의 지심(地心, 지구 중심)으로 향하고 있어서 반대편 사람도 떨어지지 않는다고 이해하는 것인바, 만유인력의 견해와도 유사하다. 이익은 지구의 직경과 둘레도 산출하였다. 지구 북쪽이나 남쪽으로 가면 250리마다 북극의 높이가 1°씩 달라지므로 지구 둘레는 250리×360°=90,000리이며, 직경은 둘레의 1/3이므로 직경은 30,000리, 반경은 15,000리라는 것이다. 이러한 견해에 따라 사람은 지심으로부터 15,000리 되는 표면에 살고 있는 것으로 이해하였다.[7]

이러한 이익의 견해는 전술하였던 홍대용, 최한기에 의해서 계승, 발전되고 있음은 물론이다. 최한기 역시 지구에 상하가 없다고 주장하였다.

지구는 상하(上下)가 없다

지구라는 둥근 물체가 도는데, 하늘을 머리로 이고 하루에 한 번 도는 것은 어디에서나 다 같다. 무게가 있는 물체가 모두 발을 땅에 붙이고 움직이고 멈추는 것은 형세가 원래 그런 것이다. 사람들은 각자 자기가 있는 곳에서 전후와 좌우를 분별할 수는 있는 것이지만, 그렇다고 해서 지구 후면(後面)의 사람과 만물은 거꾸로 매달릴 것이 아닌가 의심할 것이 없다.[8]

6 『星湖僿說』 卷2, 天地問, 「地球」

7 박성래, 「성호사설속의 서양과학」, 『진단학보』 59, 진단학회, 1985, 351쪽.

8 『氣測體義 推測錄』 卷2, 推氣測理, 「地無上下」

최한기는 이익의 지원설에서 한 걸음 더 나아가 하늘을 머리에 이고 하루에 한 번 돈다고 하는 지전설을 함께 주장하면서, 지구 뒷면의 인물이 거꾸로 매달린 것은 아니라고 하였다.

> 지구가 하루에 한 번 돌면, 사람 머리 위의 하늘도 역시 하루에 한 번 도는 것이다. 원래 세계를 상하(上下)로 나눌 수 없는 것이다. 그리고 질량(質量)이 있는 물체는, 가볍고 무거운 것을 막론하고 모두 땅에 붙어 있으므로, 비록 힘을 들여 들어도 그 물성(物性)은 항상 땅으로 되돌아가 붙는다. 또 기계를 써 들어올려도 결국에는 땅으로 되돌아가 붙은 뒤에 안정되는 것이다. 물성은 본래 마치 수직선이 아래로 드리우듯 모두 땅에 붙어 하늘을 위로 하고, 땅은 마치 항상 도는 공처럼 쉬지 않고 도는 것이라는 것을 알 수 있으니, 어찌 사람과 만물이 거꾸로 매달릴 것이라는 의문이 있을 수 있겠는가.[9]

지구가 자전하면 하늘도 한 번 돌기 때문에 세계를 상하로 나눌 수 없으며, 공처럼 되지 않고도 질량이 있는 물체는 모두 땅에 되돌아가 붙은 뒤에 안정되므로 거꾸로 매달린다고 볼 수 없다는 것이다. 최한기는 태양과 달, 지구, 별들과 그 운행을 모두 대기운화로 설명했다.[10]

> 1) 기(氣)의 탁한 찌꺼기가 몽기(蒙氣 지구를 둘러싸고 있는 대류권의 공기)가 되고, 몽기의 탁한 찌꺼기가 물이 되고, 물의 탁한 찌꺼기가 진흙이 되고,

9 같은 글.
10 같은 책, 「地體蒙氣」

진흙의 딱딱하게 굳어진 것이 토석(土石)이 되고, 토석의 큰 덩어리가 지구이다. 이 지구는 둥근데, 달보다는 크고 해보다는 작다. … 땅덩어리가 그 속에 있는데, 그 몸체는 둥그렇다. 지구가 둥글다는 것을 징험할 수 있는 것은 한두 가지가 아니지만, 대개를 논하면 다음과 같다. 달이 지구의 그림자에 가리면 월식(月食)이 된다. 그런데 그림자란 형체에 따라 생기는 것이라, 형체가 모나면 그림자도 모나고 형체가 둥글면 그림자도 둥글다. 지금 월식에서 가려진 지구의 그림자를 보면 항상 둥그니, 이로써 지구는 둥글다는 것을 알 수 있다.

또 남극과 북극의 출입지(出入地)로 미루어 보면, 북으로 멀리 갈수록 북극이 더 높고, 남으로 점차 멀리 갈수록 남극이 지상으로 올라 북극의 경우처럼 높으니, 이로써 지구의 체가 남북으로 둥글다는 것을 알 수 있다. 또 해의 출입(出入)의 조만과 동서(東西)의 차이가 있으니, 이로써 지구의 체가 동서로도 둥글다는 것을 알 수 있다.

2) 해 · 달 · 지구의 세 천체(天體)는 각각의 크기가 다르다. … 대체로 비춰 주는 물체와 빛을 받는 물체의 크기가 서로 같으면, 그 그림자는 평행을 이루어 음영(陰影)의 폭이 커지지도 작아지지도 않는다. 그러나 만약 비춰 주는 물체가 크고 빛을 받는 물체가 작으면, 그 그림자는 폭이 점점 작아진다. 그러므로 해의 크기가 지구보다 큰 것을 헤아릴 수 있다. 또 점점 작아지는 지구 그림자 속에 달이 들어가 가려져 월식이 되므로, 달의 크기가 지구보다 작은 것을 또한 헤아릴 수 있다.

1)은 기(氣)의 탁한 찌꺼기에서 대류권의 공기, 물, 진흙, 토석, 지구가 형성되는 과정을 설명한 것으로 지구가 둥글다는 것을 아울러 증명하고 있다. 월식에서 가려진 지구 그림자, 남극과 북극의 출입지(出入地)의 높낮이

가 극으로 올라갈수록 높아지기 때문에 남북으로 둥글며, 해의 출입이 조만과 동서의 차이가 있으므로 동서로도 둥글다는 것이다.

2)는 해와 달, 지구가 크기가 다르다는 것이다. 해는 지구보다 크기 때문에 지구 그림자가 폭이 점점 작아지지만, 달은 지구보다 작기 때문에 지구 그림자 속에 들어가 가려져 월식이 생긴다는 것이다. 다만, 별들은 달보다 높은 곳에 위치하여 지구 그림자에 의해 가리워지지 않는다고 하여 별의 성식(星蝕)을 인정하지 않았다.

3. 실학자들의 재이에 대한 견해

전통 시대의 재이론은 군주가 천명을 행하는 존재로 파악하였기 때문에, 지구상에 이변이 일어나는 것은 군주의 심성이나 통치행위가 하늘의 뜻을 어기는 것으로 이해하였다. 그러나 점차 자연현상에 대한 객관적 이해가 높아지면서, 군주가 아니라 신민 전체로 재이에 대한 책임을 높여가는 동시에 인간 개개인과 환경에 대한 인식도 점차 높여 가는 계기를 삼았다.

먼저 서양 천문학이 수용되면서 천문 현상에 대한 과학적인 이해가 가능해졌고, 재이론에도 변화가 일어났다. 특히 '규칙적인 천체운동은 인사(人事)와는 무관하게 일어난다'는 인식이 번지면서 기존에 재이로 간주되었던 천체 현상들이 재이의 범주에서 벗어나게 되었다.

이익 역시 사실로서의 재이를 부정했다. 예컨대 '태백주현(太白晝見)' 태백성, 즉 금성이 낮에 보이는 현상에 대해서 삼국시대 이후 재이로 간주되었다. 세종 때 이순지(李純之)가 편찬한 『천문유초(天文類抄)』에서는,

> 태백성이 하늘을 가로지르면 천하에 혁명이 일어나 백성이 임금을 바꾸고 이에 강기(綱紀)가 어지러워지고 백성들이 흩어져 유랑한다. 태백성이 낮에 나타나 해와 더불어 밝음을 다투면 강국(强國)은 약해지고 소국(小國)은 강해지며 여주(女主)가 번창하는 것이다.[11]

라고 했다. 태백성이 대낮에 나타나면 태양인 해와 다투기 때문에 변괴가 일어난다는 것이다. 이러한 인식은 이미 중국 한나라 때 이미 천문지에서도 똑같은 내용이 보이는 것으로서,[12] 1천5백 년이 지난 세종 때에도 변함이 없었다. 그러나 이에 대해 이익은 금성이 해와 빛을 다투는 것이 아니라고 했다.

> 태백성이 낮에 나타나는 것을 보고 사람들은 "태양의 빛이 약해진 증거다."라고 하나 이는 당치않은 말이다.[13]

태백성이 낮에 나타난 것이 태양빛이 약해진 증거라는 것은 말이 안 된다는 것이다. 이익은 동쪽에서 해가 뜰 때에는 똑바로 볼 수 있으나 해가 중천에 뜨면 똑바로 볼 수 없는 것은 아침에는 땅의 기운, 즉 음의 기운이 가로막아서 볼 수 있으나, 낮에는 음 기운이 모두 분산되기 때문에 양 기운이

11 『天文類抄』, "太白經天 天下革 民更主 是爲亂紀 人口流亡 晝見與日爭明 彊國弱 小國彊 女主昌."

12 『漢書』卷26「天文志」, "太白經天 天下革 民更主 是爲亂紀 人口流亡 人民流亡 晝見與日爭明 彊國弱 小國彊 女主昌"

13 『星湖僿說』卷2, 天地門, 太白見, "太白晝見 人謂太陽光衰者 妄也 日則一也."

너무 강렬하여 볼 수 없다는 것이다.[14]

이익은 달이나 별이 모두 햇빛을 받아서 빛을 발하기 때문에 사람들이 보아도 눈이 부시지 않는다고 한다. 음기가 성하여 태양과 맞서서 분산되지 않으면 대낮에도 별이 크고 가까운 것을 볼 수 있다고 주장했다.[15] 대낮에도 별이 보이는 것은 음기 즉 땅기운이 성하기 때문이라는 것이다.

> 이는 땅의 기운이 성하고 약한 데에 원인이 있다. 그러므로 동에서 보인 것이 반드시 서에서도 보이는 것이 아니며 남에서 보인 것이 반드시 북에서도 보이는 것이 아니다.[16]

그는 이처럼 보이거나 보이지 않는 것은 대지의 기운의 후박(厚薄) 때문인데, 대지의 기운이 유행하는 것은 어쩔 수 없기 때문에 별이 대낮에 나타나는 재난은 이상할 것이 없다고 보고, 점성술을 전공한 사람과 자기의 견해를 대비시켜 누가 옳은 것인지 반문하고 있다.[17] 이처럼 이익은 태백성이 대낮에 나타나는 현상을 땅의 음기와 관련하여 과학적으로 설명하고자 하였던 것이다. 이익은 '흰 무지개가 해를 뚫는다(白虹貫日)'는 것도 자연현상으로 규정하였다.

14 같은 글, "其出在東方 人能注視 無瞬何也 是亦太陽之氣 朝必衰而然耶 此地氣為之遮隔也 地氣者 陰氣也 從夕至朝日入地底 陰氣釀厚 故人從地面 橫看始昇之日 如琉璃鏡之隔目 所以能見其全體也."

15 같은 글, "凡月星之類 皆借日得光者 故視亦不眩 而或陰氣太盛抗日不散則星之大而近者 又可見矣."

16 같은 글, "此由地氣之盛衰 故見於東者 未必見於西 見於南者 未必見於北."

17 같은 글, "所見之地 灾必随之然大地之內氣常流行 或厚或薄 理所不免 雖為灾 恐不至於甚異也 未知玩占者以為如何."

도장경(屠長卿)이 "형가(荊軻)가 진(秦)나라로 들어가니, 흰 무지개가 해를 꿰었다. 시황(始皇)이 비록 무도했지만, 한 시대에서 모두 주인으로 받들었다. 비수(匕首)로 이를 범하려 하는데, 어찌 천문이 움직이지 않으랴." 했는데, 이 말은 이치에 밝지 못하다.[18]

이익에 의하면 명나라 도융(屠隆, 1542-1605, 자는 장경)이 "연나라의 자객 형가(荊軻)가 비수로 진시황을 암살하려고 할 때 천문이 움직여 흰 무지개가 해를 뚫었다."라고 설명하는 것은 올바르지 않다는 것이다. 경험에 비추어볼 때 무지개는 반드시 무리로 인하여 생긴다. 무리는 반드시 운기가 있어야 생긴다. 이 때문에 무지개가 해를 뚫을 수 없는데, 이에 대해 이익은 다음과 같이 설명했다.

무지개와 무리의 종류는 반드시 운기(雲氣)를 빌려서 이루어지는 것이니 구름이 없는 곳에 어찌 무지개가 있겠는가? 운기는 땅에서 거리가 멀지 않아 위로 올라가서 태양에 가까워지면 곧 사라져서 흔적도 없게 되는데 무지개가 어찌 실지로 태양을 뀔 수 있겠는가? 양기가 쇠하여 재이(災異)가 한가운데 가로놓이게 되고, 사람이 밑으로부터 위를 우러러보기 때문이다.[19]

운기는 땅에서 멀지 않고 해에 가까워지면 소멸하기 때문에 무지개가 해

18 같은 책, 「白虹貫日」, "屠長卿云 荊軻入秦白虹貫日 始皇雖無道 一代共主 匕首犯之 安得不動天文 此說未明."

19 같은 글, "虹暈之類 必憑雲氣而成 其無雲處 安得有虹朮 雲氣者 距於地不遠 上近太陽 則消滅 無痕虹 安得實貫火輪乎 陽氣衰歇 災翳中街而人從下仰視故也."

를 뚫을 수 없다. 양기가 쇠하면 재이(災異)가 한가운데로 지나가게 되어 사람이 밑에서 그것을 우러러보기 때문에 그렇게 보인다는 것이다. 이러한 무지개는 지역마다 다르기 때문에 백홍관일은 연나라에서는 보일 수 있어도 진나라에서는 보이지 않을 수 있다. 즉 백홍관일은 형가 때문에 일어난 것이 아니라는 것이다. 그리하여 이익은 백홍관일이 천하에 재난이 될 수 없다는 사실에 대해 다음과 같이 설파했다.

> 연이 망할 조짐인 까닭에 연의 사람들은 그것을 두려워하겠으나 만약 천하가 모두 이 재이를 당한다고 한다면 이것은 천문에 몽매함이 심한 것이다.[20]

이처럼 일체의 재이에 대해서 이익은 자연현상으로 설명하였다. 그렇다면 그는 이 재이를 어떻게 극복하려고 하였을까? 이익은 하늘, 땅, 사람에 속한 재이를 구분해야 한다고 했다. 대개 재이란 하늘에 속한 것, 땅에 속한 것, 사람에 속한 것이 있으나 이를 구별하지 않으면 안 된다. 하늘이나 해와 달, 별들에 이상이 생기는 것이나 산이 무너지거나 가물거나 홍수가 나는 것은 모두 하늘과 땅에 속하는 재이로서 인간의 문제로 볼 수 없다는 것이다. 그렇지만, 임금이 재난에 대하여 조심하고 두려워하면 신이 감동하여 장마가 져도 물의 피해가 더 이상 없고, 불길이 솟구쳐도 저절로 없어지는 것처럼, 하늘과 땅이 면할 수 없는 재난이라 할지라도 이것을 극복할 수 있는 것은 사람이라고 하였다.[21] 이러한 이익의 견해는 여전히 전통적인 천원지방

20 같은 글, "燕亾之兆 故燕人畏之 若曰天下共此災 則昧扵乾文甚."

21 같은 책, 「灾異」

의 우주관에서 크게 벗어나지 못하였으나, 천재가 발생하면 인간이 의지를 갖고 벗어나도록 노력해야 한다는 점에서 종래의 미신적 견해와는 다르다.

홍대용은 한 걸음 더 나아가 상수학이나 음양설에 대해 비판하고, 재이는 인사와 무관한 것으로 이해하였다. 상수학에서는 자연과 인간을 관통하는 선험적인 원리인 리(理)를 설정했는데, 홍대용은 태허(太虛)를 가득 채우고 있는 기(氣)가 질(質)을 형성하고, 질의 회전과 정지 · 운동으로 천체가 형성된다고 하였다. 홍대용은 음양설에 대해서도 음양이란 태양빛의 강약에 속할 뿐인데, 천지 외에 별도로 음양이 존재하여 조화를 주재한다고 주장하거나, 음양에 얽매이고 의리에 빠져 천도를 살피지 못한 것은 선유들의 잘못이라고 비판했다.[22]

이에 홍대용은 일식이나 월식에 대해서도 경도 · 위도가 같고, 삼계(해 · 달 · 지구)가 일직선상에 놓이면 서로 가려져서 일식과 월식이 생기는 것이니, 운행의 떳떳한 법칙이지, 지구 세계 정치의 잘잘못과는 관계가 없다는 것이다.[23] 땅에 지진이 일어나거나 산이 옮기는 것은 화수(水火)와 풍기(風氣)가 두루 유행(流行)하다가 막히면 지진이 일어나고 격하면 밀어 옮기는 것이며, 태풍이나 폭우, 우박, 눈, 무지개, 햇무리와 달무리 등 종래 재변으로 간주되었던 현상들도 모두 기의 자연현상으로 설명하였다.[24] 모두가 기

22 『湛軒書內集』卷4, 補遺, 「毉山問答」, "萬物化生於春夏則謂之交 萬物收藏於秋冬則謂之閉 古人立言 各有爲也 究其本則實屬於日火之淺深 非謂天地之間別有陰陽二氣隨時生伏主張造化 如後人之說也." "實翁曰 拘於陰陽 泥於理義 不察天道 先儒之過也 夫月掩日而日爲之蝕 地掩月而月爲之蝕 經緯同度 三界參直 互掩爲蝕 其行之常也."

23 같은 글, "實翁曰 拘於陰陽 泥於理義 不察天道 先儒之過也 夫月掩日而日爲之蝕 地掩月而月爲之蝕 經緯同度 三界參直 互掩爲蝕 其行之常也 且日食於地界而地食於月界 月食於地界而日食於月界 此三界之常度 不係於地界之治亂."

24 같은 글.

의 작용에 의해 일어나는 자연현상이라는 것이다. 이처럼 홍대용은 자연현상과 인간 사회의 치란이 아무런 관련이 없다고 설명하였다.

그렇다고 하여 그가 재이에 대해서 무관심했던 것은 아니다. 그 역시 이익과 같은 태도를 중시했다.

> 비록 그러하나 해가 지면 밤이 되는 것은 역시 해의 변(變)이니, 낮에 처하는 도(道)로써 밤에 처한다면 어지럽게 되는 것이다. 일식의 변도 또한 이와 같으니, 변을 당해 닦고 반성함은 사람의 일로서 당연한 것이다."[25]

낮에는 일하고 밤에는 잠을 자야 하는데, 반대로 하는 것은 세상을 혼란하게 하는 것이니, 재이가 일어날 때는 반성해야 하는 것이 당연하다는 것이다.

최한기도 재이를 인정하지 않았다.

> 차색의 안경으로 눈을 씌워서 보면 차색이 아닌 것이 없고, 남색 안경으로 눈을 비추면 남색이 아닌 것이 없다. 이 안경을 벗겨 내면 곧 기경이다. 사람이 평생 보는 바는 기경을 쓰고서 해・달・별 등을 보는 것이니, 기경을 벗고 하늘을 바라보는 사람은 없다.
>
> 기는 요동쳐 움직이거나 두텁기도 하고 엷기도 해서 수시로 변한다. 혹은 청경(淸鏡)이 되고, 혹은 탁경(濁鏡)이 되고, 무경(霧鏡)・하경(霞鏡)・연경(煙鏡)・진경(塵鏡)・운경(雲鏡)・우경(雨鏡) 등이 되므로 바라보는 별들도 기경을 따라 빛깔을 달리하는 것이지, 별들 자체의 빛깔이 변화무쌍한 것이

25 같은 글,

아니다.[26]

사람들이 차색(茶色)의 안경으로 눈을 씌우면 차색이 아닌 것이 없고, 남색 안경으로 눈을 씌우면 남색이 아닌 것이 없듯이, 사람이 청, 탁, 안개, 노을, 연기, 먼지, 구름, 비 등과 같은 거울로 해 · 달 · 별을 보기 때문에, 별 자체는 변함이 없는데 별의 빛깔을 달리 본다는 것이다. 다시 말하면 별들의 이상 현상을 재앙과 상서로움을 알리는 하늘의 현상으로 이해하며 이를 통해서 국가의 화복을 점쳐서는 안 된다는 것이다. 최한기는 별들의 이상 현상을 통해 재이로 보는 것은 탐구가 부족한 것으로 보았다. 천체가 너무 멀고 아득하여 기의 형질이 은폐된 잘못된 견해를 버리고, 기화와 부합되는 단서를 증험하도록 하는 것이 참된 실학이라는 것이다.[27]

4. 실학자들의 지구 내 존재에 대한 삶의 규정

18~19세기 실학에서는 이러한 우주관이나 자연관의 변화에 대해 전통 유학의 수기치인(修己治人)의 관점을 버리지 않으면서 지구 내 존재로서 새로운 형태의 삶을 모색하였다. 홍대용은 개인이나 민족 간의 관계에 절대적인 위계나 차별을 두지 않았다. 기의 변화에 따른 인간의 대응에 따라 인간 사회의 도덕과 왕조 교체의 역사적 정당성에도 변화가 생긴다고 보았다. 홍대용은 먼저 사물은 사람의 관점이 아닌 하늘의 관점에서 보아야 한

26 최한기 지음, 손병욱 역주, 『기학』, 통나무, 2016, 341쪽.
27 같은 글, 342쪽.

다고 주장했다. 천지간에 사람만이 귀하고 금수와 초목은 천하다는 설은 잘못된 것이라는 것이다.

> 너는 진실로 사람이로군. 오륜(五倫)과 오사(五事)는 사람의 예의(禮義)이고, 떼를 지어 다니면서 서로 불러 먹이는 것은 금수의 예의이며, 떨기로 나서 무성한 것은 초목의 예의이다. 사람으로서 물(物)을 보면 사람이 귀하고 물이 천하지만 물로서 사람을 보면 물이 귀하고 사람이 천하다. 하늘이 보면 사람이나 물이 마찬가지다.
>
> 대저 지혜가 없는 까닭에 거짓이 없고 깨달음이 없는 까닭에 하는 짓도 없다. 그렇다면 물이 사람보다 훨씬 귀하다. 또 봉황(鳳凰)은 높이 천 길을 날고 용(龍)은 날아서 하늘에 있으며, 시초(蓍草)와 울금초(鬱金草)는 신을 통하고, 소나무와 잣나무는 재목으로 쓰인다. 사람의 유와 견주어 어느 것이 귀하고 어느 것이 천하냐? 대개 대도(大道)를 해치는 것으론 자랑하는 마음보다 더 심한 것이 없다. 사람이 사람을 귀하게 여기고 물을 천하게 여김은 자랑하는 마음의 근본이다.[28]

사람의 입장에서는 사람이 귀하고 물이 천하지만, 물의 입장에서는 물이 귀하고 사람이 천하다. 하늘의 입장에서 볼 때 사람과 물은 균등하다는 것이다. 홍대용은 이러한 관점을 적용하여 물에서 사람이 배울 것을 주장한

28 『湛軒書內集』卷4, 補遺, 「毉山問答」, "實翁仰首而笑曰 爾誠人也 五倫五事 人之禮義也 羣行呴哺 禽獸之禮義也 叢苞條暢 草木之禮義也 以人視物 人貴而物賤 以物視人 物貴而人賤 自天而視之 人與物均也 夫無慧故無詐 無覺故無爲 然則物貴於人 亦遠矣 且鳳翔千仞 龍飛在天 蓍鬯通神 松栢需材 比之人類 何貴何賤 夫大道之害 莫甚於矜心 人之所以貴人而賤物 矜心之本也."

다. 성인(聖人)도 만물을 스승으로 하였다는 것이다.

> 물고기가 놀라지 않은 것은 백성을 위한 용의 혜택이며, 참새를 겁나게 하지 않음은 봉황의 세상 다스림이다. 다섯 가지 채색 구름은 용의 의장이요, 온몸에 두루 한 문채는 봉황의 복식이며, 바람과 우레가 떨치는 것은 용의 병형(兵刑)이고, 높은 언덕에서 화한 울음을 우는 것은 봉황의 예악(禮樂)이다. 시초와 울금초는 종 묘제사[廟社]에서 귀하게 쓰이며, 소나무와 잣나무는 동량(棟樑)의 귀중한 재목이다. 이러므로 옛사람이 백성에게 혜택을 입히고 세상을 다스림에는 물(物)에 도움받지 않음이 없었다. 대체로 군신(君臣) 간의 의리는 벌[蜂]에게서, 병진(兵陣)의 법은 개미[蟻]에게서, 예절(禮節)의 제도는 박쥐[拱鼠]에게서, 그물 치는 법은 거미[蜘蛛]에게서 각각 취해 온 것이다. 그런 까닭에 "성인(聖人)은 만물(萬物)을 스승으로 삼는다." 하였다. 그런데 너는 어찌해서 하늘의 입장에서 물을 보지 않고 오히려 사람의 입장에서 물을 보느냐?[29]

백성들에게 혜택을 입히고 세상을 다스릴 때 물에 도움을 받지 않음이 없었다.[30] 사람이 기르는 물고기나 새, 각종 문채, 대들보로 쓰일 소나무 잣

29 같은 글, "魚鮪不淰 龍之澤民也 鳥雀不獝 鳳之御世也 雲氣五采 龍之儀章也 遍體文章 鳳之服飾也 風霆震剝 龍之兵刑也 高崗和鳴 鳳之禮樂也 蓍鬯 廟社之寶用 松栢 棟樑之重器 是以古人之澤民御世 未嘗不資法於物 君臣之儀 盖取諸蜂 兵陣之法 盖取諸蟻 禮節之制 盖取諸拱鼠 網罟之設 盖取諸蜘蛛 故曰聖人師萬物 今爾曷不以天視物而猶以人視物也."

30 『예기(禮記)』「예운(禮運)」에 이르기를, '성인이 용을 가축처럼 기르기 때문에 어류(魚類)가 사람들에게 길들여져서 놀라지 않는다.[龍以爲畜 故魚鮪不淰]' 하였다. 또한 "봉을 가축으로 삼자 새들이 길들여져 날아가지 않고, 기린을 가축으로 삼자 짐승들

나무 등 모든 것은 물의 도움이 아님이 없었고, 군신 간의 의리나 예도 짐승들에게서 배운 것이다. 성인은 만물을 스승으로 삼았다는 것이다.

여기에서 한 걸음 더 나아가 최한기는 천이나 인간의 작용 모두를 기로 구체화하고 서로 연결되는 것으로 파악하고 있다.

> 천과 인간은 본래 둘이 아니라, 기를 보지 못하는 자는 사람에게 있는 형체 때문에 천과 간격이 있어서 하나가 되기 힘들다. 비록 억지로 끌어 붙이고자 하나 '형체를 잊고 욕심을 없앤다[亡形除欲]'는 따위의 말로 천인일치의 방법을 삼는 데 지나지 않으니 끝내 위태롭다.[31]

천과 인은 둘이 아니지만, 기학을 모르는 자는 형체 때문에 둘이 아닌 줄을 모른다는 것이다. 고작 형체를 잊고 욕심을 없애면 천인이 일치된다는 식으로 천인일치를 구하지만 이는 잘못이라는 것이다. 최한기는 천과 인은 기로 일치한다는 점을 다음과 같이 강조했다.

> 대저 천은 곧 대기(大氣)다. 대기가 사람의 몸 가운데를 뚫고 피부 사이에 스며 두루 퍼지고, 한서조습(寒暑燥濕)이 안팎으로 교감하여 생을 이루니, 비록 잠시라도 막히어 끊어지면 생을 얻지 못한다. 이것이 바로 기로써 명(命)을 삼고, 기로써 생(生)을 삼는다는 것이다. 그러므로 천기와 인기는 둘로 나눌 수 없다. 기를 들어 말한다면 천인이 일치하고, 형체를 들어서 말하면 대소의 차이가 있다. 따라서 이미 기를 얻음이 있다면 비록 천과 인이 둘

이 길들여져 도망치지 않았다.[鳳以為畜, 故鳥不獝, 麟以為畜, 故獸不狘]"라고 하였다.

31 최한기 지음, 손병욱 역주, 앞의 책, 338쪽.

이 되더라도 사람이 하늘을 섬기는〔事天〕 데에는 가하지 않음이 없을 것이다.[32]

천은 대기(大氣)로서 사람의 안팎에 작용함으로써 사람이 생명을 이루니 둘이 아니다는 것이다. 대기와 인기는 둘이 아니고 대소의 차이만 있을 뿐이라는 것이다. 이러한 천도와 인도가 일치된다는 것은 최한기에 따르면 경험과 추측에 의해 과학적 인식이 높아지면서 가능하게 된다.

범선이 지구를 빠르게 주행하는 것은 인기의 운화인데, 옛날에는 없었으나 지금에 와서 있게 된 것이다. 바닷물이 지구를 둘러싸고 연이어 있는 것이나 인심으로 일을 경영하고 계획하는 것은 예나 지금이 같지만, 견문이 넓어지고 기계가 정밀해진 것은 옛날이 지금과 같지 못하며, 추측의 증험과 운화의 방도는 지금이 옛날보다 밝다. 지구의 표면이 두루 통한 이래로 천고의 의혹을 깨뜨리고 모든 일의 방향을 열었으니, 옛사람이 미처 듣지 못한 것이 한스럽고 지금 사람이 모두 볼 수 있음이 다행스럽다.[33]

바다가 육지를 둘러싸고 있는 것이나 인심으로 계교하는 것은 고금이 다름이 없지만, 경험과 추측 등이 넓어져서 모두 활동운화의 기가 아님이 없음이 밝혀졌다는 것이다. 그는 이러한 견해에 따라 유형의 추측을 통해 유형의 리를 익히고 유형의 신을 밝혀서 인생관과 세계관에 반영했다.[34]

32 같은 글.

33 같은 책, 325-326쪽.

34 崔漢綺, 『氣學』, 「氣學序」, "從今以後 學術有準 擧有形之理而傳習有形之理 闡有形

천은 대기운화(大氣運化)함으로써 지구, 달, 태양, 별을 차례로 회전케하여 신묘한 공을 이룬다. 나라의 정치는 인기의 운화를 통솔해서 경, 대부, 사가 순서대로 직분을 행하는 다스림의 길[치도(治道)]을 이루는 것이다. 집안의 다스림(家政)은 일가친척의 운화를 한데 합쳐서 남녀노소가 각기 그 직분을 닦아 집안의 규범을 이루는 것이다. 수신이란 자기 한 사람의 운화를 따라서 어린이, 장년, 늙은이의 생애에서 먼저 할 바와 나중에 할 바를 알아서 학업을 닦는 것이다. 이렇게 볼 때 대, 중, 소에 따라 대, 중, 소의 범위가 있다. 그러나 이것들은 모두 대범위인 천[대기운화]과 나의 유기체를 이룬다.

수신, 제가, 치국, 평천하는 인기운화와 관계되나 만약 천기운화를 승순하여 인기운화를 행한다면 백성들이 모두 귀의하여 순종하기가 간단하고도 쉬울 것이다. 그러나 천기운화를 내팽개치고 인기운화를 구하고자 한다면, 상하가 서로 반목하여 떨어져서 각자 사사로움만을 노출시킬 것이다. 만약 천과 인간이 하나가 되어서 운화하는 천인기(天人氣)의 운화를 알지 못하고, 수 · 제 · 치 · 평의 일을 행하고자 한다면 우활해지거나 치우쳐 막히게 될 것이다. 그래서 천인운화는 그 근원을 말하면 학문의 근본 바탕이요, 그 끝을 말한다면 학문의 표준이 되는 것이다.

수신, 제가, 치국, 평천하는 인기운화인데, 천기운화를 승순하여 인기운화를 행하면 백성들이 귀의하지만, 천기운화를 도외시하고 인기운화만 구하고자 하면 상하 반목하고 사사롭게 된다는 것이다. 이에 최한기는 유학

之神而承事有形之神 家國天下有實踐之階級 修齊治平有推移之柯則 探虛之勞賴有前轍之戒 康莊之道 方啓後人之學."

의 인생관과 경세론을 대표하는 『대학』의 8조목이 천인운화를 반영해야 하는 것으로 보았다.

> 천인운화는 여러 번 증험하여 그것을 밖에서 얻고, 모습(象)을 이루어 그것을 안에 간직하고, 기화에 따라 그것을 밖에서 쓰니, 곧 대학 8조목의 격물치지는 그것을 밖에서 얻은 것이요, 성의 · 정심은 그것을 안에 간직하는 것이요, 수신 · 제가 · 치국 · 평천하는 그것을 밖에서 쓰는 것이다. 그러한즉 격물치지의 일은 곧 수신, 제가, 치국, 평천하 하는 길이다. 만약 격물 · 치지의 일이 천인운화가 아닌 다른 물건에 있으면 수, 제, 치, 평하는 도를 본디 보존하여 기를 수 없을 것이니, 장차 어떻게 기회가 왔을 때 쓸 수 있겠는가. 그래서 천인운화를 여러 번 증험하여 그것을 얻으면 격 · 치가 되고 천인운화가 모습을 이루어 그것을 간직하면 성 · 정이 되고, 천인운화를 기화에 따라 쓰면 수 · 제 · 치 · 평이 되니 8조의 가운데 천인의 도가 완비되어 있는 것이다.[35]

격물치지는 천인운화를 외면에서 얻은 것이고, 성의 정심은 내면에 간직한 것이며, 수신제가치국평천하는 천인운화를 밖에서 쓰는 것이라는 것이다. 마지막의 천인운화를 기화에 따라 쓰면 수제치평이 된다는 것은 개인과 가정, 국가, 천하에 일신운화, 교접운화, 통민운화가 대기운화와 일치하여 이루어지는 것을 의미한다. 이에 우주 속에 지구가 있고, 천하는 평등한 국가를 유지하며, 사농공상의 분업과 전문성을 토대로, 가족공동체와 자신의

35 최한기 지음, 손병욱 역주, 앞의 책, 185-186쪽.

인격을 완벽하게 실현해 가는 천인합일의 세계관을 구성하게 되는 것이다.

5. 맺음말

지금까지 본고에서는 18~19세기에 유입된 서양 과학의 영향으로 조선 후기 실학에서 새로운 지구학을 어떻게 모색하였고, 각종 재이를 어떻게 평가하였고, 새로운 삶의 형태를 어떻게 모색했는지를 살펴보았다.

첫째, 실학에서는 지구와 우주에 대해 시야를 확대해 갔다. 전통적으로 동양의 우주관은 천원지방(天圓地方)설에 기초하고 있다. 하늘이 해와 달, 별을 매달고 인간과 자연을 포함한 거대한 생명체인 지구를 도는 것으로 이해되어 왔다. 그러나 16세기 이후 서양 지리학과 천문학이 유입되면서, 점차 천원지방의 우주관에서 벗어나 지구구체설과 자전설, 우주무한설 등의 입장에서 지구와 우주와의 관계를 새롭게 인식하였다. 성호 이익, 담헌 홍대용, 오주 이규경, 혜강 최한기 등은 유학의 관점을 포기하지 않으면서 지구에서 태양, 우주로 시야를 확대해 갔다.

둘째, 지구상의 각종 재난을 객관적으로 인식하게 되었다. 전통 시대의 재이론은 군주가 천명을 행하는 존재로 파악하였기 때문에, 지구상의 각종 이변을 군주의 심성이나 통치행위가 하늘의 뜻을 어겨서 일어나는 것으로 이해하였다. 그러나 점차 자연현상을 객관적이고 과학적으로 이해하게 되면서, 재이에 대한 책임이 신민 전체로 확대되고, 환경에 대한 인식을 심화시키는 계기가 되었다.

셋째, 국가 간의 관계나 인간 사이, 인간과 만물과의 관계를 점차 균등하고 공생하는 관계로 파악하였다. 실학에서는 유학의 인생관인 수기치인(修

己治人)을 버리지 않으면서 새로운 우주관 및 자연관과 결합된 새로운 형태의 지구적 삶을 모색하였다. 홍대용은 국가간의 관계나 인간과 만물 간의 관계를 균등하게 보았고, 서로 도움을 주는 공생의 관계로 파악하였다. 이에 대해 최한기는 천이나 인간의 작용 모두를 대기와 인기로 구체화하고 서로 연결되는 것으로 파악하였다. 대기와 인기는 둘이 아니고 대소의 차이만 있을 뿐이며, 천도와 인도는 경험과 추측에 의해 과학적 인식이 높아지면 일치된다는 것이다. 이에 따라 『대학』의 수신, 제가, 치국, 평천하는 각각 일신운화 · 교접운화 · 통민운화 · 대기운화와 결합하게 되어, 우주 속에 지구가 있고, 천하의 각 국가는 대등하게 존재하며, 사농공상의 분업과 전문성을 토대로 가족의 화합과 자신의 기화를 일치시켜 나가는 천인합일의 세계관을 모색하게 되었다.

이러한 18~19세기 실학에서 모색된 새로운 지구학과 재이론, 인간관은 조선왕조가 망하고, 유학 사상이 시대적 조류에 밀려나면서 더 이상 계승되지 못하고 말았다. 또한 오늘날 고도의 지적 기반 사회와 생산력 발달이 이루어지는 상황하에서 조선 후기에 제창된 실학의 지구학과 재이론, 인간론을 오늘날과 같은 생명평화를 위협하고 있는 전지구적 재난의 시대에 어떻게 되살려야 할 것인지는[36] 또 다른 과제라고 할 수 있다.

36 최근 조성환, 허남진, 박일준은 기후 변화와 생태위기 시대에 지구의 시각에서 인간과 사물의 공존과 공산(共産)을 모색하고 있음이 주목된다. 조성환 · 허남진. 「인류세 시대의 새로운 존재론의 모색: 애니미즘의 재해석과 이규보의 사물인식을 중심으로」, 『종교교육학연구』 66, 한국종교교육학학회, 2021; 박일준, 「기후변화와 생태위기 시대의 물(物)의 신학—여물(與物)의 철학, 여인(與人)의 신학, 여지구(與地球)의 인문학」, 『한국기독교신학논총』 124집, 2022.

동학사상의 지구민주주의적 해석*

조성환 원광대학교 동북아시아인문사회연구소 HK교수
이우진 공주교육대학교 교육학과 조교수. 글로컬인문학연구소 소장

* 이 글은 조성환 · 이우진의 「동학사상의 '지구민주주의'적 해석」(『유학연구』 60집, 2022년 8월)을 수정한 것이다.

1. 머리말

제15대 한국의 대통령을 역임한 정치가 김대중(1924~2009)은 「문화는 숙명인가?」(1994)라는 영어 논문에서 '지구민주주의(global democracy)'라는 독특한 개념을 제창하였다.[1] 그는 '민주주의'라는 용어 앞에, 우리가 흔히 알고 있는 '직접', '대의', '자유', '사회' 등과 같은 수식어가 아니라, '지구적(global)'이라는 수식어를 붙였다. 혹자는 이에 대해 당시는 글로벌라이제이션(globalization) 개념이 유행하고 있었기 때문에, 이러한 시대 상황을 반영한 신조어가 아니겠느냐고 생각할 수도 있다.

그런데 이 논문에서 흥미로운 점은 김대중이 지구민주주의의 사상적 원천으로 유교, 불교와 함께 '동학'을 제시하고 있다는 사실이다. 다시 말하면 지구민주주의라는 새로운 민주주의의 뿌리를 고대 그리스나 근대 유럽의 민주주의 사상에서가 아니라 동아시아 사상에서 찾은 것이었다. 그렇다면 김대중은 동학사상의 어떤 특징을 지구민주주의적이라고 생각한 것일까?

1 Kim Dae Jung, "Is Culture Destiny?: The Myth of Asia's Anti-Democratic Values-," Foreign Affairs, 73-6, November/December 1994. 원문은 〈https://97imf.kr/items/show/3927〉에서 열람 가능하며, 한글 번역은 다음의 웹페이지에서 열람할 수 있다:
(1) https://m.khan.co.kr/national/national-general/article/201503251135171#c2b
(2) https://brunch.co.kr/@youngki/14

그리고 동학과 지구민주주의 사이의 접점과 간극은 구체적으로 무엇일까? 이것이 본 논문의 주된 문제의식이다. 이 문제의식과 관련하여 주목할 만한 점은 시인 김지하(1941~2022)도 당시에 동학사상을 바탕으로 하는 일종의 '생명민주주의론'을 제창하였다는 사실이다.[2]

1990년대 전반(前半)에 발생한 이러한 흐름은 동학사상이 현대 정치사상으로 발전할 수 있는 가능성을 보여준다. 나아가서 한국이라는 지역을 넘어서 지구적(global) 차원에서 소통할 수 있는 계기를 제공한다. 실례로 김대중의 지구민주주의론이 나온 10여 년 뒤에 인도의 환경운동가이자 물리학자인 반다나 시바(Vandana Shiva, 1952~)도 '지구민주주의(Earth democracy)' 개념을 제창하였다.[3] 이듬해에는 그것을 확장시켜 『지구민주주의(Earth Democracy)』라는 제목의 단행본을 출간하였다.[4]

물론 반다나 시바(Vandana Shiva)의 지구민주주의론은 나중에 나온 만큼 김대중의 논의보다는 체계화되어 있다. 용어상에서도 미묘한 차이가 나는데, 김대중이 'global democracy'라고 쓴 데 반해, 반다나 시바는 'Earth democracy'로 표기하였다. 개념상의 차이로부터 추측할 수 있는 점은, 반다나 시바의 Earth democracy에서 행성지구(Planet Earth)의 지속가능성(sustainability)과 거주가능성(habitability)에 대한 문제의식이 심화되고 있다는 사실이다. 이것은 10년이라는 시간 동안 지구환경에 대한 위기의식이 깊어졌음을 말해준다. 이 외에도 양자 사이에는 중요한 공통점을 발견할

2 김지하의 생명민주주의론은 김지하, 『생명과 자치』(솔출판사, 1996)에 망라되어 있다.

3 Vandana Shiva, "Earth Democracy: Creating living economies, living democracies, living cultures," *South Asian Popular Culture*, 2-1, 2004.

4 Vandana Shiva, *Earth Democracy: Justice, Sustainability and Peace*, Cambridge, Mass.: South End Press, 2005.

수 있다. 그것은 두 사람 모두 미래의 정치적 이념을 비서구지역의 전통사상에서 찾고 있다는 것이다. 차이가 있다면 김대중이 동아시아 사상에서 지구민주주의의 사상적 뿌리를 찾았다면, 반다나 시바는 인도의 힌두사상에서 찾고 있다는 점이다.

반다나 시바의 사상은 국내에서는 안희경에 의해 소개되었다. 2017년 2월 8일자《경향신문》에 실린〈[세계 여성 지성과의 대화] (3)반다나 시바(하) "세계화가 만든 탐욕의 경제, 증오 정치로 여전히 세 유지"〉가 그것이다. 이 대화에 시바의 지구민주주의 개념이 간단히 소개되어 있다. 그 뒤로는 코로나가 한창이던 2020년 5월 28일 자《경향신문》에〈[7인의 석학에게 미래를 묻다] ④ 반다나 시바 "자연을 죽이고 삶터 빼앗는 '범죄경제', 코로나로 가속도 붙어"라는 제목의 인터뷰가 실렸다. 이후 이 인터뷰는 단행본에도 수록되었다.[5]

김대중의 지구민주주의론도 최근에 들어서 조금씩 학계에 소개되고 있는 상황이다. 최초의 소개는 2018년에 정치학자 김학재가 쓴 논문「김대중의 통일・평화사상」이었다.[6] 그 뒤로 2020년에 조성환이〈팬데믹 시대에 읽는 지구학 (3) 아시아적 가치를 읽고〉라는 칼럼에서 소개하였고,[7] 2021년에는 김용철의 논문「현대평화이론의 관점에서 본 김대중의 평화관」에서

5 안희경,『오늘부터의 세계』, 메디치, 2020, 제7장「분리와 연결」.

6 김학재,「김대중의 통일 평화사상」, 서보혁, 이찬수 외,『한국인의 평화사상 2』, 인간사랑, 2018, 377-379쪽.

7 조성환,〈팬데믹 시대에 읽는 지구학 (3) 아시아적 가치를 읽고〉,《개벽신문》95호, 2020.07. 여기에서 '지구학' 개념은 토마스 베리가 '지구학자(geologian)'를 자처한 데에서 계발을 받았다. 국내에서는 이병한이 사용하였다. 이병한,〈개벽학은 미래학이요 지구학이라〉,《다른백년》, 2019.02.15.

다루어졌다.[8] 김학재와 김용철이 '평화사상'이라는 관점에서 지구민주주의를 논하였다면, 조성환은 '지구학'적 관점에서 접근하였다. 다만 김대중의 지구민주주의론을 동학사상과 연결시켜 해석하거나, 반다나 시바의 지구민주주의론과 비교한 시도는 아직 없었다.[9]

김대중의 지구민주주의 개념은 최근에 대두되고 있는 '생태민주주의(Ecological Democracy)' 개념과도 상통하는 점이 있다. 2017년에 나온 구도완의 〈생태민주적 전환과 생태민주 헌법〉에서는 생태민주주의를 "미래세대 및 비인간 존재의 권리를 인정하고, 이들의 대리인들이 정치과정에 참여하는 민주주의"로 규정하였다.[10] 구도완은 이러한 논의를 발전시켜 이듬해인 2018년에 『생태민주주의』를 출간하였다. 참고로 '생태민주주의' 개념은 구도완이 처음 쓴 것은 아니다. 1995년에 로이 모리슨(Roy Morrison)이 『생태민주주의(Ecological Democracy)』라는 책을 썼고,[11] 한국의 생태철학자 신승철이 가타리의 『세 가지 생태학』을 바탕으로 독자적인 생태민주주의론을

8 김용철, 「현대평화이론의관점에서 본 김대중의 평화관」, 『현대정치연구』 14-2, 서강대학교 현대정치연구소, 2021, 101-136쪽.

9 참고로 현재 우리 학계에 동학사상과 지구민주주의를 연결시켜 논의한 선행연구는 아직 없지만, 동학사상에서 민주주의적 요소와 가치를 탐색한 연구들은 있다. 대표적인 연구로는 다음을 들 수 있다; S. O. Kurbanov, 「동학사상과 한국식 민주주의」, 『동학학보』 18, 2009; 김정호, 「동학 보국안민 정신의 의의와 한국 민주주의의 과제」, 『동학학보』 29, 2013; 오문환, 「동학에 나타난 민주주의: 인권, 공공성, 국민주권」, 『한국학논집』 32, 2005; 박경환, 「동학적 민주주의의 토대, 동학의 인간관」, 『인문학연구』 46, 2013; 조휘각, 「동학의 민주주의 사상에 관한 연구」, 『윤리연구』 51-1, 2002.

10 구도완, 〈생태민주적 전환과 생태민주 헌법〉, 《환경운동연합》(온라인), 2017.03.21. http://kfem.or.kr/?p=175602

11 이 책은 국내에도 번역되어 있다. 로리 모리슨 지음, 노상우 · 오성근 옮김, 『생태민주주의』, 교육과학사, 2005.

전개한 적이 있다.[12] 이와 같이 생태민주주의에 관한 논의도 적지 않은데, 다만 이 주제는 본 논문의 범위를 벗어나므로 다음 기회로 미루고자 한다.

이상의 문제의식 하에 이하 본문에서는 김대중과 반다나 시바의 선구적인 논의를 토대로 하여, 동학사상을 현대적으로 발전시킬 수 있는 요소의 하나로 '지구민주주의' 개념을 생각해 보고자 한다. 구체적으로는 먼저 김대중의 지구민주주의와 반다나 시바의 지구민주주의 개념에 대해 살펴보고(2장), 이어서 동학사상의 지구민주주의적 해석의 가능성에 대해 검토해 본다(3장). 그중에서도 특히 해월 최시형의 사상을 통해 동학과 지구민주주의의 접점을 찾아본다. 마지막 '맺음말'에서는 동학사상의 현대적 의미를 '지구지역학'이라는 관점에서 제시해 보고자 한다.

2. '지구민주주의'란 무엇인가?

1) 김대중의 지구민주주의론

김대중(1924~2009)은 아시아태평양재단 이사장이던 1994년 12월에 미국 외교협회(the Council on Foreign Relations)가 격월간으로 발행하는 영문 저널 『포린 어페어스(Foreign Affairs)』에 한 편의 글을 투고한다. 제목은 "Is Culture Destiny?: The Myth of Asia's Anti-Democratic Values"이다. 한국어로 번역하면 "문화는 숙명인가? : 아시아의 가치들은 민주주의와는 상반된다는 신화"

12 신승철, 「생명위기 시대에서 생태 민주주의의 역할: 가타리의 생태학적 구도와 주체성 논의를 중심으로」, 『기억과 전망』 25호, 2011년 겨울호.

이다. 흥미로운 것은 제목 앞에 "A Response to Lee Kuan Yew"이라는 설명이 붙어 있다는 점이다. "리콴유에 대한 답변의 글"이라는 것이다. 이 설명은 이 글이 어떤 성격을 띠고 있는지, 그리고 어떤 배경에서 쓰이게 되었는지를 말해주고 있다. 그렇다면 김대중은 왜 이런 답변을 써야 했을까?

김대중이 글을 투고하기 8개월 전에 『포린 어페어스』에 이 저널의 편집주간(managing editor)인 파리드 자카리아(Fareed Zakaria)가 "Culture Is Destiny - A Conversation with Lee Kuan Yew"라는 글을 실었다.[13] 번역하면 "문화는 숙명이다-리콴유와의 대화"이다. 이 대화에서 싱가포르의 총리를 역임한 리콴유(李光耀, 1923~2015)는 "아시아와 유럽은 문화적 차이가 있어서 서구적 민주주의와 인권 개념을 아시아에 무차별적으로 적용할 수 없다"는 취지의 논지를 전개하였다.[14] 이 글을 읽은 김대중이 8개월 뒤에 독자적으로 반론 형식의 글을 쓴 것이다. 그리고 거기에서 "과연 민주주의 제도는 아시아 문화에 맞지 않아서 적용이 불가능한가?"라는 문제 제기를 하였다.

이상으로부터 두 사람의 논의의 배경에는 당시의 '아시아적 가치'를 둘러싼 논쟁이 깔려 있음을 알 수 있다.[15] 리콴유가 아시아 문화의 특수성을 강조하고 있다면 김대중은 보편성을 강조하는 입장이다. 아니 한 걸음 더 나아가서 아시아에는 유럽을 능가하는 민주주의 사상 전통이 있다고까지 말

13 이 글은 인터넷 싸이트에서 열람이 가능하다: https://www.jstor.org/stable/pdf/20045923.pdf

14 안준호, 〈리콴유, 김대중 전 대통령과 민주주의 논쟁 벌이기도 : 1994년 미국 정치 · 외교 전문 매체인 포린 어페어스 통해〉, 《조선일보》, 2015.03.23.

15 리콴유와 김대중의 논쟁은 2001년에 나온 이승환 외, 『아시아적 가치』(전통과 현대)에 「문화는 숙명이다: 리콴유/자카리아」와 「문화는 숙명인가: 김대중」이라는 제목으로 번역이 실려 있다.

하고 있다. 그렇다면 김대중은 무슨 근거로 이런 주장을 할 수 있었을까? 그의 논지를 소개하면 다음과 같다.

> 근대민주주의의 기초를 세웠다고 알려져 있는 로크는 주권은 국민에게 있고, 통치권을 위임받은 지도자들이 통치를 잘 못하면 통치권이 철회될 수 있다고 하였다. 그런데 이와 비슷한 주장은 2천 년 전에 중국의 맹자가 설파한 적이 있다. 맹자는 "민심이 천심이다," "백성을 하늘로 여겨라"고 하였다. 한국의 동학에서는 그보다 더 나아가서 "사람이 하늘이다," "사람을 하늘처럼 섬겨라"고까지 하였다. 이러한 동학정신은 1894년의 동학동민혁명의 사상적 동기를 제공해 주었다. 이와 같은 유교와 동학의 가르침보다 더 근본적인 민주주의 사상이 어디에 있겠는가? 아시아에도 서구 못지않은 심오한 민주주의 철학의 전통이 있음은 분명하다.
>
> 오늘날 우리는 모든 동식물에 파괴의 위기를 가져다주었고 환경의 존속 자체를 위협하고 있다. 우리의 민주주의는 하늘과 땅과 그 안에 있는 모든 것들을 참다운 형제애로 감싼다는 의미의 '지구민주주의'가 되어야 한다. 지구민주주의는 우리가 서로를 존중해 주는 것이 자연을 존중해 주는 것과 연관된다는 사실을 인식할 것이며, 후세대의 이익을 위한 정책을 추구해 나갈 것이다. 우리는 모든 인간이 자기발전의 권리를 보장받을 뿐만 아니라 모든 생물과 무생물까지도 건전한 존재의 권리가 보장되는 새로운 민주주의를 실현하기 위해 노력할 필요가 있다.
>
> 유학의 '평천하(平天下)' 개념은 하늘 아래 모든 것들이 평화스럽게 살 수 있고 존재할 수 있도록 해야 한다는 의미로 풀이될 수 있다. 그리고 이러한 사상은 "일체 만물에 불성이 있다"고 한 부처님의 가르침에서도 찾아볼 수 있다. 아시아의 풍부한 민주주의적인 철학과 전통은 지구적 민주주의의 발

전에 큰 공헌을 할 수 있다. 문화는 반드시 우리의 운명일 수만은 없다. 민주주의가 우리의 운명인 것이다. (밑줄은 인용자의 것)

여기에서 김대중은 아시아에서의 민주주의 사상의 원천으로 유학의 민본(民本) 사상과 평천하(平天下) 사상, 불교의 불성(佛性) 사상, 그리고 동학의 인내천(人乃天)과 사인여천(事人如天) 사상을 들고 있다. 그리고 이러한 전통이야말로 생태위기 시대에 요청되는 새로운 지구민주주의의 사상적 원천이라고 주장하고 있다. 다시 말하면 아시아에도 서구 못지않은 심오한 민주주의 철학 전통이 분명하게 존재하였으며, 그 전통에는 미래의 민주주의를 실현할 수 있는 사상적 요소까지 함장되어 있다는 것이다.

그리고 이 새로운 민주주의는, "다음 세대의 이익을 위한, 인간 이외의 존재들의 권리까지도 보장해주는 민주주의"라고 말하고 있다. 즉 민주주의의 범위를 후세대와 비인간(nonhuman)의 영역에까지 확장시키자는 것이다. 이상의 주장으로부터 'global democracy'에서의 'global'의 의미는, 세계적(world)이나 국제적(international)을 뜻하는 것이 아니라 "지구상에 있는 모든 존재들을 포함시킨다"는 말임을 알 수 있다.

그렇다면 현재 없는 사람들, 또는 정치에 참여하지 못하는 비인간(nonhuman) 존재들을 어떻게 민주주의의 범위에 포함시킬 수 있을까? 김대중은 이 논문이 나온 이후에도 지구민주주의에 대해 언급하고 있지만,[16] 이론적으로 더 발전시키지는 않았다. 그런데 문제는 동학사상과 지구민주주의의 접점이 불분명하다는 점이다. 김대중이 지구민주주의의 사상적 원천

16 김대중은 대통령이 된 이후에도 지구민주주의에 대한 신념을 피력하였다. 〈김대통령 '민주주의 신념' 피력〉, 《연합뉴스》(온라인), 1999.10.25. 참조.

의 하나로 삼고 있는 동학에는 '지구적' 차원을 찾기가 어렵기 때문이다. 인내천(人乃天)과 사인여천(事人如天)은 공통적으로 '인(人)'이라는 말이 들어 있는 것으로부터 알 수 있듯이, 여전히 인간의 차원의 명제에 머물러 있다. 즉 인간 이외의 존재에 대한 고찰은 없다. 따라서 이것으로부터 인간 이외의 존재를 고려하는 지구민주주의를 도출해 내기는 어렵다. 그렇다면 동학에서 지구민주주의의 원천을 찾는 것은 무리가 있다고 보아야 하지 않을까? 그것을 김대중은 유학의 '평천하'나 불교의 '만물불성론'으로 보완하고 있는 것은 아닐까?

2) 반다나 시바의 지구민주주의

김대중이 1994년에 제창한 지구민주주의 개념은 그보다 약간 앞선 미국의 지구학자[17] 토마스 베리(Thomas Berry, 1914~2009)의 '지구공동체(Earth Community)'와 '생명주의(biocracy)' 개념을 연상시킨다. 토마스 베리는 1988년에 쓴 『지구의 꿈(The Dream of the Earth)』에서 '지구공동체' 개념을 제시하면서 '생명주의'를 주창하였다. 여기에서 '지구공동체'는 "대지와 생물과 인간이라는 지구의 모든 구성원은 하나의 친밀한 공동체를 이루고 있다"는 뜻이다.[18] 그리고 '생명주의'란 "인간이 결정을 내리는 과정에서 광범위한

17 토마스 베리는 가톨릭 신부임에도 불구하고 자신을 '신학자'가 아닌 '지구학자(geologian)'로 자칭하였다. http://thomasberry.org/life-and-thought/about-thomas-berry/geologian.

18 토마스 베리 지음, 맹영선 옮김, 『지구의 꿈』, 대화문화아카데미, 2013, 17쪽. 이하 "토마스 베리, 『지구의 꿈』"으로 약칭.

생명공동체를 참여시키는 것"을 의미한다.[19] 다시 말하면, 인간 이외의 생물들의 권리까지 인정하는 정치이념을 가리킨다. 그런 점에서 베리의 생명주의는 하나의 정치사상이라고 할 수 있고, 정치의 주체를 인간 이외의 존재로 확장시키고 있다는 점에서 김대중의 지구민주주의 개념과 상통하고 있다. 베리는 여기에서 한 걸음 더 나아가서, 생명주의 원칙에 입각해서 인간 이외의 생물들의 생존권을 보장하는 '지구법(Earht Jurisprudence)'도 제창하였다.[20]

토마스 베리의 생명주의나 김대중의 지구민주주의 개념은 그 후에 반다나 시바(Vandana Shiva, 1952~)로 이어진다. 시바는 1999년에 출간한『생명해적: 자연과 지식의 약탈자』에서[21] '생명해적질(biopiracy)' 개념을 제시하였다. 인간 이외의 존재의 생명을 해적질하는 자본주의적 정치체제를 그만두자는 제안이다. 시바의 'biopiracy'는 토마스 베리의 'biocracy'와 좋은 대비를 이루고 있다. 정치학적 개념으로 번역하면, 베리의 biocracy가 '살림의 정치'에 해당한다면 biopiracy는 '죽임의 정치'라고 할 수 있다.

이후에 시바는 '지구일가(地球一家)'[22]를 의미하는 고대 인도어 'Vasudhaiva kutumkam' 개념에 뿌리를 둔 '지구민주주의(Earth democracy)'를 제창하게 된다.[23] 그 내용을 요약하면 다음과 같다.

19 토마스 베리,『지구의 꿈』, 16-17쪽.

20 Mike Bell, "Thomas Berry and an Earth Jurisprudence: An Exploratory Essay," *The Trumpeter*, 19-1, 2003.

21 원제는 "Biopiracy: The Plunder of Nature and Knowledge"이고, 한국어 번역서는 반다나 시바 저, 한재각 역,『자연과 지식의 약탈자들』, 당대, 2000이다.

22 국내에서는 흔히 '세계일가'라고 번역되는데, 여기에서는 지구학적 의미를 살려서 '지구일가'라고 번역하였다.

23 Vandana Shiva, "Earth Democracy: Beyond Dead Democracy and Killing

첫째, 우리가 지구의 일부분임을 알아차리는 겁니다. 수많은 관계 속에 있고, 모두가 자유를 누릴 권리가 있음을 인식하는 거죠. 꿀벌에겐 존재할 자유가 있어요. 지렁이에게도 있죠. 식물은 유전자조작을 당하지 않을 자유가 있습니다. 모든 생명을 위한 자유를 보장하는 지구민주주의입니다. 그 안에서 인류는 생태를 말살시키는 독점화된 탐욕의 경제로부터 생명을 지속시키는 경제로 옮겨갈 수 있습니다.

둘째, 살림민주주의(living democracy)입니다. 몬산토가 우리 종자를 도둑질할 때, 저는 농부들에게 물었습니다. "당신들은 우리의 자유를 무엇이라고 보는가?" 농부들이 답했어요. "우리의 자유는 숲의 자유다. 우리의 자유는 강물의 자유다." 살림민주주의는 모든 생명공동체를 바탕으로 합니다. 공동체는 자기들 물에 어떤 일이 벌어질지, 호흡하는 공기에 어떤 일이 벌어질지 마땅히 스스로 결정해야 합니다.

여기에서 알 수 있듯이 시바가 말하는 지구민주주의는 "만물의 생명과 자유를 존중하고 자연 그대로의 생존권을 보장하는 민주주의"를 의미한다. 그런 점에서 'living democracy'(살림민주주의)[24]라고도 하는데, 살림민주주의 개념은 좀 더 폭넓게 말하면 '살림정치'로 번역될 수 있고, 베리의 'biocracy' 개념과 상통한다. 그런데 시바의 살림정치(living democracy)에서 주목할 만한 점은 그것이 살림경제(living economy)에 바탕을 두고 있다는 사실이다.[25]

Economies," *Capitalism Nature Socialism* 21-1, 2010. 이하, "Vandana Shiva(2010)"으로 약칭.

24 안희경은 시바의 living democracy 개념을 '살림민주주의'라고 번역하고 있다.

25 Vandana Shiva, "Living Economy, Living Democracy", The Gandhi Foundation 홈페이지, May 22, 2009. (https://gandhifoundation.org/2009/05/22/living-economy-

그 이유는 정치 문제가 정치로 끝나는 것이 아니라 경제 문제와 긴밀하게 연결되어 있다고 보기 때문이다. 그래서 살림경제가 구현되어야 살림정치도 실현될 수 있다고 생각한 것이다.

그렇다면 '살림경제'란 무엇을 말하는가? 시바는 경제를 '인간경제'와 '자연경제(nature's economy)'로 나누고, 인간경제에서는 화폐(money)가 통화(currency)이지만 자연경제에서는 생명(life)이 통화라고 말하고 있다.

> 자연경제에서는 통화가 돈이 아니라 생명이다.
>
> In nature's economy the currency is not money, it is life.[26]

즉 자연은 돈을 교환하는 것이 아니라 생명을 교환한다는 것이다. 생명을 교환한다는 것은 생명의 피드백 시스템이야말로 자연이 유지되는 원리라는 의미이다. 그래서 인간이 도구를 만들기 위해 나무를 베게 되면, 인간경제에서는 성장(growth)이 발생하지만 자연경제에서는 성장이 멈추게 된다. 나무가 더 이상 자랄 수 없기 때문이다.

> 그러나 숲속에서 나무들이 성장하고 있다면 그것은 경제적으로 '성장하고' 있는 것이 아니다. 당신이 그 나무들을 자르는 날, 그때가 바로 [경제적인] '성장'이 일어나는 때이다.[27]

living-democracy-by-vandana-shiva/)

26 "Appreciating Nature's Value,"〈Sustainably Motivated〉(https://sustainablymotivated.com/2020/02/26/appreciating-natures-value/)

27 But if trees in the forest are growing they weren't 'growing' economically. The day you chop them down, that's when 'growth' happened. Vandana Shiva, "Earth

여기에서 우리는 인간과 자연 사이의 긴장 관계를 엿볼 수 있다. 숲의 나무가 자라는 것은 생명이 자라는 것이지 경제가 자라는 것은 아니다. 그 생명은 땅의 영양분, 공기 중의 산소, 하늘에서 내리는 비, 태양의 햇볕 등에 의해 유지되고 있다. 그리고 자신이 받은 생명을 다시 광합성 작용 등을 통해 다른 생명에게 되돌려 주고 있다. 이처럼 자연은 생명과 생명을 주고받는 원리로 돌아가고 있다. 시바가 '살림경제'라는 표현을 쓰는 이유가 여기에 있다.

반면에 인간 경제는 그 생명을 잘라내야 성장하게 된다. 즉 자연을 재료로 써야 인간 생활이 풍요로워진다. 나무뿐만이 아니다. 우리가 자연과 관계맺는 대부분의 활동이 이와 같다. 음식과 같은 식량은 물론이고, 석탄이나 석유와 같은 에너지도 모두 자연에서 추출하고 있다. 그것을 돈으로 교환하는 것이 '인간 경제'이다. 그러나 인간이 독자적인 문명을 유지하기 위해서는 경제 활동을 그만둘 수는 없다. 달리 말하면 자연의 성장을 멈추게 하는 일은 필연적이다.

그렇다면 문제는 어느 정도까지 자연의 성장을 멈추게 해도 되느냐에 달려 있을 것이다. 달리 말하면 인간 경제가 자연 경제를 어디까지 해쳐도 되느냐가 관건이다. 이에 대한 답은 '자연계의 생명의 순환이 지속가능한(sustainable) 범위'일 것이다. 자연이 자신의 생명력을 회복할 수 있는 범위 내에서 인간의 경제활동을 영위해야 자연의 성장도 지속될 수 있고 인간의 성장도 유지될 수 있기 때문이다.

그런데 시바에 의하면, 오늘날의 자본주의는 필요 이상의 생산과 소비를

Democracy: Beyond Dead Democracy and Killing Economies," p.83.

충족시키기 위해 자연에 대해 폭력을 가하고 있다. 인간경제의 성장을 위해 자연을 "점령하고 파괴하고 오염시키고" 있는 것이다.

> 우리가 필요 이상의 것을 취하는 소비나 생산에 종사하고 있을 때 우리는 폭력에 종사하고 있다.[28]

> 토지와 숲과 바다와 강, 대기가 모두 점령당하고 파괴되고 오염되고 있다. 지금 자본주의는 끝없는 축적을 위해 침략하고 착취할 새로운 식민지로서 여성의 신체와 식물과 내부공간까지 넘보고 있다.[29]

시바에 의하면 자본주의는, 마르크스 식으로 표현하자면, 노동자의 노동을 착취하는 데 끝나지 않고, 자연의 생명까지 약탈하는 '지구약탈경제'에 다름 아니다. 지구적 자본주의가 인간에 의한 인간의 식민지를 넘어서 인간에 의한 지구의 식민지 상태에 이르고 있기 때문이다. 그런 점에서 자본주의는 폭력성과 억압성까지 띠고 있다. 바로 이 점이 자본주의 체제가 지구민주주의나 살림민주주의의 차원으로 나아가지 못하는 이유이다.

결국 시바가 제안하는 지구민주주의나 살림경제는 인간의 욕망의 문제로 귀결된다. 인간이 자신의 욕망을 어느 정도 선에서 멈출 수 있느냐에 따라서 지구민주주의냐 인간만의 민주주의냐, 살림경제냐 죽임경제의 여부

28 Whenever we engage in consumption or production patterns which take more than we need, we are engaging in violence. (https://navdanyainternational.org/key-issues/earth-democracy/)

29 반다나 시바 지음, 한재각 외 옮김, 『자연과 지식의 약탈자들』, 당대, 2000, 92쪽.

가 결정되기 때문이다. 그런 점에서 반다나 시바의 자연 경제와 인간 경제의 구분은 비교철학자 브룩 지포린(Brook Ziporyn)이 해석하는 노자(老子)의 '배의 욕망'과 '눈의 욕망'의 구분을 연상시킨다.

노자는 "성인은 배를 위하지 눈을 위하지 않는다"(聖人爲腹不爲目. 『도덕경』 제12장)고 하였는데, 이 구절의 의미를 브룩 지포린은 다음과 같이 해석하였다.

> 우리가 꽃의 향기와 비료의 악취를 대비시키는 말을 갖게 되면, 우리는 꽃만 '찾고' 비료는 무시한다. 양자의 상호관계성을 보지 못하고 '좋은' 것만 좇게 된다. 우리는 악취가 없는 향기를 얻으려 하다가 양자의 관계를 절단하고 결국 꽃을 죽이게 된다. 이러한 맥락에서 현행본 『노자』는 두 가지 형태의 욕망을 구분하고 있다고 해석할 수 있다; 하나는 '배'와 관련된 욕망이고 다른 하나는 '눈'과 관련된 욕망이다.
>
> '배'의 욕망은 (…) 자연적으로 일어나고, 뚜렷한 대상이 없으며, 자연적인 차원에서 만족을 얻는다. (…) 반면에 '눈'의 욕망은 문화적으로 학습된 가치체계에 기초하고 있다. 이것은 우리의 의식에 욕망의 대상에 관한 특정한 이미지를 제공할 뿐, [우리 몸에] 내재된 차원의 만족은 주지 못한다. 이러한 이미지들은 (…) 무한하고 불균형적인 욕망을 낳고 (…) 전체적인 배 차원의 만족을 불가능하게 만든다.
>
> 『노자』는 모든 가치있는 것들은 무가치한 것들로부터 나오고, 일반적으로 우리가 '유'(有, 소유)라고 하는 것은 '무'(無, 무소유)로부터 나온다고 말한다. 양자는 자연스런 '배'의 형태의 삶의 과정의 일부일 때에는 하나가 다른 하나의 뿌리로 작용하면서 주기적으로 존재한다. (…) 가치와 무가치의 안

정성은 이들 사이의 본질적인 관계를 유지하느냐의 여부에 달려 있다.[30]

여기에서 '배의 욕망'(비료=無)은 '눈의 욕망'(꽃=有)을 가능하게 하는 근원적 욕망으로 설정되고 있다. 이 두 가지 욕망은 시바의 개념으로 말하면 자연경제와 인간경제를 대변한다고 볼 수 있다. 즉 배의 욕망은 자연의 생명을 지속가능하게 하는 욕망이다. 달리 말하면 자연경제를 유지하는 범위 안에서 추구되는 욕망이다. 반면에 눈의 욕망은 자연경제의 범위를 벗어나는 욕망, 지금 식으로 말하면 자본주의적 욕망이다. 배의 욕망은 인간 이외의 존재와 균형을 이루는 욕망이지만, 눈의 욕망은 자연과의 균형을 파괴하는 욕망이다. 노자는 인간의 욕망 자체를 부정하지는 않지만, 인간의 욕망은 배의 욕망의 차원에서 추구되어야 "인간의 조건(human condition)"을 파괴하지 않을 수 있다고 설파한다. 시바의 표현을 빌리면, 자연경제는 인간경제의 근원이므로 자연경제가 무너지면 인간경제도 성립할 수 없게 된다. 양자는 뿌리와 열매의 관계에 있기 때문이다.

이와 유사한 지적은 토마스 베리에서도 찾을 수 있다. 베리는 2000년에 쓴 『위대한 과업(Great Work)』에서 다음과 같이 말하였다.

> 우리를 존재케 하는 지구와 완전히 사이가 벌어지면서 우리는 실로 이상한 존재가 되고 말았다. 우리의 근원으로부터 단절되어, 오히려 그 근원을 약탈하기 위한 질서를 개발하는 데 엄청난 능력과 지식을 바쳐 연구에 몰두하고 있다. 우리는 자녀들을 자연 생명체계를 착취하는 데 기반을 둔 경제

30 Brook Ziporyn, *The Penumbra Unbound - The Neo-Taoist Philosophy of Guo Xiang*, State University of New York Press, 2003, pp. 9-11.

질서로 진입시킨다. 그러기 위해서는 먼저 자녀들이 자연계와의 관계에서 아무것도 느끼지 못하게끔 조작을 해야 한다.[31]

베리는 인간이 자연의 생명을 착취함으로써 지구라는 '근원'과의 단절을 초래하였다고 지적하고 있다. 시바 식으로 말하면 인간 경제가 자연 경제를 착취함으로 인해, 본래는 하나로 이어져야 할 양자의 관계가 단절되었다는 것이다. 여기에서 베리가 말하는 근원은 인간 존재의 토대로서의 '지구(Earth)'를 가리킨다. 앞에서 시바는 그것을 '자연(nature)'이라고 표현하였다.

그러나 시바의 '자연' 개념 역시 지구에 뿌리를 두고 있다. 그녀가 '자연민주주의(Nature democracy)'라고 하지 않고 '지구민주주의(Earth democracy)'라고 하는 이유도 여기에 있다. 예를 들면 다음과 같다.

> 나에게 '지구민주주의' 개념은 인도 문명이 뿌리를 두고 있는 생각으로부터 자연스럽게 떠올랐다. 그것은 Vasudhaiva Kutumbakam, 즉 "지구는 한 가족이다"는 사상이다. 진화된 마음은 세계가 하나의 가족이라는 것을 안다. "이 사람은 친구이고 저 사람은 적이다, 이 사람은 내 편이고 저 사람은 내 편이 아니다"라고 생각하는 사람은 편협한 마음을 가지고 있다. 지구민주주의는 우리가 생태적 관점에서 지구 가족의 일원이고 동물이라는 사실을 자각하는 것에 다름 아니다.[32]

31 토마스 베리 지음, 이영숙 옮김, 『위대한 과업』, 대화문화아카데미, 2009, 31쪽.

32 For me, the term Earth Democracy emerged in a very natural way, from the idea around which Indian civilization is based: Vasudhaiva Kutumbakam; "the Earth as one family." Evolved minds know that the whole world is one family. Anyone who thinks, "this is a friend and this is a foe, this person belongs and that person doesn'

여기에서 우리는 시바의 지구민주주의 개념이 "지구는 한 가족"이라는 고대 인도의 사상에 유래한다는 것을 알 수 있다. 그런 의미에서는 중국의 신유학에서 말하는 정호(程顥)와 왕양명(王陽明)의 '만물일체' 사상이나[33] 장재(張載)의 '천지부모' 사상과[34] 상통한다고 볼 수 있다. 또는 김대중이 자신의 지구민주주의 사상의 원천을 유학이나 동학에서 찾은 것과 공명한다.

그러나 시바는 "인간도 동물이다"라고 정의하고 있는 점에서 유학과의 차이를 보여준다. 유학은 "인간이 만물 중에서 도덕적으로 가장 뛰어나다"는 전제에서 출발하기 때문이다. 그래서 시바의 지구민주주의는 인간과 동물의 '차이성'에서 출발하는 만물일체 사상이 아니라, "인간도 다른 생물과 다르지 않다"라는 '동일성'에 입각한 만물일체 사상이다. 바로 이 점이 종래의 유학과 지구공동체나 지구민주주의를 주창하는 지구학과의 차이이다. 지구(Earth)의 관점에서 사유하는 지구학에서는 인간도 지구공동체의 동등한 일원으로 보려는 경향이 강하다. 따라서 인간과 인간 이외의 존재와의 차이성보다는 동일성이 강조된다.

t belong," has a petty mind. Earth Democracy is nothing more than recognizing that we are part of the Earth family in ecological terms, that we are animals. Vandana Shiva, "Earth Democracy: Sustainability, Justice and Peace," *Buffalo Environmental Law Journal* 26-1, 2019, p.1. 강조는 인용자의 것.

33 學者須先識仁. 仁者渾然與物同體. (程顥, 『二程遺書』 권2 상, 17); 大人者能以天地萬物一體也, 非意之也, 其心之仁本若是. 其與天地萬物而爲一也. (王守仁, 『王陽明全集』, 권26)

34 "乾稱父, 坤稱母. 予茲藐焉 乃混然中處. 故天地之塞, 吾其體, 天地之帥, 吾其性. 民吾同胞, 物吾與也. (張載, 『西銘』)

3. 동학사상과의 비교

지금까지 지구민주주의 개념을 김대중과 반다나 시바의 논의를 중심으로 살펴보았다. 그리고 그것의 이해를 돕기 위해서 토마스 베리와 노자의 사상도 곁들여서 소개하였다. 이제 다시 처음의 물음으로 돌아오자. 김대중이 동학사상으로 제시한 인내천과 사인여천에는 만물에 대한 논의나 생명의 교환과 같은 자연경제 사상은 도출되지 않는다. 그래서 동학과 지구민주주의를 직접적으로 연결시키기 어렵고, 반다나 시바와 대화할 수 있는 접점도 찾기 어렵다.

그렇다면 이 문제를 어떻게 풀어야 할까? 여기에서는 이 문제에 대한 해결책으로, 김대중이 미처 염두에 두지 못했던 동학사상가, 가령 최제우의 뒤를 이어 동학을 이끌었던 해월 최시형(1827~1898)이나, 천도교 사상가 야뢰 이돈화(1884~1950) 또는 1980~90년대에 최시형의 생명사상을 계승한 김지하나 「한살림선언문」 등에서 찾고자 한다. 즉 "동학에서 지구민주주의의 사상적 원천을 찾을 수 있다"는 명제는 유지하되, 이에 대한 좀 더 구체적인 증거를 제시하고자 한다. 다만 그중에서 주로 최시형의 사상에 초점을 맞추고자 한다. 왜냐하면 이돈화나 김지하 그리고 「한살림선언문」에는 최시형의 사상적 유산이 많이 보이기 때문이다.

먼저 김대중이 제안한, '모든 생물과 무생물까지도 건전한 존재의 권리가 보장되는 민주주의'라는 측면은 최시형의 만물시천주(萬物侍天主) 사상에서 찾을 수 있다. '만물시천주'란 최제우의 '시천주' 사상을 만물의 차원으로 확장시킨 것이다. 최제우는 『동경대전』과 『용담유사』에서 "모든 사람은 하늘님을 모시고 있다"는 시천주(侍天主) 사상을 설파하였다. 이 명제대로라면 모든 사람은 신분이나 지위에 상관없이 하늘님처럼 고귀한 존재에 다름 아니게 된다. 그런 의미에서 만인 존엄사상이자 평등사상이라고 할 수 있다. 이에 대한 실천의 일환으로 최제우는 자신이 거느리고 있던 두 노비를 각각 수양딸과 며느리로 삼았다.[35]

1864년에 최제우가 처형당하자, 그 뒤를 이어 동학 교단을 이끈 인물은 최시형이다. 최시형은 최제우의 시천주 사상을 만물의 차원으로 확장시켜 "만물은 하늘님을 모시고 있지 않은 것이 없다(萬物莫非侍天主)"고 하였다.[36] 인간뿐만 아니라 만물도 하늘님처럼 고귀한 존재라는 것이다. 그리고 이에 대한 실천윤리로 '경물(敬物)' 사상을 설파하였다.[37] '경물'은 "만물을 공경하라"는 뜻이다. 따라서 경인(敬人)이 사인여천(事人如天)의 다른 표현이라면, 경물(敬物)은 사물여천(事物如天)의 다른 표현이라고 할 수 있다.

그렇다면 최시형은 어째서 만물이 하늘이라고 한 것일까? 더 나아가서 최제우의 '시천주'를 어떻게 해석하고 있을까? 참고로 최제우는 시천주를 자신의 신비체험을 통해서 말하고 있다. 즉 몸이 떨리면서 계시를 듣는 체험으로부터 내 안에 하늘님이 있다는 사실을 깨달은 것이다. 그리고 그것을 다른 사람으로 확장시켜 '시천주'로 명제화하였다. 이에 반해 최시형은 '천지가 만물의 부모이다'라는 우주론에서 연역해 내는 형태를 띠고 있다. 천지, 즉 지금으로 말하면 지구와 일월(日月)과 대기권이야말로 만물을 생성하고 성장시키는 원천이라는 것이다. 따라서 천지는 만물의 부모이고, 만물은 천지라는 하나의 부모로부터 나온 동포에 다름 아니게 된다. 이것이

35 김기전, 〈경주성지배관실기(慶州聖地拜觀實記)〉, 『신인간』 15호, 1927년 8월; 소춘(김기전), 〈대신사 수양녀인 팔십노인과의 문답〉, 『신인간』 16호, 1927년 9월.

36 『해월신사법설』 「대인접물」. 이규성, 『최시형의 철학』, 이화여자대학출판부, 2011, 154쪽. 이하 "이규성, 『최시형의 철학』"으로 약칭.

37 『해월신사법설』 「삼경」. 이규성, 『최시형의 철학』, 194쪽.

최시형의 '천지부모-만물동포' 사상이다.[38]

한편 최시형은 반다나 시바가 언급한 자연경제론과 유사한 사상도 설파하고 있다. "자연 경제에서는 생명을 교환한다"는 시바의 말은 "지구시스템에서는 생명의 교환을 본질로 한다"로 바꿔 말할 수 있다. 그리고 자연이 생명의 교환을 경제의 제일 원리로 삼는 것은 지구시스템이 '생명의 그물(web of life)'로 이루어진 순환체계이기 때문이다. 이 생명의 순환을 최시형은 전통적인 '기화(氣化)' 개념을 빌려서 표현하였다. 그리고 '생명의 교환'을 '이천식천(以天食天)', 즉 "하늘이 하늘을 먹는다"는 명제로 나타냈다. 여기에서 기(氣)와 천(天)은 모두 '생명'의 다른 말로 이해할 수 있다.

> 내 항상 말할 때에 "물물천(物物天)이요 사사천(事事天)이다"(모든 사물이 다 하늘이다)라고 하였으니, 만약 이 이치를 인정한다면 물물(物物)이 다 이천식천(以天食天) 아님이 없을지니, 이천식천은 어찌 생각하면 이치에 부합되지 않는 것 같지만, 이것은 인심(人心)의 편견으로 본 것이요, 만일 '하늘' 전체로 본다면 하늘이 하늘 전체를 키우기 위해 동질적인 것은 상호부조로 서로 기화(氣化)를 이루게 하고, 이질적인 것은 이천식천으로 서로 기화를 통하게 하는 것이다. 하늘은 한편으로는 동질적 기화로 종속을 기르게 하고, 다른 한편으로는 이질적 기화로 종속과 종속의 연대적 성장발전을 도모하는 것이니, 총괄해서 말하면 이천식천은 하늘의 기화작용으로 볼 수 있다.[39]

38 『해월신사법설』「천지부모」,「도결(道訣)」. 이규성, 『최시형의 철학』, 131-139쪽.
39 『해월신사법설』「이천식천」. 이규성,『최시형의 철학』, 196-197쪽.

최시형에 의하면, 사람이 육식을 하거나 맹수가 사냥을 하는 행위는 모두 하늘이 하늘을 먹는 '이천식천(以天食天)'에 다름 아니다. '먹는' 행위는 인간의 관점에서 보면 일견 폭력적으로 보이지만, '하늘'의 관점에서 보면 하늘 전체를 키우기 위한 자연스런 현상이기 때문이다. 여기에서 최시형이 말하는 '하늘의 관점' 또는 '전체의 관점'은 반다나 시바의 표현을 빌리면 '진화된 마음(evolved mind)'에 해당한다. 지구학적 차원에서 보면 '지구적 관점'(planetary viewpoint)을 가리킨다고 보아도 좋다. 즉 지구시스템의 차원에서 보면 무언가를 먹는 행위는, 그것이 채식이든 육식이든, '배의 욕망'을 만족시켜 주는 자연경제의 일환이고, 생명의 순환을 원활하게 하는 기화(氣化)의 과정이라는 것이다. 반면에 '인심의 편견'은 시바의 표현으로 하면 '편협한 마음(petty mind)'에 해당한다. 그래서 최시형은, 시바와 마찬가지로, 편협한 인간의 마음에서 드넓은 하늘의 마음으로 전환할 것을 요구하고 있다.

여기에서 우리는 최시형의 관점이 인간에서 지구로 전환되고 있음을 알 수 있다. 아울러 지구적 차원에서 성장(growth)을 이해하고 있음을 엿볼 수 있다. 즉 맹수가 토끼를 먹는 행위는 토끼 개인으로 보면 성장의 멈춤에 해당하지만, 지구 전체로 보면 성장의 일환인 것이다. 그래서 그것은 '죽임의 경제'가 아니라 '살림의 경제'에 해당한다. 이와 같은 지구적 차원에서의 성장을 최시형은 '양천(養天)', 즉 "하늘을 기른다"고 하였다.

> 사람이 공기를 마시고 만물을 먹는 것은 하늘이 하늘을 기르는 것이다.[40]

40 『해월신사법설』「기타」. 이규성, 『최시형의 철학』, 223쪽.

여기에서는 사람이 먹고 마시는 행위를 "하늘이 하늘을 기른다"라고 표현하고 있다. 공기나 만물은 지구로부터 공급받는 사람의 양식인데, 사람은 이 지구에서 산출되는 양식을 먹어야 살아갈 수 있기 때문이다. 여기에서 지구가 '전체의 하늘'이라면 사람은 '개체의 하늘'에 해당한다. 그러나 양자 모두 생명의 순환이라는 메커니즘으로 작동된다는 점에서는 동일하다. 그런 의미에서 모두 '하늘'이라고 불릴 수 있는 것이다.

"하늘이 하늘을 먹는다"가 먹는 주체의 입장에서 표현한 문장이라면 "하늘이 하늘을 기른다"는 먹이는 지구의 입장에서 말한 것이다. 그런데 하늘 전체의 차원에서 보면 "하늘이 하늘을 기른다"는 개체적 하늘만 기르는 것이 아니라 전체적 하늘도 기르는 것에 다름 아니다. 생명의 순환이라는 지구시스템에 따르고 있기 때문이다. 그래서 "하늘이 하늘을 기른다"는 "지구가 지구를 기른다"고 바꿔 말할 수 있다.

또한 "하늘이 하늘을 먹는다"와 "하늘이 하늘을 기른다"에서 '하늘이(以天)'는 '먹는다(食天)'는 행위를 규정하고 있다. 달리 말하면 과연 인간이 자신의 욕망을 어느 정도까지 충족시켜야 하는지를 말해주고 있다. 그 대답은 "하늘을 먹는다"와 "하늘을 기른다"는 두 명제를 하나로 생각하는 데에서 얻어질 수 있다. 즉 "만물을 기를 수 있을 정도까지만 먹어야 한다"는 것이다. 다시 말하면 자연의 순환시스템이 작동하는 범위 안에서만 인간의 욕망을 충족시켜야 한다는 뜻이다. 시바의 표현을 빌리면, 자연경제의 범위 안에서만 인간의 욕망을 충족하라는 말로 해석될 수 있다.

이렇게 보면, 앞서 소개한 '경물'은 자연경제를 실현하기 위한 윤리 규범으로 볼 수 있다. '경(敬)'은 '함부로'나 '마음껏'과 대비되는 개념이기 때문이다. 인간 이외의 존재를 인간의 욕망을 충족시키기 위한 수단이나 도구로만 본다면 경(敬)의 태도는 취해지지 않을 것이다. 반대로 그것들을 경(敬)

의 태도로 대한다는 것은, 당연히 만물의 생존권에 대한 존중이 동반될 것이다. 따라서 경물은 지구법의 실천윤리이기도 하다. 이처럼 최시형의 사상은 지구민주주의의 사상적 토대로 해석될 수 있는 여지가 풍부하다.

4. 맺음말: 지구지역적 민주주의(glocal democracy)

토마스 베리나 반다나 시바에 의하면, 오늘날의 민주주의에는 인간의 식민지가 된 지구와 인간에 착취당하는 만물에 대한 배려가 결여되어 있다. 그것은 서구 근대문명 자체가 인간과 자연의 관계를 끊는 데에서 출발했기 때문이다. 그 결과 이른바 '자유'니 '권리'니 '평등'이니 하는 민주주의적 가치의 대상은 만물과 단절된 '개인'(individual)에 한정되고 말았다. 물론 그렇다고 해서 전통시대의 사상이 모두 이러한 비판에서 자유롭다는 의미는 아니다. 가령 동아시아의 대표적인 사상인 유학도, 인간과 자연의 일체를 추구하는 이른바 '천인합일(天人合一)'을 지향하고 있다고는 하지만, 어디까지나 인간 중심의 천인합일이다. 그래서 사물의 권리에 관한 적극적 관심이나 언설은 찾아보기 어렵다.

최근에 대두되고 있는 지구법 논의는 이러한 반성에서 출발하고 있다. 토마스 베리가 제안한 지구법은 이미 남미나 뉴질랜드에서 시행되고 있다. 한국외대 중남미연구소의 정경원 소장에 의하면, 에콰도르에서는 2008년에 세계 최초로 자연을 '권리의 주체'로 명시하고, 자연에도 자연권이 존재한다는 신헌법을 선포하였다. 2011년에는 볼리비아가 지구의 생존권을 보장하자는 '어머니 지구 권리법'을 명문화하였다.[41] 한편 2017년에는 뉴질랜드에서 원주민 마오리족(Maori)이 신성시하는 황거누이강(Whanganui River)에 대해 인간과 동등한 법적 권리와 책임을 주는 법안을 통과시켰다. 그래서 마오리족이 임명한 대표자 1명과 정부가 임명한 대리인 1명이 신탁 관리자가 돼 강의 권익을 대변하게 된다.[42] 이제 민주주의도 지구와 만물의 권리까지 고려하는 지구적 차원으로 확장되고 있다.

반다나 시바의 지구민주주의 개념과 뉴질랜드의 지구법 제정 사이에는 공통점이 있다. 그것은 바로 그 지역에 전해 내려오는 토착사상(indigenous thought)을 바탕으로 하고 있다는 점이다. 지구민주주의에는 '지구일가(Vasudhaiva kutumkam)'라는 인도의 토착사상이, 황가누이강의 자연법에서는 "코 아우 테 아우아, 코 테 아우아 코 아우(Ko au te awa, ko te awa ko au)", 즉 "내가 강이고 강이 나이다(I am the river and the river is me)"라는 마오리족의 사상이[43] 바탕이 되고 있다. 이 이외에도 남미에는 '파차마마'(Pachamama)라는 '어머니 지구(Mother Earth)' 사상이 있다.

이 사상들은 하나같이 서구 근대의 계몽주의 사상이 아니라 비서구 지역의 토착사상으로, '지구민주주의' 운동의 사상적 동력이 되고 있다. 이 점은 우리가 지구민주주의 개념을 생각하는 데 커다란 시사점을 던져준다. 즉 비인간 존재의 권리까지를 염두에 두는 지구적 차원의 민주주의는 그 사상

41 이관범, 〈일상이 된 미세먼지… '자연권' 헌법 명시로 해결책 찾아야〉, 《문화일보》 2019.07.03.

42 이인숙, 〈황거누이강을 사람으로 대하라〉, 《경향신문》, 2017.03.16.

43 이인숙, 위의 기사; "Change-maker: the Whanganui River" (https://natlib.govt.nz/he-tohu/learning/social-inquiry-resources/cultural-interaction/cultural-interaction-supporting-activities-and-resources/change-maker-whanganui-river)

적 토대를 서구 근대 이전의 전통사상이나 비서구 지역의 토착사상에서 찾을 수 있다는 것이다. 이 토착사상들은 각 지역이나 문화에 따라 표현 방식은 다르지만 하나같이 "인간과 자연을 하나"로 생각하고 있다는 점에서는 공통적이다. 동아시아적으로 말하면 천인합일(天人合一)이나 만물일체(萬物一體)적인 인간관과 자연관을 갖고 있다.

이렇게 보면 지구민주주의는 내용적으로 '지구지역적 민주주의(glocal democracy)'가 된다고 할 수 있다. 만물의 생존권을 보장하고 지구를 인간으로부터 해방시킨다는 점에서는 지구적(planetary)이지만, 그 사상적 바탕은 지역에(local) 따라 조금씩 다르기 때문이다. 그렇다면 한국이라는 지역에서 지구민주주의의 사상적 토대는 무엇에서 찾을 수 있을까? 그 힌트를 이 글에서는 김대중이 지구민주주의를 제창할 때 거론한 동학에서 찾고자 하였다.

한편 토마스 베리, 반다나 시바, 최시형의 공통점은 지구는 "생명의 그물(web of life)로 이루어져 있고 생명의 순환(cycle of life)을 본질로 하고 있다"는 것이다. 이것을 지구학적 차원에서 개념화하면 '지구성(planetarity)'이라고 할 수 있다. 지구민주주의는 이러한 토착적 지구성(indigenous planetarity)에 바탕을 두는 새로운 민주주의 개념이다.

일본의 종교사상가 기타지마 기신은 서구 근대의 폐해를 극복할 수 있는 대안을 비서구지역의 토착사상에서 찾았다. 동학은 그러한 토착사상을 바탕으로 서구적 근대를 극복하려 한 '토착적 근대(indigenous modernity)'의 지구적 사례이고, 시기적으로 전 세계에서 가장 빠르다고 평가하였다.[44] 그런 의미에서 동학이 추구한 생명사상은 '토착적 지구성'이라고 자리매김할 수

44 기타지마 기신, 「종교를 통한 영성과 평화의 구축: 수운 최제우의 종교사상을 중심으로」, '나주시-원광대' 한일동학국제학술대회 발표문, 2020년 10월 28일.

있고, 오늘날의 지구 위기에 대응할 수 있는 한국적 사례에 해당한다. 실제로 1985년에 원주지역에서 장일순을 중심으로 일어난 '한살림운동'은 동학사상, 특히 최시형의 사상을 시민사회의 차원에서 실천하고자 살림경제와 살림민주주의의 대표적인 사례이다. 따라서 동학은 한국에서 발현한 지구민주주의의 사상적 토대라고 평가할 수 있다.

원불교 천지론의 사상적 기원과 지구인문학적 의미*

허남진 인천대 기초교육원 강사
조성환 원광대학교 동북아시아인문사회연구소 HK교수

* 이 글은 허남진 · 조성환의 「지구를 모시는 종교-동학과 원불교의 '천지론'을 중심으로」, 『원불교사상과 종교문화』 88, 2021)를 수정한 것이다.

1. 머리말

"지구 차원의 문제에는 지구 차원의 해법이 필요하다." - 유발 하라리

유발 하라리(Yuval Noah Harari, 1976-현재)는 자신의 '인류 삼부작'의 마지막 저서 『21세기를 위한 21가지 제언』에서, 21세기에 인류에게 등장한 새로운 문제 상황에 대해 다음과 같은 제언했다.

> 이전 세기에 민족 정체성이 형성된 것은 인류가 지역 부족 범위를 훌쩍 넘어가는 문제와 기회에 직면했기 때문이다. 오직 국가 차원의 협력만이 해결을 기대할 수 있었다. 21세기에 이르러 국가들은 과거 부족과 같은 상황에 처했다. 개별 국가는 지금 시대의 가장 중요한 도전을 해결하기에 올바른 틀이 아니다. **우리에게는 새로운 지구적 정체성이 필요하다**. 국가 단위의 제도는 전례 없는 일련의 지구적 곤경을 다룰 능력이 없기 때문이다. (…) 유일한 현실적 해법은 정치를 지구화하는 것이다. (…) 한 나라나 심지어 도시 단위의 정치가 작동하는 과정에서도 전 지구 차원의 문제와 이익에

좀 더 무게가 실려야 한다는 뜻이다.[1]

여기에서 유발 하라리는 21세기를 인류가 '지구적 곤경'에 처한 시기로 규정하고, 이 문제에 대처하기 위해서는 종래와 같이 지역이나 국가 중심의 사고에서 탈피하여 지구적 차원의 해결책을 강구하는 사고의 전환이 필요하다고 제언하고 있다. 실제로 서양에서는 당면한 지구적 곤경을 해결하기 위해서 1990년대부터 '지구학(Global Studies)'이라는 새로운 분야가 대두되기 시작하였다. 이는 정치, 경제, 사회, 문화, 종교 등을 국가(nation) 단위가 아닌 지구(globe) 단위로 확장하고자 하는 학문적 시도이다. 그래서 학문 명칭도, 종래의 학문 분야에 '지구적(global)'이라는 수식어를 붙여서, 지구사회학(global sociology), 지구인류학(global anthropology), 지구종교학(global religion)과 같은 새로운 용어가 등장하고 있다.

지난 2020년부터 원광대학교 원불교사상연구원에서는 이러한 새로운 흐름을 '지구인문학'으로 범주화하여 연구하는 한편, 한국의 전통 사상을 지구인문학적 관점에서 재해석하는 작업을 시도하고 있다. 여기에서 지구인문학이란 지구에 대한 인문학적 성찰을 바탕으로 지구 위험의 문제를 인문학적으로 접근하는 학문을 뜻한다.[2] 그런데 흥미롭게도 근대 한국의 개벽

1 유발 하라리, 『21세기를 위한 21가지 제언 - 더 나은 오늘은 어떻게 가능한가』, 전병근 옮김, 파주: 김영사, 2018, 194-195쪽. 강조는 인용자의 것.

2 원불교사상연구원의 지구인문학 연구성과로는 조성환 · 허남진, 「지구인문학적 관점에서 본 한국종교 - 홍대용의 『의산문답』과 개벽종교를 중심으로」(『신종교연구』 43집, 2020.10.), 이주연, 「지구인문학으로서의 원불교학 모색: 지구위험시대, 은(恩)택트의 세상을 위하여」, 『교강선포 100주년 기념 원불교학 학술대회자료집』(2020.12.18.), 허남진 · 이우진, 「지구위험시대의 지구인문학 - 토마스 베리의 지구학과 개벽사상의 만남」(『한국종교』 49집, 2021.02.), 박치완 외, 『지구인문학의 시

종교 사상가들, 가령 해월 최시형, 소태산 박중빈, 정산 송규 등은 천지(天地)에 대한 새로운 이해를 통해 지구공동체론을 발전시켜 왔다. 따라서 이들이 전개한 개벽사상은 현대적인 '지구종교'와 '지구윤리'로 자리매김될 수 있는 사상 자원으로 볼 수 있다.[3]

이 글은 이러한 지구인문학적 관점에서 본 한국 사상 연구의 일환으로, 한국의 개벽종교인 동학과 원불교에 나타난 천지(天地)사상을 분석 대상으로 삼아서, 거기에 담긴 지구인문학적 함축을 드러내고자 한다. 여기에서 천지(天地)는 '하늘과 땅'이라는 뜻으로, 땅은 지금으로 말하면 지구에 해당하고, 하늘은 대기권 및 해와 달과 같은 천체를 가리킨다. 그래서 천지는 '우주와 지구' 정도로 번역될 수 있다. 원불교의 사상적 특징은, 표면적으로는 불교를 표방하고 있음에도 불구하고, 내용적으로는 천지를 스승이나 부모처럼 모시고 은혜로운 존재로 여기라는 천지은(天地恩) 사상을 핵심 교리로 삼고 있다는 데에 있다. 이 글에서는 이러한 사상이 멀리는 고대 중국의 유가나 도가와 같은 제자백가에, 가깝게는 근대 한국의 동학사상에 기원하고 있음을 밝히고, 그것이 지닌 지구인문학적 함축을 드러냄으로써 지구 위험 시대에 원불교사상이 지니는 현대적 의의를 생각해 보고자 한다.

선』(모시는사람들, 2022) 등이 있다.

3 허남진 · 이우진, 「지구위험시대의 지구인문학-토마스 베리의 지구학과 개벽사상의 만남」, 26-32쪽.

2. 천지가 부모이다

제자백가 이래로 동아시아 우주론의 핵심 개념은 천지(天地)였다. 여기에서 '천지'는 '하늘[天]과 땅[地]'이라는 뜻으로, 크게는 우주 전체를, 좁게는 지구를 가리킨다. 동아시아에서 탄생한 철학과 종교는 예외 없이 이 천지우주론을 바탕으로 하고 있다. 가령 노자의 『도덕경』에서는 "천장지구(天長地久)", 즉 "하늘은 장구하고 땅은 유구하다."라고 하였는데(제7장), 여기에 담긴 철학적 함축은 천지야말로 인간이 가장 신뢰할 수 있는 지속 가능한 토대라는 것이다. 한편 유교 경전인 『중용』의 첫머리에서는 "치중화(致中和), 천지위언(天地位焉), 만물육언(萬物育焉)"이라고 하여 천지에 있어서의 인간의 역할을 강조하고 있다. 인간이, 그중에서도 특히 천하를 경영하는 리더들이, 희노애락의 감정을 조화롭게 발현시키면[致中和] "천지가 제 모습을 유지하고[位] 만물이 잘 자라난다[育]."라는 것이다. 여기에서 '화(和)'는 인간의 수양의 영역을 가리키고, 위(位)와 육(育)은 그 결과로서의 지구와 만물의 이상적 상태를 나타낸다.

또한 천지는 때로는 줄여서 간단히 '천(天)'이라고도 하는데, 천(天) 또한 천지와 더불어 인간 행위의 준거로 제시되는 핵심 개념 중의 하나였다. 가령 『중용』 제20장에서는 "성(誠)은 천(天)의 도이고, 성(誠) 하려는 것은 인(人)의 도이다."[誠者天之道也, 誠之者人之道也]라고 하였다. 참됨[誠] 그 자체는 천지의 존재 방식이고, 참되려고[誠之] 노력하는 것이 인간의 존재방식이어야 한다는 메시지이다. 여기에서 '참됨'은 사시사철 어김없이 진행되는 우주의 운행을 말한다. 인간의 삶도 이와 같은 우주의 운행을 본받아서 거짓 없고 성실하게 살아야 한다는 윤리관이다. 여기에서 인간이 가야 할 길은 하늘이 가는 길에서 도출된다. 이것은 천도(天道)에서 인도(人道)를 연역해 내는 동아시아의 전형적인 사유 방식이다.

한편 19세기에 이르면 한국에서도 종래와 같이 중국으로부터 사상을 수용하는 방식에서 탈피하여 민중 사이에서 자생적으로 사상을 창조하는 움직임이 일어나게 되는데, 대표적인 예가 동학과 원불교이다. 동학과 원불교는 문명의 대전환을 의미하는 '개벽'을 표방하고 있다는 점에서 '개벽파' 또는 '개벽종교'라고도 불리는데, 이들 사상의 공통점은 천지를 부모와 같은 존재로 받드는 지구를 모시는 종교라는 점에 있다. 동학농민혁명 당시에 동학 교단을 이끌었던 해월 최시형(1827-1898)은 천지와 만물의 생태적 관계에 착안하여, 천지를 부모와 같이 섬겨야 한다는 '천지부모론'을 제창하였다.[4]

이와 같이 천지를 부모처럼 여기는 사유는 고대 중국에서도 찾아볼 수 있다. 『역전(易傳)』의 '건칭부 곤칭모(乾稱父 坤稱母)'가 대표적인 예이다. 그러나 황종원이 지적했듯이, 『역전』에서는 "천지에 대한 경외를 인간이 갖추어야 할 가장 우선적이고 핵심적인 윤리적 덕목으로는 삼지 않았다."[5] 반면에 동학을 창시한 수운 최제우(1824-1864)는 『동경대전』「축문」에서 "천지가 덮고 실어 주는 은혜를 느끼며, 일월이 비추어 주는 덕을 입는다."[6]라

4 최시형의 '천지부모' 사상에 대해서는 황종원, 「최시형의 천지 관념 연구 - 전통 유학과의 연관관계를 중심으로」, 『대동철학』 68집, 2014; 김용휘, 「해월 최시형의 자연관과 생명사상」, 『철학논총』 90집, 2017; 황종원, 「최시형의 생태학적 사유와 평화」, 『유교사상문화연구』 74집, 2018; 조성환, 「원주 동학을 계승한 장일순의 생명사상」, 동학학회, 『강원도 원주 동학농민혁명』, 서울: 모시는사람들, 2019 등을 참조하기 바란다.

5 황종원, 「최시형의 천지 관념 연구 - 전통 유학과의 연관관계를 중심으로」, 『대동철학』 68집, 2014, 12쪽.

6 "叩感天地盖載之恩, 荷蒙日月照臨之德."(『동경대전』, 「축문」). 이 글에서 인용하

며 천지의 은혜를 강조하였다. 이어서 해월 최시형은 수운의 '천지은혜론'을 '천지부모론'으로 체계화했다. 해월에 의하면 천지(天地)는 인간을 포함한 만물의 생존 조건이며, 만물은 천지라는 '품' 안에서 생장하는 자식과 같고, 그런 의미에서 천지는 부모와 마찬가지로 은혜롭고 공경해야 할 존재이다. 특히 해월은 "어찌 단지 사람만이 입고 사람만이 먹겠는가? 해도 옷을 입고 달도 밥을 먹느니라."[7]라고 하여, 마치 제임스 러브록(James Lovelock, 1919-2022)이 말한 가이아론처럼, 천지를 살아 있는 인격체로 이해했다.

> 천지는 곧 부모요 부모는 곧 천지니, 천지부모는 일체이다. 부모의 포태가 곧 천지의 포태이니, 지금 사람들은 다만 부모포태의 이치만 알고 천지포태의 이치와 기운은 알지 못한다. 하늘과 땅이 덮어 주고 실어 주니 덕이 아니고 무엇이겠는가? 해와 달이 비춰 주니 은혜가 아니고 무엇이겠는가? (…) 천지는 만물의 부모이기 때문에 경전에 이르기를 "님[主]이란 존칭어로 부모와 함께 섬긴다는 것이다."라고 하였다. (…) 천지가 부모인 이치를 알지 못한 것이 오만 년이나 되었으니, **천지가 부모인 것을 알지 못하면 억조창생이 누가 부모에게 효도하고 봉양하는 도로써 천지를 공경스럽게 받들겠는가!** (『해월신사법설』, 「천지부모」)

여기에서 해월은 천지를 어머니의 포태에 비유하여, 만물이 살아갈 수 있

는 『동경대전』의 원문과 번역은 김용휘, 『최제우의 철학』(이화여자대학교출판부, 2012)을 참고하였다.

7 "何獨人衣人食乎! 日亦衣衣月亦食食."(『해월신사법설』, 「도결」) 이 글에서 인용하는 『해월신사법설』의 원문과 번역은 이규성, 『최시형의 철학』(이화여자대학교출판부, 2011)을 참고하였다.

는 것은 천(天)이 덮어 주고 지(地)가 실어 주는 '은덕' 때문이라고 말하고 있다. 해월에 의하면 천지만물은 단순한 환경이나 자연물이 아니라 인간이 살아가기 위해서 없어서는 안 될 인간의 조건이다. 그뿐만 아니라 이와 같이 은혜로운 천지를 부모처럼 봉양하고 공경해야 한다는 '천지공경'의 윤리까지 설파하고 있다. 이처럼 해월은 전통적인 유학의 '부모' 개념과 '효'의 윤리를 지구와 우주의 차원으로까지 확장시켜, 개체적이고 혈연적 차원의 존재론(인간부모)과 윤리론(인간봉양)을 넘어서 지구적 · 우주적 차원의 존재론(천지부모)과 윤리론(천지봉양)을 제창하였다. 그런 점에서 해월의 동학사상은 19세기 한국의 대표적인 지구인문학이라고 할 수 있다.

한편 해월의 천지부모론은 지구상의 모든 존재가 하나의 형제임을 함축한다. 모두가 같은 부모에서 나온 자식이기 때문이다. 이것을 그는 '물오동포(物吾同胞)'라고 표현했다. 물오동포는 지금으로 말하면 '만물동포'로 번역될 수 있는데, "만물은 천지라는 하나의 포태 속에 들어 있는 형제이다."라는 의미이다.

> 경천(敬天)은 결단코 허공을 향하여 상제(上帝)를 공경한다는 것이 아니요, 내 마음을 공경함이 곧 경천의 도(道)를 바르게 아는 길이니, '내 마음의 불경[吾心不敬]이 곧 천지의 불경[天地不敬]이라' 함은 이를 말함이다. 사람은 경천함으로써 자신의 영생을 알게 될 것이요, 경천함으로써 "**인오동포(人吾同胞) 물오동포(物吾同胞)**"[8]의 전적(全的) 이치(理致)를 깨달을 것이요, 경천함으로써

8 참고로 장재의 「서명(西銘)」에는 "人吾同胞, 物吾同胞"가 아니라 "民吾同胞, 物吾與也"라고 나오고 있다. 그리고 이어지는 내용은 군신(君臣)이나 장유(長幼)와 같은 인간과 인간 사이에 지켜야 할 윤리가 설파되고 있다.

남을 위하여 희생하는 마음, 세상을 위하여 의무를 다할 마음이 생길 수 있나니, 경천은 모든 진리의 중추를 잡은 것이다. (『해월신사법설』「삼경」)

여기에서 중요한 점은 해월이 다른 곳에서 "천지부모(天地父母) 네 글자는 비록 각각 다르지만, 실은 모두 '천(天)' 한 글자니라."[9]라고 했듯이, 경천의 '천'이 궁극적으로는 '천지'를 가리킨다는 사실이다. 이 점은 "경천은 상제를 공경하는 것이 아니고" "내 마음이 불경하면 곧 천지가 불경하다."라는 위의 인용문으로부터 확인할 수 있다. 해월에게서 천(天)은 일차적으로 '천지'라는 구체적인 대상을 가리킨다. 그리고 천지는 만물을 낳아 주고 길러 주는 부모와 같은 존재이기 때문에 모든 인간과 사물은 다 같은 동포가 되는 셈이다[人吾同胞, 物吾同胞]. 그런 점에서 해월의 '천'은 '생태적 하늘'이라고 이해할 수 있다.

한편 해월은 "천지가 부모이고 만물이 동포이다."라는 사상을 "천지는 하나의 기로 연결되어 있다."라는 '천지일기(天地一氣)'로도 표현했다.

천지는 하나의 기운[一氣] 덩어리다. (『해월신사법설』, 「독공」)

우주는 하나의 기운[一氣]이 부리는 것이다[所使]. (『해월신사법설』, 「기타」)

이에 의하면 모든 존재는 마치 하나의 뿌리로 연결된 나무들처럼 하나의 기운으로 연결되어 있다. 이것은 천지를 하나의 생명체로 간주하여, 생명체 안에 흐르는 생명의 기운이 서로 연결되어 있다는 생각으로, '천지부모-

9 "天地父母四字, 字雖各異, 其實都是一天字也." (『해월신사법설』, 「도결」)

만물동포' 사상의 우주론적 표현에 해당한다. 반면에 '천지부모-만물동포'는 인간학적 표현으로, 천지와 만물을 부모와 동포로 대해야 한다는 윤리적 태도를 함축하고 있다. 흥미롭게도 이러한 우주론과 윤리학은 해월 이후에 등장한 원불교에서도 이어지고 있다.

원불교의 창시자 소태산 박중빈(1891-1943)은 한시(漢詩)의 형태로 "천지가 만물의 포태이다."라고 하는 천지포태설을 주장했다.

> 天地萬物胞胎成(천지만물포태성)하고 日月一點子午調(일월일점자오조)라.[10]
>
> 천지는 만물의 포태를 이루고, 해와 달은 한 점으로 자오를 고르더라.

여기에서 소태산이 말하는 "천지가 만물의 포태이다."라는 말은 해월이 천지부모설을 설파하면서 근거로 제시한 '천지의 포태' 관념과 일치한다. 이 외에도 소태산은 원불교의 사은(四恩) 교리를 설명하면서 천지 · 부모를 '부모 항'에, 동포 · 법률을 '형제 항'에 넣었는데, 이 점도 해월이 말한 '천지부모-만물동포' 사상과 상통한다.

> 한 제자 여쭙기를 "사은에 경중이 있어서 천지 · 부모는 하감지위(下鑑之位)라 하고, 동포 · 법률은 응감지위(應鑑之位)라 하나이까?"
>
> 대종사(=소태산) 말씀하시기를 "경중을 따로 논할 것은 없으나 항렬(行列)

10 『대종경』「전망품」 2장. 한시 번역은 인용자의 것으로 경전에는 없다. 이 글에서 인용하는 원불교 경전의 원문은 인터넷 싸이트 "원불교 경전법문집"에서 열람이 가능하다(https://www2.won.or.kr/bupmun/index.jsp).

로써 말하자면 **천지 · 부모는 부모 항이요, 동포 · 법률은 형제 항이라** 그러므로 하감 · 응감으로써 구분하였나니라."[11]

여기에서 '사은(四恩)'은 원불교의 핵심 교리로, '천지은 · 부모은 · 동포은 · 법률은'을 말한다. 이는 "모든 존재는 천지-부모-동포-법률의 도움으로 살아가고 있다."라는 뜻이다. 이 중에서 특히 '동포'는 인간 이외의 존재까지 포함하고 있다는 점에서 해월의 '만물동포' 개념을 연상시킨다. 위의 문답에서 소태산은 사은을 '천지-부모' 계열과 '동포-법률'의 두 계열로 나누고 있는데, 천지를 부모 항목으로 분류하고 있는 점이 주목할 만하다. 소태산 역시 "천지를 부모로 간주한다."라고 하는 해월의 천지부모사상에 공감하고 있음을 말해 주기 때문이다.

소태산에 이어 원불교의 지도자가 된 정산 송규(1900-1962)는 더 직접적으로 '천지부모-만물동포' 사상을 설파하였다. 정산은 삼동윤리(三同倫理)를 제창한 것으로 유명한데, 삼동윤리란 '동원도리(同源道理) · 동기연계(同氣連契) · 동척사업(同拓事業)'을 말한다. '동원도리'는 "모든 종교적 진리는 하나로 통한다."는 진리론이고, '동기연계'는 "만물이 하나의 기운으로 이어져 있다."는 우주론이며, '동척사업'은 "모두가 하나 되는 낙원 세상을 개척하자."는 실천론이다.[12] 이 중에서 두 번째에 해당하는 '동기연계'의 의미를 설명하면서 정산은 천지부모와 만물동포를 말했다. 인간을 포함한 모든 존재가

11 『대종경』, 「변의품」 23장.

12 삼동윤리는 '진리론-우주론-윤리론'으로 분류될 수도 있다. 조성환, 「좌우남북의 공통가치: 하늘살림」, 조성환 · 이병한, 『개벽파선언』, 서울: 모시는사람들, 2019, 236-247쪽.

하나의 기로 서로 얽혀 있는 관계로 보았다.

> 삼동윤리의 둘째 강령은 동기연계니, 곧 **모든 인종과 생령이 근본은 다 같은 한 기운으로 연계된 동포**인 것을 알아서 서로 대동 화합하자는 것이니라. 이 세상에는 이른바 사색 인종이라고 하는 인종이 여러 지역에 살고 있으며, 같은 인종 중에도 여러 민족이 있고, 같은 민족 중에도 여러 씨족이 여러 지역에 각각 살고 있으나, 그 근본을 추구해 본다면 근본 되는 기운은 다 한 기운으로 연하여 있는 것이므로, **천지를 부모 삼고 우주를 한집 삼는** 자리에서는 모든 사람이 다 같은 동포 형제인 것이며, 인류뿐 아니라 금수 곤충까지라도 본래 하나의 큰 기운으로 연결되어 있나니라.[13]

이에 의하면 '동기연계'는 해월이 말한 '천지일기(天地一氣)'에 해당한다. 또한 해월에게 있어 천지일기의 인간학적 표현이 '천지부모-만물동포'였듯이, 정산 역시 동기연계를 '천지를 부모 삼고' '모든 인종과 생령이 (…) 동포'라고 설명했다. 이처럼 정산은 해월과 소태산의 천지부모-만물동포 사상을 계승하면서, 그것을 '동기연계'라고 하는 자기 나름대로의 우주론적 개념으로 표현했다.

원불교의 제3대 지도자인 대산 김대거(1914-1998)도 소태산을 인용하면서 천지포태와 천지부모를 말하였다.

> 天地萬物胞胎成(천지만물포태성)하고
>
> 日月一點子午調(일월일점자오조)라.

13 『정산종사법어』 제2부 법어(法語) 제13「도운편(道運編)」 36

천지만물은 포태를 이루고

해와 달은 한 점으로 자오를 고르더라.

"천지는 한 물건도 버리지 않고 한 포태로 싸고 있다. 천지가 만물을 포태하기 때문에 부모다."[14]

여기에 나오는 한시는 앞에서 살펴본 소태산의 가사를 인용한 것이고, 그 아래에 이어지는 문장은 대산의 번역과 해석이다. 여기에서 대산은 소태산의 가사에 나타난 천지포태설을 인용하면서, 그것을 천지부모론으로 설명하고 있다. 참고로 가사 번역이 '천지만물은 포태를 이루고'라고 직역의 형식으로 되어 있는데, 내용적으로 보면 '천지는 만물의 포태를 이루고'라고 번역하는 것이 적절할 것이다. 실제로 대산의 해설에서도 "천지가 만물을 포태한다."라고 되어 있다.

한편 대산은 앞에서 살펴본 정산의 동기연계 사상도 천지포태와 만물동포로 설명했다.

대윤리관이란 전 인류와 일체 생령이 한 포태(胞胎) 속에서 나와 사는 부모 형제의 지친임을 아는 것이다. 이는 곧 동기연계임을 알아 지은(知恩) 보은(報恩)하자는 것이다.[15]

14 『대산종사법문집』 제5집 제1부 무한동력(無限動力), 28. 「한시(漢詩, 『대종경』 「전망품」 2장)」.

15 『대산종사법문집』 제1집, 「수신강요 1」, 117. 사대관(四大觀).

여기에서 '대윤리관'은 대산이 제창한 '사대관'의 하나로, 대산의 사대관은 정산의 삼동윤리를 '대진리관, 대윤리관, 대국가관, 대세계관'과 같은 식으로 새롭게 표현한 것이다. 그 이유는 아마 삼동윤리의 내용이 '윤리'라는 이름으로 포괄하기에는 매우 광범위하다고 판단했기 때문일 것이다. 사대관 중에서 '대윤리관'은 삼동윤리의 동기연계에 해당하는데, 앞에서 정산이 동기연계를 천지부모와 만물동포로 설명했듯이, 대산 역시 이곳에서 천지포태와 만물동포로 설명했다.

이상으로 알 수 있듯이 원불교에서도, 소태산-정산-대산을 막론하고 일관되게 해월의 천지부모-만물동포 사상을 공유하고 있다. 그런데 원불교의 특징은 천지를 부모뿐만 아니라 스승으로도 모시라고 하는 일종의 '천지스승론'도 강조하고 있다는 점이다.

3. 천지가 스승이다

원불교의 천지스승론은 초기에 두드러지게 나타났는데, 예를 들면 소태산의 제자 박노신의 경우가 대표적이다. 박노신(朴老信, 1911-1950)[16]은 『대

16 『원불교대사전』(원불교100년기념성업회, 2013)에 의하면 박노신은 다음과 같은 인물이다: "본명은 남개(南開). 경남 거제군 장승포 덕포리에서 출생. 모친 장적조의 연원으로 1927년(원기12)에 초량교당에서 입교했다. 1928년(원기13)에 전무출신을 지원, 총부 공업부에 근무하며 전무출신 실행단으로 활약했다. 그 뒤 부산으로 돌아가, 마산 처녀 최숙정과 결혼하여 유조선을 부리며 함경북도 청진항에 이사하여 살았다. 장적조는 부산 아들네 집에 머물던 1931년(원기16)부터 부산 교화를 시작했으며, 이어 청진 아들네 집에 가서 며느리 최숙정(북방교화 제1호)을 비롯하여 청진 사람 몇을 입교시키고, 1937년(원기22)에는 만주로 진출하여 각지에 행상을 하며 용정 · 장

종경 선외록』에도 등장하는 인물로, 거기에 수록된 대화 내용을 보면 소태산에게 어느 정도 신임을 받았던 인물이었던 것 같다.[17] 그가 1929년에 소태산과 나눈 대화에 다음과 같이 '천지스승론'이 나온다.

> 일전 종사주(소태산)께옵서 말삼하시기를 "**나는 너희들의게 참선생을 인도하여 주난 사람이다.**" 하시난 말삼에 그 뜻을 알지 못하고 항상 의심하다가 이제야 비로소 그 선생을 만나게 되엿습니다. 그 선생은 참으로 진실한 선생이엿습니다. **과거 수천만세와 미래 수천만세를 쉬지 안코 가라처 주난 선생입니다.**[18]

여기에서 박노신은 스승인 소태산의 화두 "나는 너희들에게 참선생을 인

춘·심양·목단강시 등 만주 동북지역에서 순교 활동을 전개하다가 한국전쟁 중에 부산 초량에서 장티푸스로 40세에 열반했다."

17 대종사 하루아침에 선원 대중에게 물으시었다: "앞으로 무서운 세상이 돌아오는데 어떻게 처사를 하여야 그 세상을 무사히 돌파할지 한 말로써 말하여 보라". 제자들 가운데 혹은 도덕을 주장해야 살아난다 하는 사람도 있고, 혹은 정법을 가져야 살아난다 하는 사람도 있고, 혹은 일심을 가져야 살아난다 하는 사람도 있고, 혹은 신성이 독실하여야 살아난다 하는 사람도 있었다. 그때 박노신(朴老信)은 "온유를 주장해야 살아난다"고 사뢰었다. **대종사 들으시고 말씀하시었다**: "여러 사람의 말이 다 옳으나 **노신의 말이 가장 나의 뜻에 맞는다**. 돌아오는 세상에는 가정에 있으나 사회에 나오나 어느 곳에 있든지 다숩고 부드러운 사람이라야 촉이 없어서 사방에서 환영도 받을 것이요, 무서운 난리도 피할 것이다."(『대종경선외록(大宗經選外錄)』「10. 도운개벽장(道運開闢章)」 5절. 강조는 인용자의 것)

18 제4회 전무출신실행단 감방단원(坎方團圓) 제안인(提案人) 박노신, 「참 선생을 차자(찾아) 그 선생의 가라침을 받읍시다」, 『감상안』, 불법연구회, 『월말통신』 제21호, 시창 14년(1929) 11월. 원불교 원광사 편, 『원불교자료총서 제2권』, 이리: 원불교출판사, 1984, 487-488쪽. 원문에 있는 한문만 한글로 고치고, 나머지는 가능한 원문을 그대로 살렸다.

도해 주는 사람이다."라는 말의 의미를 나름대로 천착하여 깨달은 바를 서술하고 있다. 박노신의 깨달음에 의하면, 소태산이 말한 '참선생'은 '천지'를 말한다. 즉 진정한 스승은 소태산이라는 인간이 아니라 천지자연이라는 것이다. 그리고 이 스승은 시공을 초월하여 모든 인류의 보편적인 스승으로 존재하고 있다("과거 수천만세와 미래 수천만세를 쉬지 않고 가르쳐 주는 선생입니다."). 이 해석에 의하면 소태산은 중생에게 천지라는 참스승을 인도해 주는 중간자나 매개자가 되는 셈이다.

박노신의 해석은 원불교가 천지를 최고의 스승으로 모시는 '천지불교(天地佛敎)'임을 시사하고 한다. 그리고 이러한 해석은 소태산의 '천지부모론'과도 상통한다. 이처럼 원불교가 천지불교의 형태를 띠는 이유는 그것의 사상적 연원이 인도가 아닌 동아시아에 기원하고 있기 때문이다. 멀게는 고대 중국의 제자백가에서, 가깝게는 동학의 해월사상과 사상적으로 맞닿아 있기 때문이다. 이 점은 박노신의 다음과 같은 서술을 보면 더욱 분명해진다. 박노신은 위의 설명에 이어서 '천지선생'의 모습을 다음과 같이 묘사했다.

> 그러면 그 선생은 엇더한가?
>
> **매일 보고 듯난 천지 선생**입니다. 천지난 우리에게 엇더한 가라침을 주십닛까, 한번 생각하여 봅시다. **천지는 만물을 생육식히며 만물을 실여 잇스며 우로지택(雨露之澤)이 잇서 만물을 양성하지만은 양성하엿다는 상(相) 업난 것을 모방하야 우리도 엇더한 선(善)을 지엿드래도 선(善) 지엇다는 상(相)이 업서야 무상(無相)한 천지대덕의 가라침을 본바든 사람**이며 천지에난 일월이 잇서 고저 청탁 후박을 조조(照照)역역(歷歷)하게 밝혀주심을 모방하야 오인은 대소유무와 시비이해의 이치를 자세히 알아가지고 백천만사를 지여야만 명명한 일월의 가라침을 본다든(본받은) 사람이며, **천지에난 춘하**

추동의 차서가 잇서 봄 될 때는 봄 되고 여름 될 때는 여름 되고 가을 될 때는 가을 되고 겨울 될 때는 겨울 되난 지성스러운 차서와 신용을 모방하야 인간 만사을 지여갈 때에 정의와 불의를 분간하야 하기로 한일은 어김업시 하고 안키로 한 일은 죽어도 안이하여서 매매사사에 차서와 정성을 모방하야 직혀야만 춘하추동의 차서와 절차를 본바든 사람이며 ….[19]

여기에서 박노신은 천지로부터 본받아야 할 덕목으로 두 가지를 들고 있다. 하나는 선(善)을 지었다는 상(相)이 없는 '무상(無相)'이고, 다른 하나는 『중용』에서 말하는 '성(誠)'이다. 이 중에서 먼저 성(誠)에 대해 살펴보면, "천지에는 춘하추동의 차서와 신용이 있으니 인간도 그것을 본받아서 매사에 차서와 정성을 지켜야 한다."라는 말은 서두에 소개한 『중용』의 "성(誠) 그 자체는 하늘의 도이고, 성(誠)하려는 것은 사람의 도이다[誠者天之道, 誠之者人之道]."라는 사상과 완전히 일치한다. 이 점은 원불교의 자연관이 동아시아 사상에 뿌리를 두고 있음을 말해 준다.

무상(無相)의 경우도 마찬가지인데, "천지는 만물을 길러 주지만 길러 준다는 상(相)이 없다."라는 말은 『노자』 제38장에 나오는 "상덕부덕 시이유덕(上德不德 是以有德, 최고의 덕은 덕스럽지 않기 때문에 덕이 있다.)"이나 『장자』「제물론」에 나오는 '부도지도(不道之道, 도답지 않은 도)'와 사상적으로 상통한다. 여기에서 노자가 말하는 상덕(上德)은 만물을 생성하는 천지의 대덕을 지칭하는 말로, 인간의 관점에서 보면 덕스러워 보이지 않지만 그렇기 때문에 오히려 덕이 있다는 역설을 담고 있다. 마찬가지로 『장자』의 '부

19 원불교 원광사 편, 『원불교자료총서 제2권』, 488-490쪽.

도지도(不道之道)'도 "천지의 도는 도처럼 보이지 않는다."라는 의미로, 『노자』의 '상덕부덕(上德不德)'의 다른 표현이다. 박노신 역시 "천지에는 만물을 길러 준다는 의식[相]이 없다."라고 보는 점에서 『노자』나 『장자』의 사상과 상통한다. 즉 무상(無相)이라는 개념 자체는 불교적이지만, 그 무상의 모델을 천지에서 찾고 있다는 점에서는 노장적이다. 이러한 점 역시 원불교가 단순한 불교가 아니라 동아시아의 천지사상에서 탄생한 천지불교임을 말해 주는데, 이러한 천지불교적 구조는 박노신의 그 다음 서술에서 더욱 명료해진다.

> 천지난 길흉이 업슴으로 동절(冬節)에는 숙살(肅殺) 만물하지만 명춘(明春)의 따뜻한 일기가 되면 또 닷이 발생하난 것과 **지평선 먼곳에 넘어간 태양과 태음이 잇튼날 아참에 동방에 또닷이 광명을 조요(照耀)함을 모방하야 우리 인생도 생노병사를 초월하야** 끌이지 안이하여야 할것임니다. 그럼으로 고어에도 "생자(生者)난 사지근(死之根)이요 사자(死者)난 생지근(生之根)이라"[20] 하엿스니 이 말은 생노병사를 초월하야 길흉업난 것을 본바든 사람임니다. 또 **천지는 절대로 무사정(無私情)인 고로 짓난대로 주나니** 팟의 종자를 심은 자는 반닷이 팟의 열매를 엇드며 외의 종자를 심은 자는 반닷이 외의 결실을 득하나니(種豆得豆 種苽得苽) 우리 **인생은 악인(惡因)을 짓지말고 선인(善因)을 닥가가야만 선 지여 복 밧고** 악업을 매장(埋葬)할나는 목적을 달 할것이요 그 선생의 가라침을 본바든 사람이라 하겟습니다. 선생임

20 중국의 도교 경전 『음부경(陰符經) 하편』에 나오는 구절이다. 원불교 문헌에 보이는 『음부경』 사상에 대해서는 김낙필, 「초기교단의 도교사상수용」, 『원불교사상과 종교문화』, 10 · 11, 1987을 참고하기 바란다.

을 뵈온지가 얼마 되지 안하와 자상(仔詳)치 못하옵니다.[21]

여기에서 박노신은 '생로병사의 초월'이나 '자업자득의 인과'와 같은 불교적 교리를 자연의 존재 방식에서 도출해 내고 있다. 구체적으로는 겨울에는 만물이 사그라들지만 봄이 되면 다시 소생하는 천지의 모습을 본받아서 인간도 생로병사를 초월해야 하고, 자연이 사사로움 없이('무사정') 콩 심은 데 콩 나고 팥 심은 데 팥 나는 법칙에 따르는 것처럼 인생도 선을 행해야 복을 받는다는 것이다. 이처럼 박노신은 불교에서 설파하는 덕목들을 천지에서 끌어내고 있다는 점에서 동아시아 사상과 불교가 융합된 '동아시아적 불교'의 사유를 보여주고 있다.

4. 천지에 보은하라

흥미롭게도 소태산 역시 다른 곳에서 박노신과 비슷한 말을 했다. 양자의 차이가 있다면 소태산은 천지의 '은혜'를 강조했다는 것이다.

> 이공주(李共珠) 사뢰기를 "제가 저번에 이웃집 가난한 사람에게 약간의 보시를 하였삽더니, 그가 그 후로는 저의 집일에 몸을 아끼지 아니하오니, 복은 지을 것이옵고 지으면 받는 것이 그와 같이 역력함을 알았나이다."
>
> 대종사 말씀하시기를 "그대가 복을 지으면 받아지는 이치는 알았으나 잘못하면 그 복이 죄로 화하는 이치도 아는가.?"

21 위의 글, 490-491쪽.

공주 사뢰기를 "복이 어찌 죄로 화하겠나이까."

대종사 말씀하시기를 "지어 놓은 그 복이 죄가 되는 것이 아니라 복을 지은 그 마음이 죄를 짓는 마음으로 변하기도 한다 함이니, **범상한 사람들은 남에게 약간의 은혜를 베풀어 놓고는 그 관념과 상을 놓지 못하므로** 저 은혜 입은 사람이 혹 그 은혜를 몰라주거나 배은망덕(背恩忘德)을 할 때에는 그 미워하고 원망하는 마음이 몇 배나 더하여 지극히 사랑하는 데에서 도리어 지극한 미움을 일어 내고, 작은 은혜로 도리어 큰 원수를 맺으므로, 선을 닦는다는 것이 그 선을 믿을 수 없고 복을 짓는다는 것이 죄를 만드는 수가 허다하나니, 그러므로 달마(達磨)께서는 "**응용무념(應用無念)을 덕이라 한다.**" 하셨고, 노자(老子)께서는 "상덕(上德)은 덕이라는 상이 없다." 하셨으니, 공부하는 사람이 이 도리를 알고 이 마음을 응용하여야 은혜가 영원한 은혜가 되고 복이 영원한 복이 되어 **천지로 더불어 그 덕을 합하게 될 것**이니, 그대는 그 상 없는 덕과 변함없는 복을 짓기에 더욱 꾸준히 힘쓸지어다."[22]

여기에서 소태산은 "천지는 은혜를 베풀지만 은혜를 베풀었다고 하는 상(相)이 없다."라고 하면서, 그것이 바로 천지의 덕(德)이라고 말하고 있다. 아울러 『노자』 제38장의 '상덕부덕(上德不德)'을 '상덕부덕상(上德不德相)'의 의미로 해석한 뒤에, 이러한 '상(相)없는 덕'을 본받아야 천지와 덕과 합치될 수 있다고 했다. 이러한 생각은 "천지의 존재 방식을 본받아서 천인합일의 경지에 도달한다."라고 하는 동아시아의 오래된 이상과 일치한다. 다만 차이가 있다면 천지를 '은혜로운 존재'로 여기고 있다는 것이다. 천지의 은혜

22 대종경(大宗經)』 제4「인도품(人道品)」 17장.

사상은 동학에도 보이고 있지만, 원불교의 경우에는 그것을 형이상학적 차원으로까지 끌어올려서 최고의 윤리적 덕목으로 삼고 있다. 그것이 사은(四恩) 교리 중의 으뜸인 '천지은(天地恩)'이다.

원불교의 핵심 교리는 일원(一圓)과 사은(四恩)으로 이루어져 있는데, 일원이 "만유가 하나이다."라고 하는 존재론적 원리를 나타낸다면, 사은은 그것이 현상세계에 드러나는 방식을 말한다. 그 방식은 '천지·부모·동포(만물·만인)·법률'이라고 하는 네 가지 유형 존재들의 은혜 형태로 드러나는데, 그중에서도 가장 큰 은혜는 천지의 은혜이다.

> 우리가 **천지에서 입은 은혜**를 가장 쉽게 알고자 할진대 먼저 마땅히 천지가 없어도 이 존재를 보전하여 살 수 있을 것인가 하고 생각해 볼 것이니, 그런다면 아무리 천치(天痴)요 하우자(下愚者)라도 천지 없어서는 살지 못할 것을 다 인증할 것이다. 없어서는 살지 못할 관계가 있다면 그같이 큰 은혜가 또 어디 있으리요.[23]

여기에서 천지는 '그것이 없으면 살지 못하는' 은혜로운 존재로 여겨지고, 모든 은혜 중에서 가장 큰 은혜로 간주된다. 이처럼 모든 존재는 천지의 은혜를 입고(被恩) 살고 있기 때문에, 이 은혜에 보답할 윤리적 책임이 동반되는데, 그것이 바로 원불교에서 말하는 '천지보은(天地報恩)'이다.[24] 원불교 교리의 핵심을 담은 『정전(正典)』에서는 천지보은에 대해 다음과 같이 말하

23 『정전(正典)』, 제2 교의편(教義編), 제2장 사은(四恩), 제1절 천지은(天地恩), 1. 천지 피은(被恩)의 강령.

24 『정전』, 제2 교의편, 제2장 사은, 제1절 천지은, 3. 천지 보은의 강령.

고 있다.[25]

5. 천지 배은(背恩)

천지에 대한 피은 · 보은 · 배은을 알지 못하는 것과 설사 안다 할지라도 보은의 실행이 없는 것이니라.

6. 천지 보은의 결과

우리가 천지 보은의 조목을 일일이 실행한다면 천지와 내가 둘이 아니요, 내가 곧 천지일 것이며 천지가 곧 나일지니, 저 하늘은 비록 공허하고 땅은 침묵하여 직접 복락(福樂)은 내리지 않는다 하더라도, **자연 천지 같은 위력과 천지 같은 수명과 일월 같은 밝음을 얻어 인천대중(人天大衆)과 세상이 곧 천지같이 우대할 것이니라.**

7. 천지 배은의 결과

우리가 만일 천지에 배은을 한다면 곧 천벌을 받게 될 것이니, 알기 쉽게 그 내역을 말하자면 **천도(天道)를 본받지 못함**에 따라 응당 사리 간에 무식할 것이며, 매사에 정성이 적을 것이며, 매사에 과불급한 일이 많을 것이며, 매사에 불합리한 일이 많을 것이며, 매사에 편착심이 많을 것이며, 만물의 변태와 인간의 생 · 로 · 병 · 사와 길 · 흉 · 화 · 복을 모를 것이며, 덕을 써도 상에 집착하여 안으로 자만하고 밖으로 자랑할 것이니, 이러한 사람의 앞에 어찌 죄해(罪害)가 없으리요. 천지는 또한 공적하다 하더라도 우연히 돌아오는 고(苦)나 자기가 지어서 받는 고(苦)는 곧 천지 배은에서 받는 죄

25 『정전』 제2 교의편, 제2장 사은, 제1절 천지은.

벌이니라.

여기에서는 천지의 은혜를 저버리면 벌을 받고, 천지의 은혜에 보답하면 우대를 받는다고 하는 천지배은(天地背恩)과 천지보은(天地報恩)이 설파되고 있다. 주목할만한 점은 '은(恩)'이 마치 천지에 작용하는 일종의 인과법칙과 같은 것으로 여겨지고 있고, 그것에 보답하느냐 보답하지 않느냐에 따라 상벌을 받는다고 말해지고 있다는 사실이다. 바로 이런 점이야말로 종래의 윤리적 차원의 은(恩) 개념과는 다른 형이상학적 차원의 은(恩) 개념이라고 할 수 있다.

그렇다면 구체적으로 천지의 은혜에 보답하기 위해서 우리는 무엇을 어떻게 해야 할까?

> 한 제자 여쭙기를 "『정전』 가운데 천지보은의 강령에 '**사람이 천지보은을 하기로 하면 먼저 그 도를 체받아 실행하라**' 하였사오니, 천지는 우리에게 그러한 큰 은혜를 입혔사온데 우리는 한갓 천지의 도를 본받아 행하는 것만으로써 어찌 보은이 된다 하겠나이까?"
>
> 대종사 말씀하시기를 "이에 대하여 한 예를 들어 말한다면 과거 불보살의 회상이나 성현 군자의 문정(門庭)에 그 제자가 선생의 가르치신 은혜를 받은 후 설사 물질의 보수는 없다 할지라도 그 선생의 아는 것을 다 알고 행하는 것을 다 행하여 선생의 사업을 능히 계승한다면 우리는 그를 일러 선생의 보은자라 할 것인가, 배은자라 할 것인가? 이것을 미루어 생각할 때에

천지의 도를 본받아 행함이 천지보은이 될 것임을 가히 알지니라."[26]

이에 의하면 천지보은은 '천지의 도를 본받아 행하는 것'을 말한다. 바로 앞의 인용문 「7. 천지배은의 결과」'에 나오는 표현을 빌리면 '천도를 본받는 것'이다. 이것은 앞에서 소개한 『중용』에서 천도(天道)를 본받는 것이 인도(人道)라고 한 것과 동일한 구조이다. 이처럼 인도가 천도와 합치되었을 때, 즉 인간이 천지의 도를 실현한 경지를 현대 학자들은 '천인합일(天人合一)'의 상태라고 말한다. 그런 의미에서는 원불교에서 추구하는 최고의 경지도 천인합일인 셈이다. 실제로 천지와의 합일에 대해서 대산은 다음과 같이 말했다.

> 천지는 만물에게 응용무념(應用無念)으로써 덕을 입혀 주신 대시주(大施主)이시니, 우리도 **그 도를 체 받아서 무념보시(無念布施)를 하면 보은**이 되는 동시에 우리가 곧 **천지와 합일**하여 덕화가 만방에 미칠 것입니다.[27]

여기에 나오는 '응용무념'이라는 표현은 앞에서 소태산이 천지의 덕을 언급하면서 인용했던 달마의 말 속에 나오는 표현이다("달마께서는 응용무념을 덕이라 한다."). 앞에서 소태산은 천지가 무심하게 덕을 베풀어 주듯이 인간도 무념의 상태에서 덕을 베풀어야 천지와 덕이 합치될 수 있다고 하였는데, 여기에서 대산도 남에게 보시할 때에는 무념으로 해야 하고, 그렇게 하는 것이 천지보은의 길이며, 그렇게 해야 비로소 천지와 합일된다고 말하고

26 『대종경(大宗經)』 제6「변의품(辨疑品)」 24장.
27 『대산종사법문집』 제2집, 제4부 신년법문 "사중보은(四重報恩)으로 세계 평화를".

있다.

이상의 고찰에 의하면 원불교는 한편으로는 동아시아의 천인합일 전통을 따르면서, 다른 한편으로는 천지의 덕을 은혜로 파악하며 천지보은(天地報恩)의 윤리를 강조하고 있다는 점에 그 특징이 있다. 지금까지 원불교의 핵심 교리에 해당하는 천지은 사상이 동아시아의 지적 배경에 기원하고 있음을 살펴보았다.

종래에도 원불교의 은(恩)사상의 기원에 대한 연구가 없었던 것은 아니다. 가령 소기석은 『잡아함경』이나 『대지도론』과 같은 불교 경전에 보이는 지은(知恩)과 보은(報恩) 개념의 용례를 근거로 들면서 "소태산은 불교의 사은사상(四恩思想)을 전체 우주계로 확장시켜 논하였다. 소태산은 전체 우주 생명계를 은적(恩的) 관계로 파악하였다."[28]라고 지적하였다.

그런데 여기에서 주의해야 할 점은 보은사상이 반드시 불교만의 전유물이라고 볼 수는 없다는 점이다. 가령 유교를 연구하는 정재현은 2015년에 행한 시민강좌에서 "유교의 가르침은 '보은(報恩)'이라고 생각한다. 유교를 '부모의 은혜를 잊지 않는 것, 은혜를 아는 것'으로 설명할 수 있지 않을까?" 하는 견해를 제시하였다.[29] 이것은 보은사상이 반드시 불교만의 것이 아닐 수 있음을 시사한다. 그렇다면 원불교의 은(恩)사상도 이러한 동아시아적 사유, 그중에서도 특히 도가적 사유에서 영향을 받았을 가능성도 배제할 수 없다. 나아가서 소태산이 불교와는 달리 은(恩)의 관계를 우주 전체로 확장

28 소기석, 「원불교의 사은윤리(四恩倫理)에 나타난 생태학적 영성에 관한 연구」, 『종교문화학보』 1집, 2006, 183쪽.

29 「서강철학아카데미 인문학특강(3강): 은혜(gratitude)의 윤리학으로서 유교」, 《한국인권신문》, 2015년 11월 5일자.

시킬 수 있었던 것은 그가 천지(天地)의 우주론에서 출발하는 동아시아에서 사유한 사상가였기 때문이다.[30]

5. 맺음말

지금까지 근대 한국의 개벽종교인 동학과 원불교의 천지론이 동아시아의 우주론에 뿌리를 두고 있음을 살펴보았다. 동학은 천지부모론을 통해 천지공경사상을 설파했고, 원불교 역시 표면적으로는 불교를 표방하고 있지만 천지를 스승이나 부모처럼 모시고 은혜로운 존재로 여기라는 천지은(天地恩) 사상을 핵심 교리로 삼고 있다는 점에서는 동학사상과 크게 다르지 않다. 그런 점에서 원불교의 천지론은 원불교의 사상적 정체성이 동아시아 사상과 인도불교가 융합된 '동아시아적 불교'임을 말해 준다. 원불교의 창시자인 소태산이 기존 불교와는 달리 은(恩)적 관계를 우주 전체로 확장시킬 수 있었던 것도 그가 동아시아라는 한자문화권에서 사유한 사상가였기 때문이다.

한편 오늘날 서구에서는 지구 위험 문제를 극복하기 위한 방안으로 지구

30 참고로 김도공과 임병학은 "천지은, 부모은, 동포은, 법률은"으로 구성된 사은(四恩)이 불교의 사은(四恩)의 영향을 받은 것은 부정할 수 없지만, 불교적 해석만으로는 그 의미가 제대로 드러나지 않는다고 지적하면서, 『주역』적으로 읽혀야 그 의미가 더 깊어진다고 주장하였다. 김도공 · 임병학, 「원불교 사은의 『주역』 연원에 관한 고찰」, 『원불교사상과 종교문화』 67집, 2016. 그러나 이 논문은 원불교의 사은(四恩)을 유교의 인의예지 사덕(四德)의 틀로 '해석'한 것이지, 사은(四恩) 사상의 직접적인 연원을 밝혔다고 보기는 어렵다.

에 대한 인문학적 성찰이 활발해지고 있다. 그중에서도 특히 신학 분야에서는 지구를 공경하는 종교, 즉 '지구종교(Earth religion)'의 필요성이 제기되고 있다.[31] 그런데 동학과 원불교의 천지를 지구학적으로 해석하면, 동학과 원불교는 '지구를 모시는 종교[侍天地敎]'라고 명명할 수 있다. 또한 정산이 제창한 삼동윤리는 종래의 인간중심주의적인 윤리를 탈피했다는 점에서 '지구윤리(Earth ethics)'로 자리매김될 수 있고, 천지부모나 동기연계는 지구윤리의 존재론적 · 우주론적 근거로 볼 수 있다. 또한 동학과 원불교가 지구종교의 성격을 띠고 있다는 사실은, 그리스도교 사회윤리학자 래리 라스무센(Larry Rasmussen, 1939-현재)의 『지구를 공경하는 신앙』[32]이라는 표현을 빌리면, '지구를 공경하는 신앙'을 의미한다. 원불교학자 원영상은 지구 위기의 해법을 '지구에 대한 불공'에서 찾은 바 있다.[33] "모두가 부처임[處處佛像]을 깨달아 불공을 드리자!"라는 원불교 교리에 입각하여 지구불공을 제창한 것인데, 이러한 제안은 실제 현장에서도 지구를 위한 천지보은 기도로 이어지고 있다.

이처럼 동학과 원불교는 지구를 하나의 공동체로 인식하고 공경의 대상으로 삼고 있다는 점에서 '지구종교'로 해석될 수 있고, 천지보은과 동척사업은 '지구윤리'로 이해될 수 있다. 북미의 생태여성주의 신학자 샐리 맥페이그(Sallie McFague, 1933-2019)는 인간을 상호 의존적 존재로 정의하면서, '감사'를 지구 위기 시대의 생태윤리로 제시한 적이 있다. 자연이 우리에게

31 허남진 · 이우진, 앞의 논문, 22-26쪽.

32 래리 라스무센, 『지구를 공경하는 신앙: 문명전환을 위한 종교윤리』, 한성수 옮김, 서울: 생태문명연구소, 2017.

33 〈원익선 교무의 현대문명과 『정전』 124. 신앙과 불공〉, 《원불교신문》, 2019년 10월 10일 자.

주는 혜택은 다양하지만, 우리는 자연에 대한 감사를 잊은 채 살고 있고, 따라서 우리의 삶과 상호 의존적으로 연결된 자연에 대해 인식을 새롭게 전환함으로써 자연에 대한 감사의 마음을 이끌어 내야 한다는 것이다.[34] 서구에서도 지구 위기의 대안으로 동학과 원불교와 같은 천지론이 제창되고 있는 것이다. 바로 이 점이야말로 지구 위기 시대에 동학과 원불교가 지니는 생태적 의의가 아닐까 생각한다.

34 샐리 맥페이그, 『기후변화와 신학의 재구성』, 김준우 옮김, 서울: 한국기독교연구소, 2021, 204-206쪽.

제3부

기후위기 시대의 종교생태사상

기후위기 시대 원불교사상의 생태학적 재해석*

이주연 원광대학교 원불교사상연구원 책임연구원
허남진 인천대 기초교육원 강사

* 이 글은 이주연 · 허남진의 「기후위기 시대 원불교사상의 생태학적 재해석」(『원불교사상과 종교문화』 93, 2022)를 수정한 것이다.

1. 머리말

멸종된 종, 죽어 가는 바다와 강, 심화되는 더위, 가뭄, 산불에 이르기까지 현재 인류가 직면한 큰 도전 중 하나는 생태 위기 곧 기후위기일 것이다. 이러한 기후위기는 전 세계 인류로 하여금 기후에 대한 인식을 전환하게 하였고, 인간이 기후라는 조건하에서 살아갈 수밖에 없다는 본질적인 사실을 깨닫게 하였다. 이에 따라 오늘날 과학, 인문학, 문학 등 거의 모든 학문은 기후로 향하고 있다. 대표적으로 기후소설(Climate Fiction, Cli-Fi)이라는 새로운 문학 장르가 등장하였고, 기후위기를 주제로 한 내러티브가 활발하게 창작・향유되고 있다. 문학에서뿐 아니라 2022년 실학박물관에서 개최한 전시회 '인류세-기후변화의 시대', 서울 일민미술관에서의 '디어 아마존: 인류세 2019-2021' 등, 기후위기를 '인류세(Anthropocene)'[1]의 도래로부터 탐구하려는 움직임이 학계와 문화계에 심심찮게 등장해 왔다.

이렇게 과학자, 인문학자들이 인위적 기후변화의 위험을 인식하고 긴급히 우리의 행동을 변화시켜야 한다고 주장해 오고 있다. 특히 인문학자들

1 인류세는 대기 화학자 파울 크뤼천(P.Crutzen)에 의해 처음 제안된 용어로, 지구에 미친 인류의 지질학적 영향력 그리고 이 영향력으로 말미암아 누적되고 있는 전 지구적 기후위기를 내포한다.

은 생태 위기의 본질을 철학적 문제 즉 인간과 자연을 분리하는 서구 근대성의 위기로 보고 있다. 예를 들어, 역사가인 린 화이트(Lynn White Jr, 1907-1987)는 1967년에 「생태적 위기의 역사적 기원」이라는 논문에서 생태 위기의 근원이 그리스도교 전통에 뿌리를 두고 있다고 지적했다. 화이트는 생태 위기의 가장 큰 원인은 기독교의 세계관이었으므로 이와 다른 세계관이 필요하다고 주장했다.[2] 그리고 2014년에 네덜란드의 로리 로원(Rory Rowan) 역시 인류세를 지질학적 시대구분의 논쟁적 명칭이 아니라 '철학적 사건(philosophical event)'으로 보았다.[3]

이런 문제의식은 종교계에서도 예외가 아니다. 2000년부터 국내에서 시작된 종교인들의 생명평화운동을 필두로, 2020년 9월 22일 개최된 '종교인 기후행동 선언'은 6개 종단이 함께 기후위기를 극복하겠다는 범종교적 선언이었다. 이 밖에도 기독교의 '한국 교회 탄소중립 캠페인', 불교환경연대의 '기후위기 돌아보는 백일기도', 원불교의 '절절캠페인' 같은 기후운동들이 활발하게 전개되고 있다. 이렇게 기후위기에 대해 종교계의 대처가 활발한 것은 시대적 요청에 부응하는 방향으로 교리를 재해석하거나 적용하려는 동기가 기저에서 작용한 결과이다.

신학의 경우 토마스 베리(Thomas Berry, 1914-2009)의 통합생태론적 사유가 대표적이다. 베리는 인간 중심이 아닌 생명 중심의 신학을 소개한 바 있다. 래리 라스무센(Larry Rasmussen, 1939-현재)도 신학의 새로운 경향을 제시

2 Lynn White, Jr, "The Historical Roots of Our Ecologic Crisis". *Science*, Vol 155, Issue 3767, 10 Mar 1967, pp.1203-1207.

3 E Johnson, H Morehouse, S Dalby, J Lehman, S Nelson, R Rowan, *After the Anthropocene: Politics and geographic inquiry for a new epoch*. Progress in Human Geography 38 (3), p. 447

했다. 그는 『지구를 공경하는 신앙』에서 '지구는 하나의 성례전'이라고 말하며, '생명의 그물망 사고'를 통해 인간중심주의로부터 벗어나야 한다고 강조했다.[4] 라스무센에게 신학은 인간만을 위한 것이 아니라, 생명의 그물망에 포함된 모든 비인간 존재들까지 위한 것이고, 성례전은 더 이상 교회가 아닌 지구 곧 지구신학으로의 전환을 요청한다. 또한 레오나르도 보프(Leonardo Boff, 1938-현재)는 그가 평소 천착하던 해방신학의 방향을 생태학적으로 발전시켰다. 그는 인간 외에도 동물들과 모든 자연 구성체가 포용되어야 한다고 말하며, 행성 지구의 평화 및 생태적이고 사회적인 정의가 실현되는 방향으로 해방신학이 발전해야 한다고 주장했다.[5]

원불교도 2022년부터 2024년까지의 교정정책('원기 107-109 교정정책') 중 하나로 '지구살리기 운동'을 제시할 만큼 기후위기 문제에 많은 관심을 기울이고 있다. 이러한 실천의 사상적 바탕이 될 원불교학이 지금까지 진행된 연구들을 기반으로 더 확장되어야 한다. 대표적으로 허남진과 조성환의 「지구를 모시는 종교-동학과 원불교의 '천지론'을 중심으로」,[6] 원영상의 「기후위기 시대 원불교의 역할 - 생명 · 생태 · 환경 보전의 관점에서」[7] 등은 기후위기 또는 지구가 당면한 위험에 응답하는 원불교학의 방향을 제안했다. 그리고 이주연은 「원불교 사은(四恩) 연구의 경향과 과제」에서 사은사상에

4 래리 라스무쎈, 『지구를 공경하는 신앙』, 한성수 역, 고양: 생태문명연구소, 2017, 437-444쪽.

5 레오나르도 보프, 『생태공명』, 황종열 역, 대전: 대전가톨릭대학교출판부, 2018, 241쪽.

6 허남진 · 조성환, 「지구를 모시는 종교-동학과 원불교의 '천지론'을 중심으로」, 『원불교사상과종교문화』 88집, 2021.

7 원영상, 「기후위기 시대 원불교의 역할-생명생태환경 보전의 관점에서-」, 『종교문화학보』 18권 1호, 2021.

천착한 선행 연구들이[8] 원불교사상의 생태학적 요소들을 조명했다고 결론 지었다. 이 논문에서 검토한 선행 연구들의 공통된 주장은 인간중심주의를 극복하고 생태적 사유를 통해 관점을 새롭게 전환해야 한다는 견해였다. [9]

기후위기를 해결해야 할 절박한 필요성을 감안하면, 우리는 새로운 생태학적 윤리 의식을 개발해야 한다. 기후위기를 극복하기 위한 생태 지혜를 모으고 실천의 길을 찾아야 한다. 최근 생태 지혜를 모색하기 위해 토착 지식에 주의를 환기하고 있으며, 토착 지식을 바탕으로 한 토착적 생태운동이 지구적으로 전개되고 있다.

이러한 문제의식에 부응하기 위해 본 글에서는 한국의 토착적 · 자생적 근대 운동을 전개했던 원불교 사상의 생태학적 해석을 통해 기후위기를 극복하기 위한 사유와 관계 맺음, 그리고 태도론을 탐색한다. 물론 원불교 창립 당시의 생태적 문제는 지금과 동일하지 않았다. 하지만 생태학적 사유를 기반으로 하는 동아시아 사상의 흐름과 그 궤를 같이하는 만큼, 원불교의 천지(지구) 및 만물, 그리고 태도 등에 관한 관점은 생태학적 해석의 가능성이 충분히 있다.

원불교는 한국이 서구 열강 및 일제의 침입에 의해 분단의 아픔을 겪는 동안 창립되고 성장했다. 이 과정에서 간척사업과 저축조합, 구호소 운영과 교육기관 설립, 종교 연합 운동 등을 통해 민중의 정신을 일깨웠다. 이런 활

8 이성택.「환경문제를 극복하는 새 가치관으로서의 恩」.『원불교사상과종교문화』17집 · 18집, 1994.
소기석.「원불교의 사은윤리에 나타난 생태학적 영성에 관한 연구」.『종교문화학보』1, 2006.
황화경.「원불교 사은사상의 생명윤리」.『한국종교』40, 2016.

9 이주연,「원불교 사은(四恩)연구의 경향과 과제」,『한국종교』50집, 2021, 118-124쪽.

동들은 물질과 정신의 이원화를 추구하는 서구 중심주의에 정신개벽으로 대응한 일련의 과정이었다. 이 과정의 연장선상에서, 지금의 기후위기 시대에 요청되는 원불교의 역할은 무엇일까?

원불교의 핵심적 사상인 '일원상의 진리'와 '사은', '불공' 같은 개념들은 생태학적 해석을 통해 '기후위기'라는 지구적 문제에 좀 더 보편적인 언어로 응답할 수 있을 것이다. 이 사상들은 생태 문제의 인식과 분석의 사유에 그치지 않고 태도론으로서의 실천적 가치를 지닌다. 이는 서구와 달리 동아시아 사상이 담지한 강점이기도 하다. 기후위기 시대, 사상의 시대화는 '파란 고해의 〈일체〉 생령을 광대무량한 낙원(樂園)으로 인도'하는 것을 개교의 동기로 삼는 원불교의 본래 목적, 즉 인간만이 아닌 비인간 존재들을 포함한 모든 존재를 낙원으로 인도하고, 사상의 시대화 · 대중화화고자 했던 목적과 부합된다.

2. 기후위기 시대 토착적 생태운동

기타지마 기신(北島義信)은 오리엔탈리즘의 대항축으로 토착적 근대론을 제기했다. 19세기 후반 비서구 국가에서 전개된 운동들은 지역사회에서 전승되어 온 토착 문화와 사상을 당시의 사회적 과제와 결합시켜 서구적 근대와 다른 근대를 지향했다는 것이다. 이 운동들에서는 당시의 시대적 과제를 지역 생활에 뿌리내린 예를 들어 남아프리카 '우분투', 한국의 인내천과 개벽사상 등 '토착 문화', '토착 사상' 속에서 현실 변혁의 과제를 찾으려는 방향성이 공통적으로 보인다는 것이다. 기타지마 기신은 이러한 운동을 '서구 근대'를 넘어서는 '토착적 근대'로 개념화했다.[10] 이 글에서는 기타지마 기신의 토착적 근대론을 안목에 두고, 토착 사상을 기후위기 문제와 결합시켜 새로운 문명을 구축하고자 하는 운동을 '토착적 생태운동'으로 개념화하고자 한다. 이러한 토착적 근대 운동이 기후위기 상황에서 생태운동 차원에서 목격되고 있기 때문이다. 이러한 토착적 생태운동은 "지구적으로 생각하고, 지역적으로 행동하라."라는 생태운동의 오래된 모토와 관련된다. 이 표어는 1992년 브라질 리우데자네이루에서 열린 지구정상회의에서 기후변화협약과 생물다양성협약을 맺는 과정에서 나온 것이다. 지역적 차원의 운동은 해당 지역의 토착 사상에 기반해야 한다는 함축을 담고 있다고 볼 수 있다.

1980년대 이후 기후변화, 생물 다양성 손실 등으로 인한 지구적 생태 위기가 가속화되면서 이를 극복할 수 있는 생태적 지혜의 차원에서 토착 지식(indigenous knowledge)에 대한 관심이 높아지고 있다. 특히 토착 지식은 생태적 위기를 해결하기 위한 대안 지식으로서 주목받고 있다. 토착 지식이 서구 근대사상과 다르게 인간과 자연의 관계에 대해 대안을 제공할 수 있으며, 이러한 세계관 · 인간과 자연 관계 · 우주론 및 철학은 기후위기를 극복할 수 있는 생태 지혜를 담고 있다고 보고 있다. 즉 동물, 식물, 지구, 강 등 인간 이외의 존재를 주체로 바라보면서 호혜적 관계 기초로 인식하고 있기 때문이다. 근대의 걸림돌로 인식되어 무시되고 과소평가되었던 토착 지식이 기후위기 상황에서 대안적 지식으로 새롭게 재조명되고 있는 것이다.[11]

10 기타지마 기신, 조성환 역, 「토착적 근대와 평화- 서구중심주의적 근대에서 평화공생(상생)의 근대로, 지역에서의 실천 사례」, 『한국종교』 41집, 2017, 51-79쪽.

11 설병수, 「인류세 시대의 아프리카 토착 지식에 관한 재고」, 『한국아프리카학회지』,

설병수의 연구에 의하면, 토착 지식은 지역에 토대를 둔 지식으로서, 지구적으로 주목을 끌기 시작한 시기는 2000년대 초반이며, 유럽 중심주의적 지식을 비판적으로 검토하고 비서구적 지식의 긍정적 기능을 인정하기 위한 도구이다. 특히 기후위기에 대처하는 과정에서 주목받기 시작했다. 토착 지식이 사회와 인간 정의 뿐만 아니라, 인간 이외의 존재와의 관계, 생태학적 책임 등을 위한 지침들이 서로 연결되어 있다는 사고에 기반하고 있기 때문이다.[12] 이처럼 인간과 인간관계뿐만 아니라 인간 이외의 존재나 자연과의 조화와 공생을 강조하는 토착 지식은 지금 새로운 패러다임의 전환을 모색하고 있는 우리에게 시사하는 바가 크다. 그 대표적인 토착사상이 라틴아메리아의 '수막 카우사이(Sumak Kawsay)' 즉 현대적 개념의 스페인어 번역인 '부엔 비비르(El Buen Vivir)'와 남아프리카의 '우분투(ubuntu)'이다. 이 개념은 인간과 자연의 공생 지향, 서구 문명에 대한 비판 등을 담고 있고, 그래서 사상이나 철학 분야뿐 아니라 생태학에서도 중요한 키워드가 되고 있다.

이와같이 남아메리카의 토착적 생태운동은 대표적인 사례이다. 1980년대 이후 생태 위기 상황에서 원주민들은 자신의 토착 사상에 뿌리를 둔 해결책을 찾기 위해 고민했고, 그 과정에서 부엔 비비르에 주목했다. 부엔 비비르 개념은 남아메리카 에콰도르 원주민들의 우주론 내지 철학으로서 관계론에 기반을 두고 있다. 부엔 비비르는 원주민들이 생태 위기를 극복하기 위해 성찰하는 과정에서 주목받았다. '좋은 삶', '조화로운 삶' 등을 의미하는 부엔 비비르는 안데스와 아마존 등 남아메리카 토착 지식에서 파생

64집, 2021, 30-31쪽.

12 위의 논문, 33-39쪽.

된 개념으로서 인간이 자연 · 공동체 등과 조화롭게 공생하는 삶의 철학이다.[13] 이들이 자신들의 전통적 우주론, 철학 등 토착 지식을 생태 위기 문제와 결합시켰다는 점에서 부엔 비비르를 토착적 생태운동의 사례로 볼 수 있다. 토착적 생태운동은 서구적 근대와 다른 사유와 삶의 방식을 자신들의 지역 문화에 바탕을 둔 토착 지식을 통해 재해석함으로써 문명의 전환을 모색하고 실현하고자 하는 운동이다.

남아프리카의 토착 지식이자 철학인 우분투(ubuntu)에서도 역시 최근 생태적으로 재해석하려는 흐름이 보인다. 우분투는 아프리카 사회에서 세계관이나 철학의 형태로 인간들을 상호 연결할 것을 강조하는 아프리카 철학이다. 우분투는 넬슨 만델라(Nelson Mandela) 대통령과 데스몬드 투투(Desmond Tutu) 대주교 등이 언급하면서 주목받게 되었다. 일반적으로 우분투는 아프리카의 토착적 철학으로서 사회철학, 존재론, 윤리를 의미한다.[14] 특히 남아프리카의 코사어로 "Umntu ngumtu ngabantu."라는 속담, 이를 영어로 번역하면 "A person is a person through others." 즉 "사람은 타자를 통해서 인간이 된다."로 번역된다. 그래서 나라는 사람은 당신과 얽혀 있고 타자와 연결되어 있다는 관계성을 강조한다. 이에 따라 우분투는 서구의 개인주의적 인간관과 다른 공동체성, 배려, 타인에 대한 존중을 강조하는 독특한 아프리카 인간관 혹은 존재론으로 인식된다.[15] 하지만 최근에는 우분

13 조영현, 「부엔 비비르(Buen Vivir) 담론 내부의 이념 노선에 대한 연구」, 『라틴아메리카연구』 32(1), 2019, 30-34쪽.

14 Nussbaum, B., "African Culture and Ubuntu: Reflections of a South African in America," Perspectives 17, 1 (2003), 2.

15 기타지마 기신, 조성환 역, 「한국 · 일본의 근대화와 민중사상-아프리카의 관점을 중심으로」, 『한국종교』 43집, 2018, 137-138쪽.

투가 매우 생태 중심적 사유를 함축하고 있다고 주장하는 등 우분투를 인간 중심적 사유가 아닌 생태적 사유로 재해석하는 흐름이 목격되고 있다. 우분투는 분명히 인간 타자를 언급하고 있고, 그 관계성은 다른 인간과의 연결을 의미한다는 점에서 인간 중심적 사유로 볼 수 있다. 하지만 아프리카 철학자들은 우분투가 자연과의 관계를 의미하는 ukama의 구체적 표현이라는 점에 주목하면서 우분투 철학의 생태학적 함축에 주목한다. 아프리카 철학자 치브온고제(Chibvongodze)는 우분투가 일반적으로 인간관계의 맥락에서 개념화되고 있지만 아프리카 전통 종교는 자연을 인간과 동등하게 인식하고 있다는 점을 주장하면서 우분투의 생태적 함의를 지적했다. 특히 그는 우분투의 인간 중심적 정의가 서구 식민주의와 인간과 인간 이외의 존재를 위계적으로 구분하는 서구 근대사상에서 비롯된 것이라고 주장한다. 즉 이러한 인간중심적 사유는 식민지 이전의 아프리카 철학에서는 일반적이지 않았다는 것이다.[16]

이처럼 아프리카 철학자들은 우분투의 생태 중심적 사유로의 재해석 가능성을 논하면서 '타자', '다른 존재'는 인간에만 한정되지 않고 인간이 아닌 다른 모든 존재를 포함하는 것이며, 우분투는 인간과 비인을 포함한 생명에 대한 존중의 의미를 지니고 있다고 주장한다. 달리 말하면, 마치 토마스 베리의 지구공동체론처럼 공동체는 인간뿐만 아니라 생물과 무생물로 구성된다는 것이다. 인간이건 아니건, 생물이건 무생물이건 서로 연결되지 않는 것은 없다는 것이다. 따라서 우분투는 인간과 타자, 그리고 인간이 아닌

16 Danford T. Chibvongodze , Ubuntu is Not Only about the Human! An Analysis of the Role of African Philosophy and Ethics in Environment Management, Journal of Human Ecology, 53:2, 2016, pp. 157-166

존재 사이의 관계에 대한 행동과 사고방식에 관한 아프리카 토착 지식이 된다.[17] 이렇게 아프리카 철학자들은 우분투를 서구적 사고 및 인식 방식과 대조되는 대안적 지식으로 개념화하고 있다.[18]

동학과 원불교 등 한국의 개벽종교들은 서구 근대와는 다른 새로운 근대에 대한 지향성을 보인다는 점에서 한국의 토착적·자생적 근대 운동의 사례이다.[19] 따라서 원불교사상을 한국의 토착적 생태운동을 위한 토착 지식으로 간주할 수 있을 것이다. 특히 원불교의 핵심 사상인 사은사상은 우분투·부엔 비비르와 매우 유사한 사유를 보인다는 점에서 토착적 생태운동을 위한 토착 지식으로서의 가치가 충분하다. 사은(四恩)사상은 소태산이 '없어서는 살 수 없는 관계'를 은(恩)으로 제창한 사상으로 크게 천지·부모·동포·법률이라는 네 가지 범주로 분류한 것이다. 즉 사은사상은 인간·지구·자연의 관계를 서로가 없어서는 살 수 없는 관계로 파악한 관계성을 자각한 사유로서 인간뿐만 아니라 모든 존재들 사이의 관계를 없어서는 살 수 없는 은적 관계로 파악한 사상이다. 다시 말해, 인간은 공기, 땅, 해와 달, 풍·운·우·로 등의 은혜뿐만 아니라 동물, 풀, 나무 등 인간 이외 존재의 은혜 없이 살 수 없다는 것이다.[20] 따라서 원불교 사은사상은 인간의

17 M. Mawere, 'Buried and forgotten but not dead': reflections on 'Ubuntu' in environmental conservation in southeastern Zimbabwe. Afro Asian Journal of Social Sciences 3(3.2), 2021, pp. 1-20.

18 Mogobe B. Ramose, Ecology through Ubuntu. In *African Ethics: An Anthology for Comparative and Applied Ethics*, Munyaradzi Felix Murove (Ed.), University of Kwazulu-Natal Press, 2009,

19 허남진, 「한국 개벽종교와 토착적 근대」, 『종교문화연구』 30호, 2018, pp. 129-159; 조성환, 『한국 근대의 탄생』, 서울: 모시는 사람들, 2018.

20 「정전」,제2 교의편 제2장 사은(『원불교전서』,익산: 원불교출판사, 1977, 27-39쪽)

조건(human condition)을 종교적으로 사유한 사상이다. 다음 장에서는 원불교사상이 함축하고 있는 생태적 사유를 공(共)-창조성, 공생, 생태불공을 중심으로 좀 더 적극적으로 재해석하고 원불교학의 방향을 모색해 보고자 한다.

3. 원불교사상의 생태학적 재해석

1) 탈인간 중심적 사유: 공(共)-창조적 관점

소태산 박중빈(1891-1943)[21]은 대각을 이룬 후 자신의 대각을 가리켜 '자력으로 구하는 중 사은의 도움'[22]이라고 말했다. 대각을 이룬 과정 자체가 혼자가 아닌 수많은 주변 존재와 사물들의 도움에 의한 것이라고 본 것이다. 자신의 노력 가운데 주위 환경과 인물들의 다양한 도움 속에서 대각을 이룬 소태산에게 '사은의 도움'은 원불교사상의 중요한 요소가 될 수밖에 없다.

하인리히 롬바흐(Heinrich Rombach, 1923-2004)의 '공(共)-창조성' 논의에 따르면, 창조는 본질적으로 한 개인이 단독으로 이루어 낼 수 없다. 오히려 '모든 참여자가 상호 작용하고 상호 수정하는 과정 속에서 상호 고양되는'[23] 사건이 창조다. 미하이 칙센트미하이(Mihaly Csikszentmihalyi, 1934-2021) 역시 "'창조적'이라는 꼬리표가 붙을 만한 아이디어나 산물은 한 개인의 정신

21 이하 '소태산'으로 칭함.
22 『원불교교사』 제1편 제3장 1. 교법의 연원.
23 전동진, 「창조적 과정의 근본특징들:롬바흐의 유일한 사유거리에 관한 일고」, 『현대유럽철학연구』 45호, 2017, 10쪽.

에서 나오는 것이 아니라 여러 원천의 공동 작용의 결과"[24]라고 말했다.

소태산이 대각을 이루기까지 구도 생활을 이어 간 과정에서 이러한 원천들이 함께 작용한 흔적들을 찾아볼 수 있다. 부친 박회경이 영광 옥녀봉 마당바위 위에 기도 장소를 마련해 주었다거나 모친 유정천이 소태산의 구도를 위해 후원해 주었던 점, 대각 전 부인 양하운이 소태산의 건강 회복을 위해 기도를 올렸던 점, 의형이었던 김광선이 소태산의 연화봉 수도 기간 동안 초당을 빌려 조력했던 점 등이 그것이다. 소태산의 대각은 한 인물의 독자적 창조가 아닌 주변의 인물들과 만물의 도움이 있었기에 가능했던 일이며, 이 점에서 그가 제창한 '사은'의 교의 또한 누구나 홀로 살아갈 수 없음을 표방했다는 점에서 공-창조성의 의미와 상통하는 점이 있다.

우주의 대은(大恩)을 깨달은 소태산이 아홉 제자를 중심으로 불법연구회를 조직하여 금주 금연 및 미신타파 운동을 함께 더불어 하였던 것도 '은(恩)'이 지닌 창조의 속성을 알았기 때문이었을 것이다. 홀로 '주체'가 되어 새로운 창조물을 생산하는 게 아니라, 구성원들이 모두 주체성을 띤 가운데 이 우주를 공동으로 창조한다는 생각을 기반으로 한 것이다.

롬바흐는 주체와 객체를 분리하는 것이 불가능하다고 보았다. 그렇다면 모든 존재와 사건들이 주체에 해당한다는 것인데, 롬바흐의 표현을 빌려 이를 설명한다면 '생기사건 그 자체'[25]가 창조의 주체라 할 수 있다. 공-창조성 개념에 의하면 모든 존재는 객체가 아닌 주체이며, 그래서 이 개념에 근거하여 본다면 지구 구성원 모두가 자신의 주체성을 보유하고 있다.

24 미하이 칙센트미하이, 『창의성의 즐거움』, 서울: 북로드, 2003, 9쪽.

25 하인리히 롬바흐, 『아폴론적 세계와 헤르메스적 세계』, 전동진 역, 파주: 서광사, 2001, 329쪽.

지구 구성원의 주체성, 즉 누구나 다 주체일 수 있다고 보는 공-창조성을 생태학적 맥락으로 해석할 수 있다. 펠릭스 가타리(Félix Guattari, 1930-1992)는 『세 가지 생태학』에서 주체성을 설명하기 위해 '욕망하는 기계'라는 비유를 사용했다. 욕망하는 기계는 곧 욕망하는 주체성을 일컫는다.[26] 욕망하는 주체성을 강조하는 것은 '인간 대 자연'의 이항 대립적 관점이 아닌 주체의 생산으로 시작되는 순환적 관점을 기반으로 한다. 즉 생태 위기 문제를 '주체가 자연으로부터 무엇을 생산하고, 다시금 그것을 사회와 자연 안에서 생산 · 분배 · 소비하는 일종의 순환 과정'[27]에 입각해 바라볼 수 있다. 인간과 자연을 이원화하는 대신 인간 · 사회 · 자연을 하나의 주체로 개념화하고, 기존의 주체가 객체를 사용한다는 사고 대신 하나의 주체가 거듭 순환할 뿐이라고 본 것이다.

주체의 순환과정 속에서 살아가는 만큼 자연과 문화, 인간과 자연은 분리될 수 없다는 생각하에 인간과 자연과 사회는 끊임없이 '생산'이라는 걸 하고 있으며, 이를 롬바흐의 시선으로 바라본다면 지구 구성원 전부가 주체이며 이 세상에서는 주체들의 지속적인 공-창조가 순환의 과정을 통해 이어지고 있다고 할 수 있다. 인간과 자연을 분리하는 이분법적 관점에서 벗어나 주체들의 공-창조성에 입각하여 보면, 자연을 객체화하는 인간중심주의에서 탈피하는 것부터가 생태학적 기반이 된다. 인간중심주의에서 벗어날 수 있을 때 우리는 인간의 가치를 우선시하려는 관점에서 전환할 수 있고, 자연과 인간이 서로 주체가 되어 건강한 순환과정 즉 생태 시스템 속에서 공

26 신승철, 『펠릭스 가타리의 생태철학』, 서울: 그물코, 2011, 28쪽.
27 박민철 · 최진아, 「펠릭스 가타리의 생태철학: 카오스모제, 생태적 주체성 그리고 생태민주주의」, 『철학연구』 127집, 2019, 235-236쪽.

생할 수 있다.

원불교사상에서는 인간과 자연, 문명과 자연의 이원화를 지양하는 부분들이 발견되는데, 그중 특히 '만물'에 대한 관점이 돋보인다. 「일원상 법어」에서 '우주 만물이 이름은 각각 다르나 둘이 아닌 줄' 알라는 것은 만물이 동등한 주체라는 의미로 해석 가능하다. '만물'은 우주의 모든 것을 뜻한다. 소태산은 '인상(人相)'에 대하여 '만물 가운데 사람은 최령(最靈)하니 다른 동물들은 사람을 위하여 생긴 것이라 마음대로 하여도 상관없다는 인간 본위에 국한됨'[28]이라고 설명했다. 정산 송규(1900-1962)[29]는 '공(公)은 일체 만물의 공유가 된 것'[30]이라고 하며, 대산 김대거(1914-1998)[31]는 소태산의 법을 가리켜 '우주와 만물까지도 다 살아 있는 부처로 모시고 살리고 구제하는 법'[32]이라고 말했다. 이와 같이 인간과 자연을 포괄하는 단위로서 '만물'은 우주의 모든 존재와 사물이 일원(一圓)이라는 궁극적 진리를 본원으로 한다고 보는 '일원상의 진리'를 근간으로 한다. 그 예로, 소태산은 「일원상의 진리」에서 일원은 '제불 제성의 심인'인 동시에 '일체중생의 본성'이라고 함으로써 만물이 전부 일원의 속성을 동일하게 지닌다는 점을 언급하였다.

'만물'에 대한 사유는 이 밖에도 다양하게 발견된다. 조선 후기 철학자 혜강 최한기(1803-1877)는 '기학공효재어천지인물일통운화(氣學功效在於天地人物一統運化)', 즉 '「기학」의 공효(功效)는 천지인물이 일통운화 하는 데 있다.'고 하여, 하늘과 사람 그리고 사물이 모두 하나의 기(氣)가 운화하는 현상이

28 『대종경』 제6 변의품 19장.
29 이하 '정산'으로 칭함.
30 『정산종사법어』 제6 경의편 5장.
31 이하 '대산'으로 칭함.
32 『대산종사법어』 제2 교리편 8장.

고, 이 이치를 따르면 분열과 근심이 사라진다고 보았다.[33] 소태산이 만물의 공통적 속성을 일원으로 정의했다면, 최한기는 기의 운화로 정의한 것이다. 해월 최시형(1827-1898)[34]의 '물오동포(物吾同胞)', 즉 만물은 한 포태 속의 형제라는 말 또한 인간과 자연과 사물이 동일한 근원에 뿌리를 두고 있음을 의미한다. 만물에 대한 이들 존재론의 공통점은 우주 만물의 근간을 '일원', '기', '한울'로 정의함으로써 인간 중심적 관점을 지양하고 있다는 것이다.[35]

이와 같이, 소태산은 자신의 대각 과정부터가 즉 사은의 도움으로 가능한 일이었음을 강조했으며, 이 사유에서 출발한 일원의 진리와 사은 그리고 만물에 대한 관점에서 원불교사상의 탈인간 중심적 성격이 발견된다. 그리고 소태산 외에 19세기 한국이라는 동시대에 같은 장소에 존재했던 이들 사상가들의 견해도 탈인간 중심적이었다는 건 흥미로운 부분이다. 당시 서구에서도 니체를 비롯한 사상가들 사이에서 이성 중심주의와 근대성에 대한 비판 의식이 서서히 싹트고 있었음을 고려한다면, 이러한 경향은 지구적 흐름

33 혜강 최한기, 『氣學』, 손병욱 역주, 서울: 통나무, 2004, 287쪽.

34 이하 '해월'로 칭함.

35 한편 이 사유들에서 만물의 동질성만이 아닌 차이에 대한 비중도 발견된다. 소태산의 '우주 만물이 이름은 각각 다르나 둘이 아니'라는 말은 만물이 일원을 바탕으로 하면서도 그 형체나 성격은 서로 다를 수 있음을 뜻한다. 최한기 또한 '천기와 인기는 둘로 나뉠 수 없으니, 기를 들어 말한다면 천인이 일치하고, 형체를 들어 말한다면 대소(大小)의 차이가 있다.'('天氣人氣不可分二, 擧氣以言, 則天人一致, 擧形以言, 則大小有分.', 혜강 최한기, 앞의 책, 317-318쪽)라고 하여, 기의 운화 측면에서는 동일성을 가지나 형체의 측면에서는 차이가 있다고 말한다. 해월도 '한울은 한쪽 편에서 동질적 기화로 종속을 기르게 하고 한쪽 편에서 이질적 기화로써 종속과 종속의 서로 연결된 성장발전을 도모'한다고 말함으로써('한울은 一面에서 同質的氣化로 種屬을 養케 하고 一面에서 異質的氣化로써 種屬과 種屬의 連帶的 成長發展을 圖謀하는 것', 『해월신사법설』 24. 以天食天.), 만물이 다 한울이지만 그중에서도 동질성과 이질성이 존재함을 인정한 바 있다.

이었다.

2) 공생의 관계 맺음: 은혜공동체

원불교사상에 드러나는 이러한 탈인간 중심적 특성 중심으로 볼 때, 전 지구 구성원들의 공동체에 대한 새로운 관점이 발견된다. 근현대 들어 인간중심주의에 대한 성찰과 반성이 일어나면서, 환경과 자연 또는 지구에 대한 관점에도 변화가 나타났다. 이 변화는 '관계'에 대한 것으로, 인간은 자연 및 지구와 깊은 관계를 형성하고 있는데 이 관계를 단절시켰던 것에 대해 반성이 일어난 것이다.

김지하는 '기계론적 패러다임'에서 '생명의 패러다임'으로 전환할 것을 강조했다. 인간과 자연을 이분법적으로 분리하는 방식이 기계론적 패러다임이라면, 생명의 패러다임은 우주 만물이 서로 연결되어 있다고 보는 방식이다.[36] 일본의 철학자 시노하라 마사타케(篠原雅武, 1975-현재)도 인간과 자연의 관계를 강조했다. 시노하라 마사타케는 인간과 자연의 관계를 '상호 침투성'으로 설명한다. 인간의 영역은 자연과 무관한 인공 세계가 아니라, 오히려 야만성을 보유한 자연과 관계를 맺어야 유지되는 부분이다. 자연은 인간의 뜻대로 움직이지 않을 뿐 아니라 인간을 위협하기도 하므로, 이 사실을 인정하면서 자연과 사이좋게 지내야 한다는 것이다.[37]

토마스 베리의 '지구공동체'는 이러한 인간과 자연의 밀접한 관계와 영향력을 바탕으로 한다. 인간과 비인간 존재를 불문하고 모두가 지구의 구성

36 김지하, 『생명학1』, 서울: 화남, 2003, 88쪽.
37 시노하라 마사타케, 『인류세의 철학』, 조성환 외 역, 서울: 모시는사람들, 2022, 91쪽.

원으로서, 이들을 전부 포함하는 통합된 지구공동체가 있다는 것이다.[38] 정산의 '삼동윤리(三同倫理)', 그 중 두 번째 강령인 '동기연계(同氣連契)'는 "모든 인종과 생령이 근본은 다 같은 한 기운으로 연계된 동포인 것을 알아서 서로 대동 화합하자."[39]라는 의미가 있다. 이 동기연계 강령 또한 인간과 자연의 관계를 가족처럼 긴밀한 것으로 보고 있으며, 따라서 베리의 지구공동체 나아가 아프리카 우분투적 공동체론과 유사한 맥락에서 해석된다.

그런데 특이한 점은 이 연결 관계를 '은혜(恩惠)'에 입각하여 바라본다는 것이다. '사은(四恩)', 그 중에서도 '천지은(天地恩)'은 '동포은(同胞恩)'에서 언급한 유기체, 즉 인간 및 금수초목 외에도 하늘의 공기와 땅, 바람이나 구름, 비와 이슬 같은 무기체와 우리 자신의 관계를 말한다. 이 무기체 및 유기체들이 없으면 우리는 살 수가 없으며, 따라서 우리는 이들로부터 무한한 은혜를 입고 있다는 게 사은사상의 핵심이다.

이와 같은 원불교사상의 맥락에서 보았을 때 지구공동체는 곧 '은혜공동체'라고 말할 수 있다. 사은에서는 전 지구 구성원들의 관계의 속성을 은혜로 보고 있으며, 지구공동체가 이 은혜를 기반으로 유지되고 발전된다고 본다. 이때 '은혜'는 호혜적인 것으로 정의되지는 않는다. 『정전』 '천지은'에서는 '없어서는 살지 못할 관계'를 언급하며, 천지의 여덟 가지 도가 있는데 만물은 이 도를 따라 생명을 지속하고 보존해 나간다고 말한다. 천지의 도가 바로 은혜의 근원이란 것이다. 이때 천지의 여덟 가지 도는 '지극히 밝고, 정성하고, 공정하며, 순리자연하고, 영원불멸하고, 길흉이 없으며, 응용에 무념한' 것을 말한다. 이 도는 호혜적이라기보다 무차별적인 성질을 지닌다.

38 토마스 베리, 『위대한 과업』, 이영숙 역, 서울: 대화문화아카데미, 2009, 17쪽.

39 『정산종사법어』 제2부 법어 제13 도운편 36장.

마치 『도덕경』 5장의 '천지불인(天地不仁)', 즉 천지는 인하지 않다고 본 도가의 사상과 상통하는 부분이라 볼 수 있다.

최진석은 '천지불인'이 『도덕경』 79장의 '천도무친(天道無親)'과 같은 의미라고 말한다. 천지는 무엇을 대하더라도 공평무사하게 대한다는 뜻이다.[40] 소태산은 천지의 이러한 도를 은혜로 재해석하였다. 『대종경』에서 '천지의 식은 무념 가운데 행하는 식이며 공정하고 원만하여 사사가 없는 식'[41]이라고 말한 것도 천지의 무차별적 특성을 밝힌 것이다. 그리고 이러한 천지가 도를 행하면 은혜가 나타난다고 보았다. 따라서 도가의 '천지불인'을 원불교사상의 시각에서 재해석한다면 '대은불인(大恩不仁)',[42] 즉 큰 은혜는 차별하는 법이 없고 무심하여 공평무사하다고 말할 수 있다.

이처럼 천지의 무차별적인 은혜는 한편으로 비가시적이다. '천지은'에서 대표적으로 밝히고 있는 공기의 은혜는 그 형태를 뭐라 정의하기 어렵다. 그러나 분명 이곳 지구에 존재하여 은혜가 된다. 노자의 '천지불인'에서 '불인(不仁)'은 단순히 어질지 않다는 의미가 아니라 '허정(虛靜)'이자 '무위(無爲)'의 뜻이 있다.[43] 그러면서도 완전한 텅 빔이 아닌 풍부한 생명력이 작동하는 상태가 '불인'이다.

이와 같이 비가시적인 동시에 생명력을 머금은 천지는 티모시 모튼(Timothy Morton, 1968-현재)이 주장하는 '하이퍼오브젝트(hyperobject)'로 재해석할 수 있다. 하이퍼오브젝트는 인간의 눈에 보이진 않으면서도 벌레, 레몬,

40 최진석, 『노자의 목소리로 듣는 도덕경』, 서울: 소나무, 2001, 66쪽.
41 『대종경』 변의품 1장.
42 조성환의 견해를 차용함.
43 최진석, 앞의 책, 69쪽.

그리고 자외선 같은 것들과 '하이퍼'하게 연관되는 것, 누군가가 그것에 대해 생각하거나 그렇지 않음에 관계없이 실재하는 것이다.[44] 즉 우리가 분명하게 볼 수 있는 있는 특정 사물이 아닌, 기후처럼 형태와 넓이 · 무게를 정의하긴 어려우나 지구 구성원의 삶에 막강한 영향력을 미치는 것이 하이퍼오브젝트이다.

지금의 기후위기 문제도 하이퍼오브젝트를 앞서 인식하여 대처하지 못한 데서 발생한 것이라 할 수 있다. 가시적이고 비가시적인 것, 크고 작은 것, 가깝고 먼 수많은 하이퍼오브젝트와 우린 '없어서는 살 수 없는' 관계를 맺고 있다. 은혜공동체는 이처럼 호혜적이지 않고, '불인'하며, 무차별적인 하이퍼오브젝트-천지의 도를 따라 운행되는 이곳 지구공동체의 또 다른 이름이다.

그럼 우리는 왜 은혜공동체라는 또 하나의 개념을 필요로 하는가? 『정전』 '천지은'에서는 천지의 은혜에 우리가 '보은(報恩)'을 해야 한다고 말한다. 보은을 하지 않으면 그 자체로 '배은(背恩)'이 되는데, 이런 경우는 하늘의 도(천도)를 본받지 못함에 따라 죄해(罪害)를 얻을 수밖에 없다는 것이다. 기후위기 시대에 지구공동체를 '은혜공동체'로 설명하려는 이유는 바로 여기에 있다. 천지의 도를 따라 우리 삶의 터전이 운행되고 있고 이러한 운행이 곧 은혜인데, 이 운행을 어떻게 하느냐에 따라 기후위기의 양상이 달라진다. 이 분기점은 곧 보은과 배은의 분기점으로, 둘 중 어떤 선택을 하느냐에 따라 지구 구성원이 맺고 있는 은혜의 관계는 기후위기가 될 수도 있고 기후 평화가 될 수도 있다. 은혜공동체는 곧, '보은공동체'라는 실천적 개념

44 Timothy Morton, *Hyperobject*, University of Minnesota press, 2013, pp.1-2.

을 내포하는 것이다.

3) 기후를 위한 실천: 생태불공의 태도론

이와 같은 탈인간 중심적 경향과 은혜공동체의 가능성을 기반으로, 우주 만물을 대하는 태도론을 조명해 보고자 한다. 자연 파괴와 환경문제, 지구온난화가 가속화됨에 따라 학계에서는 탈인간중심주의를 바탕으로 문명과 자연의 이분법적 구분을 지양하거나, 인간과 비인간 존재들의 공생에 관심을 가져 왔다. 특히 그레고리 베이트슨(Gregory Bateson)은 '우리의 세계를 파괴하는 필요조건들'로 '기술의 진보', '인구 증가', '서구 문화의 사고방식과 태도에서의 오류들, 우리의 가치들'을 든다.[45] 여기서 마지막에 언급한 '사고방식과 태도' 또한 기후위기와 지구 위험의 원인으로 작용한다는 언급을 참조할 필요가 있다.

서양철학이 형이상학으로 발전하였고 형이상학에서 윤리학이 정초되었다면, 동양철학은 윤리학으로 발전하였고 윤리적 또는 도덕적 인간이 되기 위한 수양론에 초점이 맞춰져 있다.[46] 그래서 서구에서 출발한 인류세 담론들은 대상의 양상을 분석하는 것에 중점을 두는 데 비해, 동아시아 사상들은 대상과의 '관계'를 구축해 나가는 것에 중점을 둔다. 예를 들어 서양철학에서는 "왜 인간중심주의가 문제인가?", "디지털 라이프가 생태학적으로 미친 영향은 무엇인가?", "어떻게 탈인간중심주의적인 패러다임으로 전환할

45 그레고리 베이트슨, 『마음의 생태학』, 박대식 역, 서울: 책세상, 2006, 736쪽.

46 양선진, 「서양의 이성중심의 윤리학과 동양의 수양중심의 윤리학 비교 - 고대희랍철학과 유가철학을 중심으로-」, 『동서철학연구』 75권, 2015, 261쪽.

것인가?", "가이아 이론은 우리에게 어떤 쟁점을 제기하는가?"[47]와 같은 인식론적 문제들을 제기하는 데 반해, 동아시아 도가사상에서는 대상과의 관계 맺음에 대한 '행위 방식(way of behavior)'이나 심적 '태도(attitude)'를 나타내는 '응물(應物)' 개념[48] 같은 것들이 주로 발견되는 것은 세상을 바라보는 방식과 사유 방향에 차이가 분명히 존재한다는 것을 보여준다.

대상을 대하는 태도에 연관되는 개념은 도가사상 외에 유학, 그리고 동학과 천도교에서도 발견된다. 유학에서 수양의 두 축인 성(誠)과 경(敬)은 자연의 질서이자 우주의 본질로서의 성(誠), 그리고 이 성에 담긴 진실성을 구체적으로 실천하려는 자세로서의 경(敬)을 뜻한다.[49] 또한 수운 최제우(1824-1864)의 성경신(誠敬信)은 유불의 전통을 결합하여 이에 새로운 특성을 가한[50] 것으로, 융합과 회통의 방식 아래 타자를 향한 '태도'의 사상이 새롭게 창조되었다고 볼 수 있다. 이후 수운에 이어 해월은 삼경(三敬)사상을 통해 공경의 관계 맺음을 강조하였다. 『해월신사법설』에서 그가 남긴 '경물칙덕급만방의(敬物則德及萬邦矣)', 즉 "물건을 공경하면 덕이 만방에 미친다."라는 말은 비인간 존재들까지도 공경의 대상이 되어야 한다는 점과, 공경이라는 태도를 '실천'할 때라야 '덕'이라는 결과가 도출될 수 있음을 가리킨다. 그래서 허남진과 조성환은 동학을 가리켜 '지구를 모시는 종교'[51]라고 정의했다.

47 프란체스카 페란도, 『철학적 포스트휴머니즘』, 이지선 역, 파주: 아카넷, 2021, 208-213쪽.

48 조성환, 「정제두의 심학적 응물론」, 『유교문화연구』 1권 19호, 2011, 123-125쪽.

49 신창호, 『경敬이란 무엇인가』, 파주: 글항아리, 2018, 20-24쪽.

50 정혜정, 「동학의 성경신 이해와 분석」, 『동학학보』 3호, 2002, 258쪽.

51 허남진 · 조성환, 앞의 논문, 158-163쪽.

이어 등장한 원불교도 대상을 향한 태도, 그리고 이 태도를 구현해 가는 실천을 강조한다. 소태산의 '사은'과 '불공하는 법', 정산이 제시한 '삼동윤리', 대산의 '인생 5대 철학' 등이 그것이다. 허남진과 조성환은 원불교도 '지구를 모시는 종교'에 해당된다고 보는데, 그 이유는 원불교가 사은의 은혜에 대한 보은의 강령 및 조목, 그리고 구체적인 보은 방법으로서 '불공(佛供)'을 제시하고 있기 때문이다.

『정전』「불공하는 법」에서는 '천지에게 당한 죄복은 천지에게, 부모에게 당한 죄복은 부모에게, 동포에게 당한 죄복은 동포에게, 법률에 당한 죄복은 법률에 비는 것이 사실적인 동시에 반드시 성공하는 불공 법'이라고 설명하고 있다. 이러한 신행(信行)은 생태운동으로서 불공에 부합되는 이상적 사상이라 할 수 있다.[52] 우주 만물이 나에게 죄와 복을 줄 수 있는 권능을 가진 부처이므로, 불상이나 특정 존재가 아닌 만물 전부가 불공의 대상이 되어야 한다는 것이다. 다음은 불법연구회「회설」의 한 대목이다.

> 과거 사람들의 소위 보은하였다는 것을 본다면 조각 보은이라고 아니 할 수 없으니 사은에서 중차대한 은혜를 입고 부처나 하나님께만 내내 감사를 드리는 것은 비컨대 네 사람의 도움으로써 식비와 학비를 얻어서 공부를 하여 성공한 사람이 나중에 그 은혜를 갚을 때에 한 사람의 은혜만 알고 치하와 선물도 한 사람에게만 주고 다 같은 은인인 세 사람에게는 감사를 드리기는 고사하고 도리어 배척 비방하는 셈이라 실로 그러한 사람은 사은의 원만한 은혜를 발견하지 못한 사람이라고 아니 하지 못하겠다. 그러면 보은

52 강은애,「원불교의 생태학적 상상력: '개벽'의 생태 공공성을 중심으로」,『원불교사상과종교문화』제89집, 2021, 207쪽.

지도(報恩之道)를 배워서 실행하려는 우리는 과거 불합리한 보은 방식 즉 불공법을 폐지하고 현시대에 적절한 불공법을 쓰지 않으면 아니 될 것이다.[53]

등상불이 아닌 내 앞에 존재하는 대상에 실질적인 불공을 하자는 것은 불교 여래 십호(十號)의 하나인 '응공(應供)', 즉 '마땅히 공양받아야 할 자라는 이름을 이제는 만물 전부에 붙이자는 것'으로 해석 가능하다. 초기 불교의 공양은 먹이는 자의 공덕과 먹는 자의 수행적 토대에 대한 상호 교환적 가치 속에서 불이론적 합일을 추구했다. 그리고 이를 계승한 동아시아 대승불교의 공양은 여기에 초월적 존재의 위신력에 대한 타력적 종교심성이 추가된 것이다.[54] 소태산이 과거 불교 불공법을 혁신했다는 것은 초기 불교의 '공양' 개념에서 '먹이는 자'와 '먹는 자'가 별도로 구분되어 있던 것을—그래서 상호 교환이라는 의례를 해야 했던 것을—번거한 구분이 필요 없는 체계로 단순화했음을 의미한다.

이는 한편 해월의 '이천식천(以天食天)', 즉 "하늘이 하늘을 먹는다."라는 말과 상통한다고 볼 수 있다. 이천식천은 그 어떤 존재도 하늘 아닌 존재가 없고, 서로가 도움을 주고받는 가운데 삶을 살아간다는 뜻을 지닌다. 소태산이 제시한 불공 또한 만물이 '응공의 부처'이므로 내 앞의 대상에 불공을 드려야 한다는 관점이며, 불공은 대상과의 관계 맺음에 필요한 자세를 요청한다는 점에서 '태도론'으로서의 특성이 있다.

이와 같이 사은보은으로부터 불공법에 이르는 태도론을 바탕으로, 삼학

53 『회보』 18호, 「회설」 '罪와 福의 根本을 알아보자.', 1935, 166-167쪽.

54 민순의, 「한국 불교의례에서 '먹임'과 '먹음'의 의미: 불공(佛供) · 승재(僧齋) · 시식(施食)의 3종 공양을 중심으로」, 『종교문화비평』 32호, 2017, 247-248쪽.

(三學), 계문과 같은 실천법이 있다. 이 실천법들은 주로 '마음공부'로도 일컬어지는데, 이는 근본적 태도의 전환으로 이어질 수 있다. 예를 들어 삼학 수행의 한 과목인 '사리연구'에서는 '사리연구의 요지'를 다음과 같이 설명하고 있다.

> 사(事)라 함은 인간의 시 · 비 · 이 · 해(是非利害)를 이름이요, 이(理)라 함은 곧 천조(天造)의 대소 유무(大小有無)를 이름이니, 대(大)라 함은 우주 만유의 본체를 이름이요, 소(小)라 함은 만상이 형형색색으로 구별되어 있음을 이름이요, 유무라 함은 천지의 춘 · 하 · 추 · 동 사시 순환과, 풍 · 운 · 우 · 로 · 상 · 설(風雲雨露霜雪)과 만물의 생 · 로 · 병 · 사와, 흥 · 망 · 성 · 쇠의 변태를 이름이며, 연구라 함은 사리를 연마하고 궁구함을 이름이니라.[55]

'사리연구의 요지'에서 설명하고 있는 사리연구의 거리들 중 '인간'의 시비이해를 제외하면, '천조', '우주 만유', '만상', '천지', '만물'에 관련한 이치나 작용들이 대부분을 차지한다. 이를 생태학적으로 해석하면 인간사뿐 아니라 지구라는 공동체에서 일어나는 여러 현상들 또한 우리가 연구할 수 있어야 한다는 의미로 볼 수 있다. 이는 아르네 네스(Arne Naess, 1912-2009)가 '자기실현'에 대해 설명하며 '협소한 자아를 평생에 걸쳐 만족시키는 것'이 아니라 '가장 넓은 의미의 공동체'와의 관계를 치유하는 것이라고 덧붙였던 것[56]과도 상통하는 부분이다. 개인에 대한 관심과 지구를 향한 관심을 함께 추구할 때 진정한 자기실현을 이루는 것이다.

55 『정전』 제4장 삼학 제2절 사리연구.

56 아르네 네스 외, 『산처럼 생각하라』, 이한중 역, 서울: 소동, 2012, 34-39쪽.

소태산은 사리연구 공부를 통해 '천만 사리를 분석하고 판단하는 데 걸림 없이 아는 지혜의 힘'[57]이 생긴다고 말했다. '천만 사리'는 위 인용문에서 밝힌 천지와 만물의 작용, 즉 전 지구적 현상들을 포괄한다. 따라서 개인의 마음작용을 이해하는 것에 그쳐서는 온전한 사리연구를 했다 할 수 없으며, 지구 구성원들의 일과 이치—예를 들어 기후와 같은 하이퍼오브젝트의 추이—또한 밝게 분석할 수 있을 때라야 사리연구 공부는 완전함을 갖추게 된다.

다음으로 계문의 경우, '연고 없이 살생을 말며', '연고 없이 사육(四肉)을 먹지 말며'와 같은 조항들이 있다. 대산은 이 계문들에 대해 부연 설명을 한 적이 있다. 그는 "현재까지 발달된 모든 문명은 인류만을 위한 문명이요, 일체 생령을 두루 위하는 전체의 문명은 아니었다."라고 지적하며, 모두의 '공존공영'을 위해 노력할 필요가 있다고 말했다. 또한 '전 세계 인류가 중생과 동일체인 관계를 깨닫고 살생계문을 더욱 잘 지킬 것'을 당부하는가 하면, '다생을 두고 보면 중생 중에는 내 부모, 형제, 처자, 동기들이 들어 있는 것'이라 하여 지구 구성원들이 곧 나의 부모이자 가족이라고 언급하기도 했다.[58] 모든 존재가 '동일체' 관계에 있다고 보는 그의 관점은 일찍이 소태산이 '우주 만유의 본원'이라 밝힌 일원의 진리, 그리고 정산의 삼동윤리[특히 동기연계(同氣連契)]가 담지한 지구 구성원들의 공생의 필요성을 그대로 이어 강조하였다.

이는 불교에서 불살생계를 강조하는 이유, 즉 '육도를 윤회하는 모든 중

57 『정전』 제4장 삼학 제2절 사리연구.

58 『대산종사법문집』 제2집 제4부 신년법문, '새해의 제언(提言)'.

생은 한 가족'[59]이라는 관점과도 근접하게 맥락이 닿고, 해월의 '천지부모' 사상과 연관해서도 고려할 필요가 있다. '천지부모' 사상은 전 지구적 존재들이 곧 나의 부모라는 뜻을 품고 있다. '천지부모' 관점에서 보았을 때 살생계문은 천지의 만물이 전부 나의 부모이자 동포이고 따라서 불공의 대상이니, 이들의 생명을 연고 없이 빼앗는 행위를 해서는 안 된다는 뜻으로 해석된다.

원불교는 이상과 같은 실천법들을 사회적으로 확산하는 추세를 보이고 있는데, 그 이유는 신앙과 수행의 핵심적 가치가 정의론이기 때문이다.[60] 삼학수행의 한 과목인 '작업취사(作業取捨)'는 육근을 작용할 때 정의는 취하고 불의는 버리는 것을 말한다. 「솔성요론」에서도 '정당한 일이거든 아무리 하기 싫어도 죽기로써 할 것'이라 하여, 원불교의 대승적 종교로서의 특색은 곧 정의 실천에 있음을 지목하고 있다. 그렇다면 원불교의 생태학적 요소에 '정의'를 대입했을 때, 우주 만물에 대한 불공, 나아가 인간사만이 아닌 지구 구성원들의 난측한 이치에 대한 지혜를 구하려는 경향성에 순행하는 것이 정의이고, 역행하는 것이 불의라 할 수 있다. 예를 든다면, 앞서 대산이 인류만을 위한 문명을 구축해 온 것을 지적했다는 것도 그간 저질러 온 인류의 불의를 지적하고 앞으로는 공존공영에 노력할 것을 당부함으로써 정의 실천을 부탁한 격이라 할 수 있다.

현재 가장 대표적인 실천 단체는 원불교환경연대로서, 초록일상, 천지보은법회, 원불교 탈핵운동, 원초록포럼 등을 비롯해 다양한 활동을 이어 가고 있다. 이러한 운동들은 이 사회에 정의를 실현하고자 하는 일환, 즉 원불

59 서재영, 「선의 생태철학 연구」, 동국대 박사학위논문, 2005, 137쪽.

60 원영상, 앞의 논문, 144쪽.

교가 추구하는 우주 만물을 향한 불공의 태도론을 실천적으로 확장하고, 결실로 이어지게 하려는 노력이다.

4. 맺음말

지금까지 기후위기 시대 토착적 사상과 지식을 기반으로 전개되고 있는 토착적 생태운동을 살펴보고, 원불교사상이 한국의 토착적 생태운동의 사상적 가치를 지닐 수 있는 의미를 살펴보았다. 이상의 논의를 바탕으로, 이 장에서는 향후 원불교학의 방향과 과제에 관하여 두 가지의 제언을 하고자 한다.

첫째, '기후은(氣候恩)'에 관한 문학과 예술의 기반 담론을 제시할 필요가 있다. 근래 들어 기후는 문학과 예술의 주된 화제가 되고 있다. 기후소설 또는 기후영화에는 마거릿 애트우드(Margaret Atwood. 1939-현재)가 만든 새로운 표현 '유스토피아(ustopia)', 즉 유토피아와 디스토피아를 함께 담아내는 작품이 많다. 김기창의 소설 『기후변화 시대의 사랑』, 조나단 헬퍼트(Jonathan Helpert)의 영화 〈이오(Io)〉, 아담 맥케이(Adam McKay)의 영화 〈돈룩업(Don't Look Up)〉 등이 유스토피아적 작품이라 할 수 있는데, 이런 작품들은 엄습해 오는 기후위기에 대한 디스토피아적 서사만이 아닌, 이 위기를 극복해 낼 수 있는 요소들 즉 공생과 연대, 희망 같은 것들을 주된 클리셰로 사용한다. 한편 기후의 은혜에 관한 사유도 증장하는데, 이 부분도 부각될 필요가 있다. 가령 〈이오(Io)〉에서는 오염되지 않은 공기의 존재 가치를, 〈돈룩업(Don't Look Up)〉에서는 지구의 절대적 존재감을 발신한다. 없어서는 살 수 없는 하이퍼오브젝트로서 기후의 은혜, 즉 '기후은'이 이미 빠질 수 없는 소재가 되고 있으므로, 이 부분에 관한 창작 또는 비평을 위한 기반 담론을 확장하여 제시할 필요가 있다.

둘째, '기후위기 시대의 마음공부'에 관한 논의와 저변 확대가 필요하다. 원불교 마음공부는 일원상과 같은 각자의 마음을 잘 지키고 잘 알고 잘 사용함으로써 도학과 과학이 조화된 참문명 세계를 만들어 가는 공부다.[61] 원불교는 마음공부를 일상 속에서 할 수 있도록 「일상수행의 요법」을 제시했으며, 이 요법에 따르면 마음을 요란하게 하는 '경계'를 알아차려 멈추고, 연구하고, 취사하는 공부로 자성의 정 · 혜 · 계를 세우는 것이 마음공부다. 그런데 마음공부에 대한 최근의 논의 중에는 '경계'가 은혜에 대한 알아차림과 연결된다는 주장이 있다.[62] 바로 원불교의 삼학수행인 정신수양 · 사리연구 · 작업취사에만 머물지 않고, 사은신앙과 삼학수행이 통합된 형태의 마음공부를 지향해야 한다는 것이다.

이러한 마음공부의 특징은 개인의 영성을 함양하는 것만이 아닌 전 지구적 차원의 상생과 조화를 함께 추구할 수 있다는 것이다. 따라서 마음이 작용토록 하는 요건을 뜻하는 '경계'의 범위는 개인적 사건들에서부터 전 지구적 상황에 이르기 때문에, 지금의 기후위기 또한 마음공부를 위한 '경계'에 해당될 수 있다. 원불교환경연대의 '지구를 살리는 초록일상수행', '초록유무념 챌린지'는 기후위기라는 경계를 통해 실천할 수 있는 마음공부를 제시하고 있다. 이런 시도들을 밑거름 삼아 기후위기 시대의 마음공부를 확장시켜 간다면 좋을 것이다.

61 장진영, 「원불교 마음공부 모델 연구」, 『원불교사상과종교문화』 제86집, 2020, 49쪽.
62 조성훈, 「원불교 마음공부에서 '세움(立)'의 의미」, 『마음공부』 제1호, 2020, 126쪽.

기후위기 시대 원불교의 역할*

—생명·생태·환경 보전의 관점에서

원영상 원광대학교 원불교학과 조교수

* 이 글은 필자의 「기후위기시대 원불교의 역할-생명 · 생태 · 환경 보전의 관점에서」(『종교문화학보』 18-1, 2021)를 수정한 것이다.

1. 머리말

1990년 2월 14일 우주탐사선 보이저 1호는 우주의 저편으로 사라지면서 마지막으로 지구를 향해 찍은 사진을 전송했다. 망망한 대해와도 같은 우주 속 작은 점 하나에 대해 천문학자 칼 세이건(Carl Sagan, 1934-1996)은 창백한 푸른 점(The Pale Blue Dot)이라고 명명했다. 그 사진에서 지구는 0.12화소에 불과하다. 그는 다음과 같이 말했다.

> 우리의 거만함, 스스로의 중요성에 대한 과신, 우리가 우주에서 우월한 위치에 있다는 망상은 이 옅게 빛나는 점의 모습에서 도전을 받게 되었다. 우리 행성은 우주의 어둠에 크게 둘러싸인 외로운 티끌 하나에 불과하다. 이 광막한 우주 공간 속에서 우리의 미천함으로부터 우리를 구출하는 데 외부에서 도움의 손길이 뻗어 올 징조는 하나도 없다. 지구는 현재까지 생물을 품은 유일한 천체로 알려져 있다. 우리 인류가 이주할 곳-적어도 가까운 장래에-이라고는 없다. 방문은 가능하지만 아직 불가능하다. 좋건 나쁘건 현재로선 지구만이 우리 삶의 터전인 것이다.[1]

1 칼 세이건 저 · 현정준 역, 『창백한 푸른 점』, 서울: 사이언스북스, 2001, 27쪽.

필자는 가끔 인류의 한계를 느낄 때, 유튜브를 찾아 이와 관련된 영상 속에서 녹음된 이 말을 듣는다. 한없이 작아지는 지구의 모습은 인류가 도망갈 곳이 없다는 절망을 느끼기에 충분하다. 작은 점 하나에 수십 억의 인구가 북적대면서 서로를 분열과 증오로 몰아넣는 이 기이한 현실이 바로 절망의 근원이다. 그리고 기후 환경의 변화는 지구가 실제로 공멸의 위기에 처해 있음을 점점 실감하게 한다. 이대로라면 1~2세기 안에 인류는 넘어설 수 없는 절망의 벽에 맞닥뜨릴 가능성이 높다. 퇴로도 없는 절망의 벽이다.

기후변동에 관한 정부 간 패널(IPCC)[2]은 2018년 10월 48차 총회에서 195개국이 승인한 〈지구온난화 1.5°C 특별보고서〉(Special Report on Global Warming of 1.5°C)[3]를 공개했다. 보고서에 의하면, 인간 활동에 의해 지구는 산업화 이전에 비해 섭씨 약 1°C의 온난화를 일으켰으며, 현재의 속도는 과거와 현재의 배출량으로 인해 10년 단위로 평균 섭씨 0.2℃씩 상승하고 있고, 2030-2052년 사이에 기온 상승폭이 섭씨 1.5°C를 넘어설 것으로 예측된다. 이 온도를 넘어서게 되면 생태계는 치명적인 손실을 입게 된다. 섭씨 1.5°C를 제한하는 방법은 이산화탄소(CO_2)는 물론이며, 비탄소인 메탄(CH_4), 아산화질소(N2O), 수소불화탄소(HFCs), 과불화탄소(PFCs), 육불화황(SF_6), 블랙카본, 냉각에어로졸 등을 줄여야 한다. 이산화탄소는 2030년까지

2 기후위기가 심각해짐에 따라 1988년 국제 연합 환경 계획(UNEP)과 세계 기상 기구(WMO)에 의해 설립된 국제적인 조직이다. 지구온실화의 과학적 평가, 환경이나 사회에 대한 영향과 대응을 제시하고 있다.

3 정식명칭은 〈기후변화위협 지속가능한 개발 및 노력에 대한 전 세계의 대응을 강화하기 위해 산업화 이전 수준 또는 산업화 이전 온실가스 배출경로보다 1.5°C 높았을 때 지구온난화 영향에 대한 IPCC 특별보고서〉이다. 여기에서 나오는 보고서는 세계 및 각국의 정책 결정을 위한 가이드라인 역할을 한다. 여기에 등장하는 자료는 IPCC 홈페이지(https://www.ipcc.ch/srccl)에서 제공하고 있다.

2010년 대비 45% 이상 줄여 2050년에는 탄소중립을 이뤄 내야 한다.

보고서에 등장하는 기후를 혼란시키는 공해물질들은 현대문명사회를 유지하기 위해 인간이 인공적으로 생산하는 부가물들이다. 한때는 경시했던 물질들이 핵심이 되어 인류의 집인 지구에 결정적인 해를 끼치고, 마침내 인류의 운명을 결정짓고 있다. 특히 한국은 온실가스 배출량에서 2012년 세계 7위를 차지했다. 지난 100년간 한반도의 평균기온은 섭씨 1.8℃ 상승하여 세계 평균기온 상승치의 2배를 넘어섰다. 해수면 상승도 세계 평균 8cm보다 높은 22cm에 이르렀으며, 사계절의 변화가 24절기에 맞지 않는 기형의 상태를 보이고 있다.

2013년 9월 스톡홀름에서 열린 IPCC총회에서 채택된 〈IPCC 5차 평가보고서〉에서는 지구온난화의 주범을 인간으로 보았다. 전 세계 전문가들은 지구온난화에 대해 많은 논란을 벌이기도 했다. 한편에서는 음모론이라고 보기도 했다. 그러나 5차 평가보고서를 통해 이에 대해 반박하는 일은 거의 없어졌다. 실제로 이상기후에 의한 피해의 빈도수가 날이 갈수록 늘어가고 있기 때문이다. 지금 이 순간에도 전 세계는 초강력의 태풍 혹은 일시적인 강풍, 장기간의 폭우와 한발, 강의 범람과 해일, 한파나 대형 우박 등의 기상이변이 매스미디어와 SNS를 통해 시시각각 보고되고 있다. 그리고 이 모든 변화의 주범이 인간임을 그 누구도 의심치 않는 불변의 사실임이 점점 명확해지고 있다.

인간에 대해 누구보다도 잘 알고 있다고 보는 종교는 이 문제에 대해 어떻게 대응하고 있는가? 안타깝게도 종교는 지구가 곤경에 처해 있음을 알고 있으면서도 이에 선제적으로 대응하지 못했다. 종교는 그 어떤 세계보다도 인간을 제어할 수 있는 능력이 있음에도 인간 그 자신과 인간을 둘러싼 국가나 기업과 같은 제도 및 조직들에 대해서 효과적인 예방 활동에 적극적으로 나서지 못했다. 제1차 및 2차 세계대전도 마찬가지였다. 명백한 징후가 있었음에도 종교는 관망만 하고, 오히려 자신들만 살아남기를 기도(企圖)했을 뿐이다.

말하자면, 기후 · 환경 문제에 대해 당위론을 펼치기만 했을 뿐, 종교가 연합하여 세계적 차원의 아젠다를 제시하거나 실질적이고 효과적인 운동을 통해 국가나 기업, 나아가 국제연합(UN)을 넘어서 해결의 주도권을 갖기는커녕 긴급히 나선 IPCC와 같은 보고서를 추인하고, 그나마 문제를 해결하기 위해 자신들의 한정된 노력을 기울이고 있을 뿐이다. 종교가 문제 해결의 주체가 될 수 없다는 것이 역사적으로나 현실적으로 증명되고 있다. 그럼에도 지금은 작은 힘이라도 내서 힘을 합칠 수밖에 없는 상황이므로 본 연구에서는 종교의 한 부분을 차지하는 원불교의 기후 · 환경 문제에 대한 대응을 살펴보기로 한다.

2. 원불교 기후 · 환경 운동의 실제

원불교는 1916년 소태산 박중빈(少太山 朴重彬, 1891-1943, 이하 소태산)이 창건한 교단이다. 원불교는 소태산의 깨달음에 기반하여 줄기차게 개혁 불교, 현대 불교, 참여 불교, 대중 불교로서 현대사회의 다양한 문제에 대응해 왔다. 원불교의 존재 이유는 소태산의 언명대로 "불법을 주체로 완전무결한 큰 회상을 이 세상에 건설하겠다."[4]라는 포부에 따라 '개교의 동기'에도

4 원불교 정화사 편, 『대종경(大宗經)』 제1서품 2장(『圓佛教 全書』 내 수록), 익산: 원불교 출판사, 1977.

기술되어 있듯이 물질의 노예 상태에 있는 인류를 어리석음과 고통에서 해방시키기 위한 것이다. 인간 각자의 불성(佛性)을 개현시켜 곳곳이 부처의 세상임을 자각하여 인간과 자연에 대한 실질적인 불공(佛供)을 추구하자는 것이 핵심이다.[5]

원불교가 기존의 전통 불교와 다른 점이 바로 현실 문제를 적극적으로 해결해 가는 점에 있다. 출가 중심주의를 타파하고 재가의 삶을 중심에 놓는 불법의 전환을 통해 사회와 지구적인 문제에 적극적으로 개입해 왔던 것이다. 소태산이 교단이 나아갈 방향으로 삼은 '교화 · 교육 · 자선'[6]은 이를 말한다. 인간이 처한 고통에 동참하여 이 지구를 "광대무량한 낙원"으로 인도하기 위한 방법이라고 할 수 있다. 원불교의 생명력은 여기에 있다. 애초에 개인의 업(業, karman)인 불공업(不共業)을 앞세우기보다 함께 지은 공업(共業)의 문제를 전면에 내세웠다. 즉, 개개인들의 업이 모여 공업이 되지만, 인류가 함께 지은 좀 더 구조적이고 전체적인 사회적 번뇌를 먼저 제거하기 위해 원불교가 탄생한 것이다.

소태산은 인류 공동의 업을 먼저 청산해야 이 지구가 존재할 수 있음을 인식했던 것이다. 따라서 지구공동체의 삶을 고통으로 몰아넣는 물신주의

5 원불교 정화사 편, 『정전(正典)』 제1총서편 제1장 개교의 동기, (『圓佛敎 全書』 내 수록), 익산: 원불교 출판사, 1977. "현하 과학의 문명이 발달됨에 따라 물질을 사용하여야 할 사람의 정신은 점점 쇠약하고, 사람이 사용하여야 할 물질의 세력은 날로 융성하여, 쇠약한 그 정신을 항복 받아 물질의 지배를 받게 하므로, 모든 사람이 도리어 저 물질의 노예 생활을 면하지 못하게 되었으니, 그 생활에 어찌 파란고해(波瀾苦海)가 없으리요. 그러므로, 진리적 종교의 신앙과 사실적 도덕의 훈련으로써 정신의 세력을 확장하고, 물질의 세력을 항복 받아, 파란 고해의 일체 생령을 광대무량한 낙원(樂園)으로 인도하려 함이 그 동기니라."

6 앞의 『대종경』 제15부촉품 15장.

를 배격하고, 불법(佛法)으로 주체적이고 자유로운 개개인의 삶을 새롭게 설계할 수 있다고 보았다. 초기 불교에서 제시하는 제행무상(諸行無常)에 입각한 인간고(人間苦)가 이미 점증적으로 집단화, 전체화의 길에 접어들었으므로 이를 해소하기 위해 새로운 공동체 운동을 시작했다. 그것이 106년이 된 원불교의 역사인 것이다. 다른 식으로 언급한다면, 전통 종교에서는 해결할 수 없었던 문제를 해결하기 위해 나온 현대 불교, 현대종교가 원불교라고 할 수 있다. 기성 종교의 교조들은 현대 문제와는 무관했던 과거의 삶을 살았다. 그들은 오늘날 인류가 대면하는 문제를 예측할 수 없었다. 그들 당대에는 일어나지 않았던 문제들이다. 종교는 이처럼 새로운 문제를 새로운 운동을 통해 해결하고자 하는 인류의 주체적 활동이다.

그렇다면 본 연구 주제인 기후위기 시대에 원불교의 구체적인 대응 노력은 무엇인가? 기후 · 환경문제는 하루아침에 제기된 것이 아니다. 인류 또한 20세기 초부터 문제 제기를 해 왔지만, 21세기에 와서야 그 현실성과 긴박함에 경종을 울리게 되었다. 원불교 또한 이에 자발적 조직을 통해 기후 · 환경 문제에 적극적으로 대응하기 시작했다. 그 실질적 주체가 바로 원불교환경연대[7]이다. 본 단체는 2010년 4대강 문제에 심각함을 느낀 재가 · 출가 교도들의 자발적인 참여에 의해 결성되었다. 본 단체 활동의 주력 사업은 바로 지구적 차원의 문제인 기후 · 환경 문제의 해결에 있다. 이러한 노력이야말로 정신개벽을 모토로 사회적 변혁을 목표로 삼은 원불교의 개교 정신을 적극적으로 실천하는 것이다. 이에 이 단체의 활동을 소개하고, 다음 장에서 그 활동의 동인인 교의적 의미를 제시하고자 한다.

7 https://www.woneco.net/woneco.

원불교환경연대는 최근 자신들의 사업평가[8]에서 네 가지 활동 범주를 제시했다. 첫째는 초록일상이다. SNS 소통(네이버밴드, 페북, 인스타그램), 초록나눔(소식지), 홈페이지 운영이다. 둘째는 원불교는 초록이다. 천지보은법회, 초록교당/초록단 지원, 나이만큼 나무를 심자, 지구살림 기후행동이다. 셋째는 원불교 탈핵운동으로 한빛핵발전소 폐쇄운동, 생명평화탈핵순례, 한(韓)・후쿠시마 청소년 교류, 천지보은 탈핵순례이다. 넷째는 회원들과 함께 원초록포럼, '왁자지껄 생태교리 마당', 숲・숨・쉼 명상, 선요가・회화・명상 등 청년들의 밥수다이다. 지난 2020년 1년 동안의 사업성과를 총괄하여 제시한 것이다. 매우 다양하면서도 종교적 색채가 잘 드러나는 활동이다.

기후・환경 운동의 결사체인 원불교환경연대는 현재는 지구환경, 특히 기후 문제에 집중하여 사업을 전개하고 있다. 본 보고서에서는 연대 사업 정도로 언급했지만, 2017년에 원불교의 제2성지[9]인 경상북도 성주군 초전면 소성리에 반입된 사드 철폐운동에도 적극적으로 참여하고 있다. 현재도 불법적인 사드 배치는 권력을 사유화한 박근혜 정권이 무너지는 정권을 부여잡기 위해 외세인 군사 대국 미국을 등에 업고 단행한 것이다. 이를 현 문재인 정권이 인수하여 사드 부대의 잔여 발사대를 배치했다. 원불교환경연

8 이하 관련 자료는 2021년 총회자료에 의거한 것이다.

9 이곳은 원불교의 제2대 종법사인 정산 송규(鼎山 宋奎, 1900-1962) 종사와 그의 아우 주산 송도성(主山 宋道性, 1907-1946) 종사의 고향이다. 송규는 일본식민지 강권통치로부터 해방 된 후, 불법연구회에서 원불교로의 교명 전환, 교서 편찬, 교육체제 정비 등을 통해 원불교를 현대종교의 반열에 올려 놓았다. 송도성은 해방 후 전재동포구호사업을 펼치다가 현장에서 순교한 인물로 원불교 자선 및 복지 사업의 효시가 되었다.

대는 개인 안보, 생태평와 평화연대 차원에서 전국적 단위의 사드철폐운동에 적극적으로 지원하고 참여하고 있다. 사드 철폐는 2016년 말에서 2017년 초까지 일어났던 촛불민중혁명이 거악 철폐의 마지막 단계로 설정한 것이다.

성주와 반대편인 전라남도 영광군 백수면 길룡리는 원불교의 제1성지[10]이다. 이곳에서 직선거리로 7킬로미터 이내에 한빛원자력발전소가 있다. 성지를 중심으로 원불교환경연대는 탈핵운동을 지속적으로 전개하고 있다. 2012년 원불교환경연대는 핵발전소의 안전성을 확보하기 위한 영광공동행동, 영광핵발전소 안전성 확보를 위한 원불교 대책위원회, 영광・고창 탈핵 관련 단체가 연대하여 영광원자력발전소를 항의 방문하여 철저한 사고 원인규명과 안전 대책 강화를 촉구했다. 이를 계기로 탈핵운동을 확산, 이를 관철시키기 위해 영광군청에서 한빛원전 앞까지 22킬로미터를 걷는 탈핵순례를 2012년 11월 26일부터 시작하였다. 2021년 5월 초 441차에 이르렀다. 현재는 영광군을 비롯한 탈핵운동 단체들이 모두 인식하는 원불교의 대표적인 탈핵활동이 되었다. 스리마일, 체르노빌, 후쿠시마 원전 폭발로 인한 세계적인 탈핵운동의 여파로 활동의 의미가 더욱 깊어지고 있다.

원불교는 교단 양대 성지에서 인류의 증오와 갈등 구조를 청산하기 위해 지구의 평화 구축과 지구를 방사능으로부터 구해 내고자 지구촌의 가장 큰 이슈인 탈원전운동을 숙명처럼 대하고 있다. 이는 현대 종교의 사회적 참여 측면에서 반드시 대응해야 할 과제이기도 하다. 약 2~3세기 동안 지속된 과학과 자본주의의 발달은 대규모의 전쟁을 후원하게 되었다. 대량 살상이

10 소태산이 나서 자라고, 수행을 통해 깨달음을 얻은 곳이다. 초기 교단의 공동체 운동을 통해 정립된 원불교 창립 정신의 산실이라고 할 수 있다.

동반되는 세계대전은 물론 국지전에서도 과학과 자본의 논리가 동원되어 인간 간의 갈등을 대화와 타협보다는 증오심으로 적대화시키고 있다. 나아가 고도의 과학적 지식과 막대한 비용이 드는 원전 건설을 부추김으로써 재앙으로 인한 인류 공멸 가능성을 높이고 있다. 국가자본주의는 핵마피아들의 정치력에 의해 원전 건설을 추진하고 있다. 그러나 많은 연구와 언론에서 제시하고 있듯이 원전의 해악은 객관적으로 증명되고 있다. 한반도 태생인 원불교가 보편 종교로서의 역할을 수행하기 위해서는 거시적 차원의 지구적 문제에 참여하여 자신의 종교 정신을 현실에서 단련시켜야 할 필요가 있다.

이러한 차원에서 원불교환경연대가 진행하고 있는 기후위기 시대의 생명 · 생태 · 환경 보전의 과제는 범종교적으로 인류의 사활을 걸고 추진해야 할 의무인 동시에 원불교 또한 자신의 존재 의미를 확인하는 중요한 과제가 될 것이다.

현재는 2020년 2월 무렵부터 발생한 코로나19 바이러스가 전 지구적으로 확산되어 정치 · 경제 · 문화 · 종교 등 삶의 사회적 영역 모두를 마비시키고 있다. 과학과 자본의 직선적인 발전 논리가 주춤해지며, 인류는 자신이 딛고 있는 세계의 환경에 더욱 깊이 주목하고 반성하게 되었다. 특히 하나뿐인 지구에 대한 인식이 새로워지고 있다. 코로나19도 또한 이상기후로부터 발생하고 있다는 점을 많은 전문가들이 진단하고 있다. 나아가 앞에서 언급한 IPCC보고서는 이대로는 인류의 미래가 없음을 명확히 하고 있다. 인간을 비롯한 생물 종의 존속이 의심스러워지는 상황에 점점 다가서는 중이다.

원불교환경연대는 비영리단체로서 회원들의 자발적이고 주체적인 참여를 이끌고 있다고 할 수 있다. 전국 순회 '천지보은법회'와 초록교당 확대,

지구 온도 식혀 줄 청소년 기후학교, '원불교는 초록입니다' 캠페인, 지구살림 소확행 활동과 초록단 사업, 3덜 운동의 실천, 나무 심기 등을 통해 기후 문제를 사회적으로 확산시키고, 그 대안을 실천하는 운동을 추진하고 있다. 여기에 'RE100원불교(Renewable Energy 100%)'운동은 2030년까지 원불교 모든 교화 활동 영역에서 햇빛, 바람 등의 재생에너지를 100% 사용하겠다는 선언이다.

이러한 기후 · 환경 문제는 원불교 내 여러 사회단체와 연대하여 진행하고 있다. 둥근햇빛발전협동조합, 원평화 등 원불교시민사회네트워크 조직과의 협력은 잘 이뤄지나 교단과의 협력은 아직 잘 이뤄지지 않고 있다. 또한 기독교환경운동연대 · 불교환경연대 · 원불교환경연대 · 천도교한울연대 · 천주교창조보전연대 등 5개 교단 환경 단체들의 연대체인 종교환경회의에 적극 참여해 기후위기 시대 종교 연합 활동의 방향을 만들어 가고 있다. 2020년 9월 17일에는 유교까지 포함한 6대 종단 '종교인 기후위기 비상행동' 선언을 이끌어 내기도 했다. 전국기후위기비상회의 등에 참여해 종교환경 단체의 역할을 진작시키기 위해 노력을 다하고 있다.

3. 기후 · 환경 운동의 교의적 기반

그렇다면 앞에서 살펴본 것처럼, 기후 · 환경 위기에 대응하는 원불교환경연대 활동의 근본인 교의적 가르침은 무엇일까? 이는 원불교 기후 · 환경 운동의 지속성이나 원불교가 지구 문제에 대응하는 궁극적 의미와도 깊이 연관되어 있다. 여기서는 무엇보다도 그러한 교의적 기반을 탐구함으로써 향후 원불교 기후 · 환경 운동의 미래 전망과 방향의 자료로 삼고자 한다.

무엇보다도 원불교 기후 · 환경 운동의 핵심 키워드는 '천지'라고 할 수 있다. 천지보은 청년법회, 천지보은주간 선포, 천지보은 탈핵법회 등 여러 활동에는 반드시 천지에 대한 보은을 강조하고 있다. 실제로 원불교환경운동 조직의 출발에는 '천지보은회'가 선두에 있었다. 천지보은회는 정산 송규의 탄생 100주년을 계기로 2000년 4월 서울에서 결성되었다. 같은 해 10월에는 공식적인 교단 대표 환경 단체로서 '원불교 천지보은회'가 창립되었다. 교단 핵심 단체의 장들이 대거 망라된 조직이다. 당시 대표는 이선종 교무였다. 그는 지리산생명살리기 활동을 통해 직접 현장에 뛰어들었다. 이 조직은 연대를 통해 새만금살리기 삼보일배와 부안 핵폐기장건설 반대운동, 영광 반핵운동 등을 이끌었다.

그렇다면 원불교에서 천지는 어떠한 의미가 있는가? 이를 이해하기 위해서는 원불교 신앙의 대상과 수행의 표본인 '일원상(一圓相)의 진리'를 언급하지 않을 수 없다. 일원상은 선종(禪宗)의 5가 7종 중 하나인 위앙종(潙仰宗)에서 깨달음의 상징으로 사용했다. 이 외에도 많은 선종 조사들이 자신들의 깨달음을 일원상으로 표현하기도 했다. 일원상의 본질은 법신불(法身佛)이며, 일원상은 법신불의 상징이다. 법신불은 우주 만유의 근원이며, 모든 중생의 성품에 깃든 초월적이며 내재적인 근원적 진리에 해당한다. 일원상의 내용은 곧 사은(四恩)이다.[11] 사은은 천지 · 부모 · 동포 · 법률의 은혜를 말한다. 원불교는 이처럼 법신불 일원상을 우주의 본질로까지 확대하고, 존재론의 근거로 삼았다. 사은의 존재론은 불법의 연기(緣起)사상에 근거해 있다.

11 앞의 『대종경』 제2교의품 4장.

사은 중의 천지는 문자 그대로 하늘과 땅을 의미한다. 『논어』에서는 왕손가(王孫賈)가 "안방 귀신보다 부뚜막 귀신에게 잘 보이는 것이 낫다는 것이 무슨 뜻이냐?" 하고 묻자 공자는 "아니다, 하늘에 죄를 지으면 빌 곳도 없다."[12]라고 답한다. 도리를 어기면 귀신들보다는 하늘로부터 벌이 있을 것이라는 말이다. 나아가 공자는 "오십 세가 되면 천명을 안다."[13]라고 했다. 이처럼 공자는 하늘을 하나의 우주적 근원으로 파악하여 인간의 모든 도덕과 윤리를 부여하는 주체로 보았다. 또한 장재(張載, 횡거, 1020-1077)는 유명한 서명(西銘)에서

> 하늘(乾)은 아버지요, 땅(坤)은 어머니라 일컬으며, 나는 여기에 조그마한 존재로 이와 뒤섞여 그 가운데에 있다. 그러므로 천지에 충만한 기(氣)는 나의 몸이 되고, 천지의 주재는 나의 성(性)이 된다. 백성은 나의 동포이며, 물(物)은 나와 함께하는 자이다.[14]

라고 했다. 천지에 영구불변한 성(性)이 있으며, 나에게도 그 성이 품부되어 나의 성품을 이룬다. 이 천성의 차이에 따라 인간의 어리석음과 지혜로움의 차이가 난다는 것이다.

이처럼 천지는 유가에서 인간의 본성을 이루는 중요한 모티브가 되었다. 이는 추후에 남송의 주자(朱子, 1130-1200)에 의해 만물의 근본 이치를 탐구

12 『논어(論語)』 팔일(八佾) 편, "王孫賈問曰 如其媚於奧 寧媚於竈 何爲也 子曰 不然 獲罪於天 無所禱也."

13 같은 경전 위정(爲政) 편, "五十而知天命."

14 『장재집(張載集)』 서명(西銘) 편.

하는 이학(理學)으로 넘어간다. 그런데 원불교의 법신불은 유학의 입장에서 보면 이(理)에 해당한다. 모든 천지자연의 근본인 것이다. 나아가 대승불교에서 색신여래(色神如來)의 근본인 법신여래(法身如來)를 의미한다.[15] 물론 소태산은 이 양자를 하나로 보았다. 법신은 모든 부처의 근본이자 일체 중생의 근원인 성품이다. 법신이 최고의 진리로 확정된 대승불교 사상을 계승한 것이다. 이 법신불 일원상으로부터 모든 세계가 펼쳐진다. 그것이 바로 사은이다.

사은은 이미 불교, 특히 대승불교의 교의 체계이기도 하다. 대승불전인 『대승본생심지관경(大乘本生心地觀經)』에서는 세간 · 출세간의 은혜를 사은(四恩)으로 보고,

> 첫째는 부모의 은혜요, 둘째는 중생의 은혜요, 셋째는 나라의 왕의 은혜요, 넷째는 3보(寶)의 은혜다. 이러한 네 가지 은혜는 일체의 중생이 평등하게 짊어진 것이다. 선남자여, 부모의 은혜라 함은 아버지에게는 자애한 은혜가 있고 어머니에게는 자비한 은혜가 있는 것이니, 만일 내가 이 세상에서 1겁 동안 머무르면서 말한다 하더라도 능히 다하지 못할 것이다.[16]

라고 한다. 불교의 사은은 감사와 보은의 대상이다. 원불교 또한 이러한

15 앞의 『대종경』 제2교의품 11장, "우리는 법신불 일원상을 진리의 상징으로 하고 석가모니불을 본사로 하여 법신 여래(法身如來)와 색신 여래(色身如來)를 같이 숭배하노라."

16 『大乘本生心地觀經』 卷2(T3, 297쪽), "一父母恩. 二衆生恩. 三國王恩. 四三寶恩. 如是四恩. 一切衆生平等荷負. 善男子. 父母恩者. 父有慈恩. 母有悲恩. 母悲恩者. 若我住世於一劫中說不能盡."

사은의 정신을 계승한다. 나아가 원불교의 사은은 모든 존재, 즉 연기에 의한 상즉상입(相卽相入)[17]의 세계관 위에 있다. 존재의 방식이 곧 은(恩)이다. 주고받는 관계만이 아니라 존재의 방식이자, 절대적 상호 의존 및 절대적 관계 맺음의 형식이라고 할 수 있다. 존재 자체의 존재성이 은(恩)에 의해 구현되는 것이다. 천지는 은적 관계로서 우주 만물과의 관계를 말한다. 부모은은 육신의 부모만이 아닌 약자에 대한 배려, 돌봄이 기반이 된 인간존재의 관계를 말한다. 동포는 그러한 인간을 포함한 자연계 동식물과의 생태적 관계, 즉 공생과 자리이타(自利利他)의 관계를 말한다. 법률은은 사회의 모든 입법 · 행정 · 사법은 물론 성현들의 가르침까지 포괄하여 인간의 사회적 관계론을 규정하는 것이다.

천지에는 도(道)와 덕(德)이 있다. “우주의 대기(大機)가 자동적으로 운행하는 것은 천지의 도요, 그 도가 행함에 따라 나타나는 결과는 천지의 덕”이다. 이를 대도(大道), 대덕(大德)이라고 한다. 그 천지의 도는

> 지극히 밝은 것이며, 지극히 정성한 것이며, 지극히 공정한 것이며, 순리자연한 것이며, 광대무량한 것이며, 영원불멸한 것이며, 길흉이 없는 것이며, 응용에 무념(無念)한 것이다.[18]

라고 한다. 이를 천지 팔도라고 한다. 천지보은은 일차적으로 풍운우로상설(風雲雨露霜雪)과 같은 천지의 기능이 그대로 보존되는 것을 의미한다.

17 이는 대승불교의 중요 경전인 『화엄경(華嚴經)』의 핵심 사상인 법계연기(法界緣起)에 해당한다.

18 『정전(正典)』 제2교의편, 천지은.

천지를 훼손하지 않고 인간이 자연과 공존하는 것, 그리하여 인간과 천지가 생태적인 순환에 문제가 없게 하는 것이다. 실제 인간은 천지를 부모와 같이 의지하고 있다. 일용할 양식은 모두 사계절의 순환에 의한 천지의 힘으로 부여된 것이다. 나아가 천지의 성(性)은 인간의 지혜, 문명의 전도(前途)에 응용하는 것을 말한다. 최고의 가치는 응용무념(應用無念)의 도이다.

응용무념은 천지가 사심(私心) 없이 베푸는 것을 의미한다. 자연은 인간과 만물을 화육하면서도 요구하지 않는다. 무위이화(無爲而化) 자동적인 운행이다. 천지 팔도를 포섭하는 것이 이 응용무념이며, 대승반야사상이 나타나 있는 『금강경』에서 "주한 바 없이 그 마음을 내라."[19]라는 핵심 사상과 상통한다. 따라서 천지는 인간의 삶의 육신과 정신 모든 측면에서 삶의 기반이 된다. 천지와 인간이 한 몸인 것이다. 인간 삶의 환경에서는 지구가 바로 천지라고 할 수 있다. 지구환경의 파괴, 기후변동에 의한 생태계 무질서화는 인간의 지구, 즉 천지에 대한 배은 행위라고 할 수 있다.

원불교 기후·환경 운동은 곧 천지에 대해 은혜를 알고, 보은하기 위한 실천행이라고 할 수 있다. 천지인 지구에 대한 보은은 원불교인들의 기본적인 도덕이자 윤리적 의무라고 할 수 있다. 나아가 종교적 신념인 동시에 신앙과 수행 행위인 것이다. 지구에 대한 불공(佛供)을 통해 천지의 고통을 치유하는 것이 곧 현대 불교로서의 원불교의 존재 이유이다. 지구의 기능을 그대로 돌려주는 것, 그리하여 인간의 삶이 지구와 공존하며, 지속성 및 영원성을 담보하는 것이 바로 원불교 기후·환경 운동이 지향하는 목표이다.

19 『金剛般若波羅蜜經』卷1(T8, 754쪽), "應無所住而生其心"

4. 운동의 지평 확대를 위하여

2016년 원불교시민사회네트워크 교당[20](줄여서 원씨네라고 한다)의 초대 교무인 김선명 교무[21]는 원불교 사회운동의 지속성을 위한 과제로 네 가지를 제시했다. 첫째, 청렴과 투명에 바탕한 도덕성이다. 둘째는, 엘리트주의를 배격하며, 제 종교 및 시민사회단체와 함께하는 연대성, 셋째, 환경과 인권, 평화(통일), 정의, 에너지 개벽에 대한 지향점에 걸맞은 전문성, 넷째, 불법(佛法)의 시대화, 생활화, 대중화를 내건 원불교의 사회참여의 정체성을 담보하는 교법성이다.[22] 현 시점에서 매우 적절하고도 타당한 내적 지침이라고 할 수 있다. 한 세기를 넘긴 원불교의 교법이 사회 속에 구현되는 과정에서 이제 그 내구성을 검증받는 단계에 들어섰다고 할 수 있다. 종교가 선언만하고 실천하지 않는다면, 대중으로부터 소외되는 것이 역사이다. 김선명 교무는 이 점을 명확히 꿰뚫고 있다. 필자는 기후위기 시대 원불교가 기후・환경 문제에 대응하는 것에 대해 다음과 같이 제시하고자 한다.

첫째는 공존과 공생의 의식을 더욱 확대시키는 것이다. 코로나19로 인한 지구촌 목전의 위기와 총체적 지구 위기를 불러일으키고 있는 기후 문제에 대해 세계의 전문가들은 인류의 공존과 연기적인 관계를 중시하고, 이를 어떻게 복원할 것인가가 관건이라고 보고 있다. 인간중심주의를 벗어나 지

20 사회개벽교무단, 원불교 인권위원회, 사단법인 평화의 친구들, 원불교 환경연대, 둥근햇빛발전협동조합이 참여하고 있다.

21 원불교환경연대 고문, 대통령 직속 〈2050 탄소중립위원회〉(2021년 5월 29일 정식 발족) 종교대표로 위촉됨. (〈한울안신문〉, 2021년 4월 30일자)

22 강해윤, 「한국 사회변혁과 원불교 시민사회운동」(원광대학교 원불교사상연구원 시민강좌, 원광대학교, 2021년 4월 14일).

구 생태 전체가 공동체라는 인식을 확산시키자는 것이다. 철학자 신승환은 이 점에서 통합생태학을 주장한다. 그는 프란치스코 교황의 '생태적 회심'을 인용하여 "자연과 생명에 대한 감수성을 회복하여 생명 전체를 존중하는 태도가 요구된다."[23]라고 했다. 생태공동체를 지구적 차원으로 확대하자는 것이다.

노자, 장자, 공자, 맹자, 주자, 왕양명 등 동양의 사상가들이 인간과 만물, 천지가 일체임을 이미 설파하는 등 생태공동체는 동양에서는 기정사실화되어 있다. 이러한 인식을 지구 전체로 확대하여 동양 사상에서 말하듯이 천지만물이 일체(一體)임을 재확인할 필요가 있다. 반야사상을 설파한 승조(僧肇, 374-414)는 "천지와 나는 동근이며, 만물과 나는 하나"[24]라고 말했다. 인간은 우주에서 분화되어 나온 존재다. 지수화풍(地水火風)으로 이루어진 몸과 이를 주재하는 영혼 또한 우주의 의식과 분리될 수 없다. 만물과 더불어 살아간다는 것은 곧 모든 개체성을 존중하되 지구 전체가 같은 진화의 방향으로 지향되어 있음을 의미한다. 인간만이 지구를 독점할 수 없음을 알 수 있다.

이 점에서 원불교 또한 동양 사상을 계승하며, 지구 및 우주적 차원의 사유를 하고 있다. 법신불 일원상은 불법에 기반하며 삼교의 근본과 일치한다.[25] 일원상이라는 상징은 모든 존재가 하나의 세계 속에 살고 있음을 의미

23 신승환, 「환경 · 생태 이론의 전개와 동향」, 『불교평론』 22-2호, 2020년 여름호, 45쪽.

24 『肇論』 卷1(T45, 159쪽), "天地與我同根 萬物與我一體"

25 앞의 『대종경』 제2교의품 3장, "유가에서는 이를 일러 태극(太極) 혹은 무극(無極)이라 하고, 선가에서는 이를 일러 자연 혹은 도라 하고, 불가에서는 이를 일러 청정 법신불이라 하였으나, 원리는 모두 같은 바로서 비록 어떠한 방면 어떠한 길을 통한다 할지라도 최후 구경에는 다 이 일원의 진리에 돌아가나니, 만일 종교라 이름하여

한다. 이러한 정신을 계승한 정산 송규 또한 동원도리(同源道理), 동기연계(同氣連契), 동척사업(同拓事業)의 삼동윤리(三同倫理)[26]를 제시했다. 이는 처처불상 사사불공(處處佛像 事事佛供, 곳곳이 부처이니 일마다 불공하자는 의미)의 교의를 지구적으로 확대한 것이다. 타자와 내가 공존하는 윤리이다. 법신불의 세계에서 모든 존재는 무차별한 평등한 존재다. 또한 이러한 관계가 중중무진으로 관계를 맺고 있다. 나의 존재가 그의 존재이며, 그의 존재가 나의 존재인 것이다. 원불교의 기후 · 환경 운동은 이러한 인식의 전환을 지구 시민에게 지속적으로 요구해야 한다.

나아가 생태 영성의 확산을 이루어야 한다. 연기적인 절대은 속에 절대적 존재로서 존재의 기쁨을 어떻게 확보하며, 공유할 것인지를 논의해야 한다. 지구는 나의 영성이 확장된 무아(無我) · 대아(大我)의 세계임을 인식하고, 모든 존재는 곧 나의 존재와 등가(等價)임을 인식하는 것이다. 2008년 에콰도르는 〈헌법〉 제71조에

> 생명이 재창조되고 존재하는 곳인 자연 또는 파차마마(Pachamama, 안데

이러한 진리에 근원을 세운 바가 없다면 그것은 곧 사도(邪道)니라. 그러므로 우리 회상에서는 이 일원상의 진리를 우리의 현실 생활과 연락시키는 표준으로 삼았으며, 신앙과 수행의 두 문을 밝히었느니라."

26 원불교 정화사 편, 『정산종사법어』 제13도운편(道運編) 35-37장(『圓佛敎 全書』 내 수록), 익산: 원불교 출판사, 1977. 이를 "한울안 한이치에 한집안 한권속이 한일터 한일꾼으로 일원세계 건설하자."라고 한다. 동원도리는 모든 종교와 교회가 그 근본은 다 같은 한 근원의 도리인 것을 알아서 서로 대동 화합하자는 것, 동기연계는 모든 인종과 생령이 근본은 다 같은 한 기운으로 연계된 동포인 것을 알아서 서로 대동 화합하자는 것, 동척사업은 곧 모든 사업과 주장이 다 같이 세상을 개척하는 데에 힘이 되는 것을 알아서 서로 대동 화합하자는 것이다.

스 원주민들에게 신앙의 대상인 영적 존재로 '어머니 대지'로 번역된다)는 존재와 생명의 순환과 구조, 기능 및 진화 과정을 유지하고 재생을 존중받을 불가결한 권리를 가진다. 모든 개인과 공동체, 인민과 민족은 당국에 청원을 통해 자연의 권리를 집행할 수 있다.

라고 명기했다.[27] 인간만이 아닌 모든 생명체와 지구환경 전체의 권리를 인정한 것이다. 위기에 처해 이제야 지구에게 인간이 독자적으로 처분할 수 없는 권리가 있음을 인식하기 시작했다. 기후 · 환경 운동은 지구 시민이 이러한 인식을 받아들일 수 있도록 노력해야 한다. 지구학의 주창자이자 현대 생태신학자인 토마스 베리(Thomas Berry)는

만일 우리가 신성에 대한 내적 체험을 표현할 수 있는 언어를 갖고 있다면, 그것은 모두 우리 주위의 다양한 존재로부터 받은 인상(印象) 때문이다. (중략) 그 멋진 친구들 중 어느 하나라도 잃는 것은 우리 자신의 생명을 잃는 것과 같다. 우리가 감사하는 마음으로 정중하게 함께 사는 법을 배워야만 우리 인간은 수십억 년에 걸쳐 현재의 화려한 모습으로 진화해 온 이 행성, 이 거대한 공동체가 우리를 아낌없이 보살펴 주었듯이 우리 후손도 보살피리라는 것을 확신할 수 있다.[28]

27 박호진, 「에콰도르 헌법을 통해 본 한국의 부동산 투기」 〈오마이뉴스〉 2021년 5월3일판, 재인용.

28 토마스 베리 지음 · 맹영선 옮김, 『지구의 꿈』, 서울: 대화문화아카데미, 2013, 35-36쪽.

라고 했다. 이보다 더 명료한 언어로 원불교가 말하는 절대은이자 보은의 당연한 의미를 설명할 수 있을까?

둘째, 소비자본주의의 배격과 지구적 정의론의 확장이다. 원불교의 탄생은 자본주의에 대한 성찰로부터 시작되었다. 사회학자 울리히 벡(Ulrich Beck, 1944-2015)은 『위험사회』에서 자본주의에 의해 위험이 지구적으로 확산되고 있다고 보았다. 잠재적 위험은 끝났으며, 이제 실제 현실로 나타나고 있다고 했다.[29] 지금 우리가 목격하고 경험하는 이것이 바로 그것이다. 한때 많은 연구자들이 지구의 위기는 여전히 가공의 생각, 예단하는 잘못이라고 비판했지만, 이제 이러한 이야기는 나오지 않는다. 인류의 미래를 낙관적으로 보던 그 많은 미래학자들은 어디로 갔는가.

자본주의는 싫지만 자본에 기대어 살 수밖에 없다고 한다면, 인류는 자신의 멸망을 더욱 재촉할 뿐이다. 특히 소비자본주의는 지구의 자원을 고갈시키고 있다. 기후 · 환경에 미치는 해악은 재론의 여지가 없을 것이다. 에너지, 산업 시설, 유통 과정, 소비 등에 이르는 모든 과정을 혁신하지 않으면 지구의 임계선은 더욱 빨리 다가올 것이다. 무엇보다도 성장에 대한 환상을 버리고, 대안 문명을 고민해야 한다. 먹고사는 문제에 집중된 경제학을 폐기하고, 지금의 생산만으로도 충분히 전 지구를 윤택하게 하고 있는 상황에서 '지구의 분배학'으로 전환해야 한다. 자본의 생리인 과잉생산은 지금 이 순간 멈춰야 한다.

원불교의 개교 표어 "물질이 개벽되니 정신을 개벽하자"는 자본에 대한 대응으로 교단을 열었음을 의미한다. 물질이 개벽된다는 것은 문명 전반의

29 울리히 벡·홍성태 옮김, 『위험사회』, 서울: 새물결, 2006, 106쪽.

변화를 가리킨다. 정신개벽은 이에 대한 인간 의식의 전환을 말한다. 동학과 천도교의 다시개벽, 증산교의 삼계개벽, 대종교의 개천개벽, 원불교의 정신개벽은 근대 문명에 대한 한반도 선각자들의 정신적 처방이다. 과학과 기술 문명의 한계를 직시하고, 정신 우위의 문명을 지향하고자 하는 사상이다.

철학자 슬라보예 지젝(Slavoj Zizek, 1949-현재)의 신의 귀환, 문화비평가 테리 이글턴(Terry Eagleton, 1943-현재)의 종교의 복귀, 울리히 벡의 자기만의 신은 자본주의에 대한 종교의 보편 가치를 복원하는 것이 목표다. 미국을 필두로 하는 자본주의의 지구화인 신자유주의는 지구의 능력을 넘어서 있다. 울리히 벡은 '우리에게 아직 신(神)은 존재할 수 있는가?'[30] 하고 묻는다. 그는

> 기술혁신으로 기후 재앙의 결과를 순화하고 또 지구적 정의라는 문제를 회피할 수 있다고 생각하는 사람들이 있다. 지구적 정의란 정책을 결정할 때 문화적 타자를 함께 고려하는 것을 의미한다. 그런데 바로 이런 문제에서 종교행위자와 종교운동은 세계시민적 발언을 해야 하지 않겠는가? 무엇보다도 테러, 기후변화, 빈곤 등 종교적 타자의 존엄성을 침해하는 지구적 위험에 직면한 이때에 종교가 정의라는 '공통의' 길로 다양한 신앙을 가진 민족들을 인도할 수 있지 않겠는가? 아니면 그를 위해 어떤 식으로든 세계 공론장을 향해 소리 높여 발언할 수 있지 않겠는가?[31]

라고 묻는다. 울리히 벡은 기후변화가 약자에게는 민주적이지 않다는 의

30 울리히 벡, 『자기만의 신』(홍찬숙 옮김, 서울: 도서출판 길, 2013)의 부제이다.
31 같은 책, 266쪽.

견을 제시하며, 종교가 범세계적인 역할을 해야 한다고 주장했다.

원불교 역시 정의를 주장하는 종교이다. 신앙과 수행의 핵심적 가치는 정의론이다.[32] 원불교의 기후 · 환경 운동은 '원불교 정의론'에 입각해서 지구상의 모든 부조리, 불합리, 불의에 대항하여 인간의 원만 구족한 삶의 환경을 구축해야 한다. 광의의 환경운동으로서 전쟁, 차별, 양극화, 권력의 독점, 노동문제 등 다양한 비문명적 요소를 제거하는 일에 사무여한(死無餘恨, 죽어도 여한이 없다는 것)의 정신으로 대항해 나아가야 한다. 이는 기후 · 환경 문제와 연동되는 비진리적 요소를 지구로부터 추방하는 일이다. 저항적 환경운동이 필요한 이유이다.

5. 맺음말

IPCC의 4차 및 5차의 연이은 보고서에서는 "기후 온난화가 분명하다."고 언명했다. 5차 보고서에서는 지구의 평균기온이 20세기 중반에 상승했다고 했다. 지구온난화의 주범은 인간 활동이며 그중에서도 화석연료의 사용이 가장 큰 문제라고 한다. 해빙 속도를 볼 때 이대로라면 2100년에는 90cm, 몇백 년 안에는 300cm 이상 해안 수면이 올라갈 것으로 예측된다. 기상이변 또한 인간의 활동에 의해 좌우될 것이다. 낙관론자들은 여전히 지구가

32 자기를 규제하는 계문과는 달리 『정전』 제3 수행편(修行編)제12장 솔성요론(率性要論)에서는 "13.정당한 일이거든 아무리 하기 싫어도 죽기로써 할 것이요, 14.부당한 일이거든 아무리 하고 싶어도 죽기로써 아니할 것이요"라고 하여 정의에 대한 종교적 실천적 신념을 제시한다.

과학기술의 발전으로 인해 충분히 제어될 수 있을 것으로 본다. 그러나 현재까지 이러한 기술은 나타나지 않았다. 이전에 이러한 상황을 막을 수 있었다면, 그러한 과학 기술은 어디에 있었는가?

오히려 우리는 오래된 미래로부터 점증하는 지구의 위기를 타개할 수 있을지도 모른다. 1980년에 라다크 프로젝트를 발족시켜 온 환경운동가 헬레나 노르베리 호지(Helena Norberg Hodge, 1946-현재)는 라닥 사회에 대해 다음과 같이 언급했다. "라다크 사람들의 정체성은 상당 부분 이웃과의 긴밀한 연결과 관계로 형성되고 상호 연관을 강조하는 불교 신앙에 의해 강화된다. 사람들은 그들을 원 모양으로 둘러싸고 있는 가족, 토지, 이웃, 마을의 연대 속에서 도움과 지지를 얻는다."[33]라고 했다. 그는 라닥의 모습은 바로 종교적인 세계관 위에 연기적으로 둘러싸여 살아가고 있음을 실제로 확인한 것이다. 그리고

> 부처님이 가르치신 것처럼 우리의 정신적 각성은 타인들과 자연과 연결되는 것으로부터 온다. 이것은 우리 안에 있는 세계를 보고, 우리 자신도 그 일부인 거대한 생명의 상호 의존적인 망을 더 의식적으로 경험할 것을 요구한다. 이런 식으로 우리는 무상과 상호 의존의 가르침, 즉 현명하고, 자비로우며 지속 가능한 방식으로 타자들과 상호 작용하기를 권장하는 원칙들을 '경험'한다.[34]

33 헬레나 노르베리 호지 지음 · 양희승 옮김, 『오래된 미래』. 서울: 중앙books, 2007, 329쪽.

34 헬레나 노르베리 호지, 「빈곤과 불교적 생활방식-세계화 경제에 맞선 불교적 대응」, 『지식기반사회와 불교생태학』, 서울: 아카넷, 2006, 548쪽.

라고 말했다. 인류는 이러한 상호 의존의 세계관을 더욱 강하게 느끼면서도 이를 지구 문제의 타개책으로 전환하지 못하는 것 같다. 연기적 관계는 부정적이든 긍정적이든 인류의 공업(共業)의 원리로서 기능하고 있다. 앞에서도 언급한 것처럼 이제 이를 어떻게 지혜로써 활용할 것인지가 과제라고 할 수 있다.

한국 정부도 심각성을 깊이 깨닫고 기후・환경 문제에 적극적으로 대책을 수립하고 있다. 여당인 민주당은 2050년 탄소중립 추진 전략으로 경제구조 저탄소화, 저탄소 산업생태계 조성, 탄소중립 사회로의 공정 전환 등 3대 정책을 내놓았다.[35] 신뢰 있는 IPCC의 보고서는 세계 여러 나라의 기후・환경 문제 해결에 대한 정책을 선도하고 있다. 한국의 종교계 또한 최근 공동성명서 등을 통해 정부 정책 수립에 힘을 보태고 있다. 각 종교는 정부의 탄소중립 정책에 적극적으로 동참할 것으로 보인다. 모든 영역에서 이 문제에 적극적으로 동참하지 않는다면 지구의 미래는 없다. 강조해도 지나침이 없는 지구 내 모든 존재의 상호 의존성은 지구를 보호하기 위한 하나의 철학이 되었다. 원불교 또한 "없어서는 살 수 없는"[36] 절대은의 사상이 세계의 보편 가치와 소통되고, 함께하는 기반을 충분히 가지고 있음이 증명되고 있다. 원불교환경운동의 전망이 밝은 이유가 여기에 있다.

35 구체적 안에는 석탄발전 축소 등 에너지 전환 가속화, 고탄소 산업구조의 혁신, 친환경차 보급 확대, 순환경제 활성화, 기후대응기금 조성, 탄소중립위원회 설치 등이 있다. 또한 탄소세 도입, 경유세 인상, 전기요금 개편 등을 통해 국민 전체가 함께 짐을 짊어져야 한다고 본다. 나아가 한국판 뉴딜 사업으로 2025년까지 국비 160조 원 투입하여 디지털 뉴딜 사업과 그린 뉴딜 사업의 두 축을 삼는다고 한다.

36 사은의 교의는 모든 존재의 절대적 연결망, 화엄사상에서 말하는 인드라망과 같은 법계연기적인 속성을 가지고 있다.

기후위기시대 모노(モノ)철학의 생태학적 재해석

—니노미야 손토쿠(二宮尊德) 사상의 모노학적 해석을 중심으로

야규 마코토(柳生 眞) 원광대 국제교류과 초빙교수

1. 머리말

오늘날 인류의 활동이 지구의 지질(인공물의 증가 등), 대기(CO_2 배출량 증가, 오존층 파괴 등), 생태계(동식물의 멸종과 감소, 혹은 서식 지역의 변화 등), 기후(지구온난화 등) 등등 다방면에 영향(위협)을 주게 되면서 '인류세'가 세계 사람들의 입에 오르내리게 되었다. 이것은 근대에 급속하게 발달한 서구 자연과학과 산업혁명, 기술 문명, 자본주의에서 비롯된 것이다.

핫토리 에이지(服部英二)에 의하면 17세기 과학혁명에 의해 자연은 인간이 지배해야 할 객체가 되었다. '연장되는 물질'과 '사유하는 자아(Cogito)'를 두 가지 실체로 보는 데카르트의 물심(物心) 이원론, 프랜시스 베이컨의 기계론적 자연관과 실험 사상이 그 과학혁명을 이끌었다. 고대 그리스적 이성(로고스)과 유태교 · 기독교의 일신교(一神教) 신앙이라는 두 가지 요소는 12~14세기 가톨릭교회의 스콜라철학에서 기적적으로 합성되었으나 오랫동안 지속된 성(聖, 교회)과 속(俗, 세속권력)과의 갈등, 교회에 대한 자연과학의 치열한 싸움의 결과 양자는 다시 분열하기에 이르렀다. 이 결과가 낳은 것이 기계론적 세계관이며 달리 말하면 자연의 비생명화(非生命化)이다. 그리고 산업혁명과 식민지주의를 통해 그러한 가치관이 찬란한 '근대문명'적 가치관으로 세계를 압도하게 되었다. 주의해야 하는 것은 이때 일찍이 어머니(모성 원리적인 자연)를 죽인 유럽 세계는 아버지 신도 매장시켜 버렸다.

즉 부모살해(parricide)의 죄를 범했다는 말이다.[1]

그동안 서양 근대 과학 문명과 자본주의를 주도해 온 사고방식이 오늘날 이상기후, 온난화, 생태계와 환경 파괴 등 여러 가지 지구적 위기를 초래했다. 이러한 반성에 입각해서 여러 가지 비서구적 · 비근대적 또는 비이분법적 사고가 다시 각광을 받게 되었다. 인간, 동물, 식물, 광물 등의 경계가 삼투압적인 종교적 사유인 애니미즘은 그 대표적인 사례이다. 애니미즘은 20세기 초 타일러(E. B. Tylor)가 주장한 용어로 '만물에 내재하는 정령 혹은 영적인 존재들에 대한 믿음'이자 '최소한의 종교 정의'를 의미했다. 그런 의미로서의 '애니미즘'이라는 용어는 학계에서 폐기된 지 오래이지만, 근래에 와서 생태학 · 인류학 · 종교학 등에서 애니미즘을 몸-마음의 서구적 이분법을 넘어 상관적인 관점 혹은 풍요로운 사유를 열어 줄 수 있는 개념으로 재해석해야 한다는 주장이 제기되고 있다. 이에 따라 이른바 네오-애니미즘이 학계에서도 주목받고 있다. 이와 더불어 애니미즘이라는 용어는 타일러의 어법을 떠나서 오지브와(Ojibwa) 담론에 따른 어법으로 사용되고 있다. 오지브와 담론은 인류학자 어빙 할로웰(I. Hallowel)이 처음 제기했다. 그는 아메리카 원주민 오지브와족의 연구를 통해 '퍼슨(person)'이라는 용어를 인간만이 아닌 모든 종에 포괄적으로 사용할 것을 주장하면서, '인간과는 다른 퍼슨들(other-than-human persons)'이라는 말을 주조하여 인간도 그 세계의 일부를 구성하는 활물(animate being)임을 주장했다.[2]

1 服部英二, 「聖性と霊性の変遷―地球倫理の構築に向けて」, 『スピリチュアリティと平和　講座スピリチュアル学 第3巻』, 2015, 175-176頁.

2 박규태, 「'신불(神佛) 애니미즘'과 트랜스휴머니즘: 가미(神)와 호토케(佛)의 유희」, 서울대학교 일본연구소, 『일본비평』 Vol.9, No.2, 통권17호, 2017, 106-107쪽.

일본에서도 철학자 우메하라 다케시(梅原猛), 지리학자 야스다 요시노리(安田喜憲)를 비롯한 여러 학자들은 애니미즘의 재평가·복권을 주장하고 있다. 애니미즘을 말살시킨 일신교(기독교)적 세계관이 오늘날 지구와 인류를 위기로 몰아가고 있으며 심지어 애니미즘이야말로 지구를 구한다고까지 주장한다. 아시아에는 애니미즘 문화가 널리 남아 있는데 특히 일본의 신도 및 일본불교 모두 애니미즘 원리에 입각하고 있으며 국가신도적인 요소를 차치한다면 애니미즘은 신도의 핵심이고, "초목국토실개성불(草木國土悉皆成佛)"로 표상되는 일본불교의 토대를 만들어준 것도 애니미즘이라고 한다.[3]

한편 카스퍼 젠슨(C. Jensen)과 앤더스 블록(A. Blok)은 신도적인 것이 스며든 테크놀로지 문화, 인간, 동물, 영적 존재, 기계적 존재 간의 경계를 단호하게 해체하는 토착성(土着性)을 가리켜 '테크노-애니미즘(techno-animism)'이라고 부르기도 한다.[4]

그런데 이러한 일본적 애니미즘, 테크노-애니미즘의 저변에 깔려 있는 것이 바로 '모노(モノ)'라는 개념 또는 철학이다. '모노'는 일본의 사상·종교·문학·풍습·민속·예술·기술 등 다방면에 영향을 미치고 있다.[5] 일본어의 '모노'에 대해서는 와쓰지 데쓰로(和辻哲郎), 하세가와 미치코(長谷川三千子), 고하마 이쓰오(小浜逸郎) 등에 의한 언어적·논리적·철학적 고찰이 있

3 박규태, 「물(物)과 애니미즘에 관한 작은 연구노트」, 한국종교문화연구소 뉴스 레터(2021.7.13.) http://www.mediabuddha.net/news/view.php?number=28182 (2022.7.11. 열람)

4 박규태, 앞의 글, 108-109쪽.

5 박규태, 「모노(物)공양: 불교문화 콘텐츠의 일본적 변용」, 불교평론(2021.06.27.) http://www.budreview.com/news/articleView.html?idxno=20022 (2022.7.11. 열람)

다. 한편 철학자이자 신도학자인 가마타 도지(鎌田東二)는 '모노학(モノ學)'을 제창하여 일본 문화와 종교 · 사상 분석을 통해 '모노'의 구체적 양상을 분석하고 다른 연구자들과의 공동 연구도 수행하고 있다. 이 글에서는 이 '모노'의 시각에서, 오늘날 지구 위기 시대를 맞이하면서 자연과 인간의 관계와 인간이 자연에 대해 가져야 할 태도를 다시 생각해 보고자 한다.

2. '모노'와 '고토'의 언어철학

1) 일본 문화와 '모노'

먼저 일본어의 '모노'는 매우 기본적인 어휘이면서 다양한 의미가 있다. '모노'라는 낱말의 사전적인 의미를 찾아보면 다음과 같다.

1) 공간의 어느 부분을 차지하고 인간의 감각으로 파악할 수 있는 형태를 가진 대상. (물체 · 물품, 상품, 옷, 음식, 민법상의 유체물 등)

2) 인간이 생각할 수 있는, 형태가 없는 대상. (어떤 사태 · 사물, 말, 글, 작품 등)

3) 요괴 · 원령 등 불가사의한 영력을 지닌 존재.

4) ('~のもの'로) 소유물.

5) 다른 어구를 이어받아 그 어구의 내용을 체현시키는 형식 명사.

6) (명사 뒤에 붙어서) 그 종류(장르)에 들어가는 물건이나 작품 또는 그만한 가치가 있는 것 등.

이처럼 '모노'는 다중적인 의미가 있고, 게다가 형용사 · 형용동사 앞에 붙어서 "왠지 모르게 그러한 상태"나 "딱 그러한 것"을 의미하기도 한다.[6] 그래도 대략 1) 공간의 일부를 차지하고 인간의 감각으로 파악할 수 있는 구체적인 대상, 2) 인간이 생각할 수 있는 추상적이고 형체가 없는 대상, 3) 불가사의한 영력(靈力)을 지닌 존재의 뜻으로 정리할 수 있다. 즉 '모노'는 서양의 물심이원론에서 말하는 정신과 대립되는 물질과는 다르다. 오히려 물질과 정신과 영적 존재가 하나로 묶여지는 데 '모노'의 특징이 있다.

한편 한자로 놈 자(者)는 사람 · 인물을 의미한다. 특히 약간 비하하거나 경시하는 뉘앙스로 '와루모노(惡者, 나쁜 놈)' '아나카모노(田舍者, 시골내기, 촌놈)' 등으로 말하거나, 스스로를 낮추고 겸손한 뜻을 나타내며 "야마다라는 사람입니다(山田という者です)." 등으로 말하기도 한다.[7] 그리고 『세계종교용어대사전(世界宗教用語大辞典)』에서는 '모노'가 다양한 의미로 사용되는데 부처 · 신 · 귀신 · 영혼 등 영묘한 작용을 가져오는 존재 그리고 사신(邪神) · 요괴 · 귀신 등을 지칭할 때도 사용된다고 기술한다.[8] 요컨대 '모노'는 구체적 · 감각적으로 파악되는 형태가 있는 사물이나 추상적으로 생각할 수 있는 대상을 나타낼 뿐만 아니라, 인간 나아가서는 신불 · 요괴 · 귀신이라는 영적 존재까지도 나타낼 수 있는 개념인 것이다.

'모노'는 일상적 · 기본적인 일본어 어휘일 뿐만 아니라 고대부터 현대에 이르기까지 일본의 다양한 사상과 신앙 · 문화 · 작품 등을 낳았다. 예를 들면 일본불교의 천태본각사상(天台本覺思想)에서 "초목국토실개불성(草木國

6 Weblio辞典『デジタル大辞泉』「もの」, 小学館, https://www.weblio.jp/content/もの (2022.07.11. 열람)

7 위의 사이트.

8 Weblio辞典『世界宗教用語大辞典』, もの【物】, 中経出版, https://www.weblio.jp/content/物?dictCode=SSYGD (2022.07.11. 열람)

土悉皆佛性)"의 사상을 낳았다. 민간신앙과 민속 차원에서는 바늘공양, 인형공양 등의 모노공양이 오늘날도 행해지고 있다.[9] 또 에도시대(江戶時代)의 국학자 모토오리 노리나가(本居宣長)는 『겐지모노가타리(源氏物語)』를 통해 헤이안시대(平安時代) 문학의 핵심적인 미적 이념으로 '모노노아와레(もののあはれ)'를 도출했다. 현재 일본에서도 고도한 공업 기술과 전통적인 장인정신이 결합된 '모노즈크리(ものづくり)'가 정부와 민간 차원에서 강조되고 있으며, 엔터테인먼트에서도 예를 들면 미야자키 하야오(宮崎駿)의 〈모노노케히메(もののけ姬, 원령공주)〉를 비롯한 애니메이션에도 '모노'의 관념은 명료하게 나타나 있다.

2) '모노'의 철학적 분석

고하마 이쓰오(小浜逸郎)는 일본어의 '모노(モノ)'가 '고토(コト)'라는 낱말과 짝이 된다고 지적하면서 서양 언어에서는 이들을 구분하지 않거나, 그다지 명확하게 구별하지 않고 보통 하나의 단어가 양쪽을 의미한다고 말한다. 영어에서는 일반적으로 'thing' 이 '모노', '고토' 모두를 의미한다. matter는 거의 '고토'에 해당하지만 일본어의 '고토'보다 특정한 일, 사건, 문제 등을 가리키는 뉘앙스가 강하다고 한다.[10] 이 matter와 thing의 차이는 프랑스

9 鎌田東二, 「翁童論と日本人の死生観の変遷 比叡山麓で開催する意味を考えながら…」 第1回老年哲学国際会議(未来共創フォーラム) 『死生学と老年哲学の交叉点』, 2019, 84-88頁.

10 미국에서 흑인 시민 조지 플로이드가 경찰의 과잉 진압으로 숨진 사건을 계기로 크게 확산된 인종차별반대운동의 이름이 'Black Lives Matter(흑인의 생명도 소중하다; 약칭BLM)'이었던 것은 'matter'라는 말이 지닌 "주목 · 중시해야 할 일" "관심을 가져

어의 chose와 affaire의 차이에 해당되는데, 프랑스어에서도 chose는 '고토', '모노'의 양쪽을 나타낸다. 독일어에는 Sache와 Ding의 두 단어가 있지만 역시 양쪽 모두 일본어의 '고토', '모노'로 옮길 수 있고 두 단어의 어느 쪽이 '모노'이고 어느 쪽이 '고토'라고 딱히 구별할 수 없다.[11]

일본어의 '모노'와 '고토'의 차이를 처음으로 세밀하게 고찰한 것은 와쓰지 데쓰로(和辻哲郎)의 「일본어와 철학의 문제」이다. 와쓰지는 우선 '고토'가 첫째로 동작・상태를 나타내고, 둘째로 사건을 나타내고, 그리고 셋째로 '언'을 나타낸다고 했다. 그에 대해 '모노'는 우선 지향되는 것으로서 '모노'를 '모노'가 되게 하는 그 지향성 자체의 존재를 시사한다. 그 지향성이 바로 '고토'이며, 그 관계에 의해서 '모노'는 '고토'의 지반이 되고 있다고 한다. 고하마에 의하면 여기서 와쓰지는 분명히 말하지 않지만 그가 말하는 '고토'는 '일(事)'과 동시에 '말(言)'이기도 하다는 강렬한 함의가 있다고 한다.

그리고 와쓰지는 다시 이 지향성의 지반이 되는 특수한 '모노'를 생각할 수 있다고 주장한다. 즉 첫 번째의 '모노'를 '모노'가 되게 하는 것이 '고토'이며, 다시 그 '고토'를 '고토(言, 말)'로 뚜렷하게 나타내 주는 '모노'가 존재한다는 논리이다. 여기에 '모노-고토-모노'라는 3단계 구조를 볼 수 있다.

고하마에 의하면 이 특수한 '모노'에 대해 와쓰지는 명확하게 말하지 않지만 논리의 맥락에서 보아 분명히 인간존재를 의미한다. 그리고 이것은 하이데거의 『존재와 시간』(1927)에서 현존재(現存在) 분석의 영향을 받은 생각이다. 하이데거에 의하면 우리 주변에 있는 것(=도구존재)은 인간이라는 것(=현존재)에 의해서 의미의 연관이 주어지면서, 모든 것이 현존재에게

야 할 일"이라는 함의를 잘 보여준다.

11 小浜逸郎, 「こと―もの」問題」, 『日本語は哲学する言語である』, 德間書店, 2018, 86頁.

어떠한 것'으로 규정되기 때문이다. 단 '모노'와 '고토'를 구별하지 않는 독일어가 아니라 '모노'와 '고토'를 구별하는 일본어의 특성을 통해 그것을 더욱 명확히 드러낸 점에 와쓰지의 창의성이 있다. 오히려 독일어에는 양자의 구별이 없기 때문에 하이데거의 분석은 매우 난해해질 수밖에 없었다.[12]

하세가와 미치코(長谷川三千子)는 이 와쓰지의 논의를 다음과 같이 비판한다. 하이데거의 '존재'에 대한 물음과 '존재자'에 대한 물음의 엄정한 구별을 따라 거기에 '고토'와 '모노'를 갖다 붙였을 뿐으로, 이래서는 '모노'와 '고토'는 단지 『존재와 시간』의 용어를 옮긴 말일 뿐, 일본어와 철학과의 대화에서 일본어로부터의 해답이 되지 못한다는 것이다.[13]

하세가와의 비판에 대해 고하마는 일본어 '고토'가 '일(事)'과 동시에 '말(言)'의 의미까지 내포하고 있다는 사실을 와쓰지가 강조한 점에 주의해야 한다고 지적한다. 말을 하는 것은 인간뿐이며 말이야말로 '모노-고토'의, 지향되고 지향하는 관계를 타자에 대해 표출하는 역할을 맡고 있다. 고대 일본인은 왜 고토(일)가 고토(말)임을 통해서만 실현된다고 생각했는가, 그리고 그러한 일본인의 사고방식에 어떤 보편적인 세계 이해가 내포되어 있는가 하는 문제로 나아가는 길을 와쓰지가 열어 주었다고 한다. 고하마는 다음과 같이 와쓰지를 변호한다. 와쓰지의 '모노-고토-모노'라는 3단계의 파악을 통한 앞의 분석과 만날 때, 우리는 '고토'가 단지 이른바 객관적인 사실·사건·일을 직접 가리킬 뿐만 아니라, 말하는 이의 고토(말)에 의해서 훤히 드러나고 말하는 이와 주변의 듣는 이에 의해서 공유될 일을 나타

12 위의 책, 91-92頁.

13 위의 책, 92頁.

낸다. 이것은 우리가 경험을 통해 쉽게 이해할 수 있는 일이라는 것이다.[14]

앞에서 본 하세가와 미치코는 『일본어의 철학으로(日本語の哲学へ)』(2010)에서 와쓰지의 문제 제기를 비판적으로 받아들이면서 그것을 더욱 발전시켰다. 하세가와에 의하면 '모노'는 구체적인 물체를 나타냄과 동시에 『만엽집(萬葉集)』 등의 용례를 보면 대부분의 경우 '무(無)의 그림자'가 감돌고 있다. '모노'를 형용사의 접두어로 "모노가나시이(もの悲しい, 왠지 슬프다, 아련하다)"로 표현할 경우 명확한 슬픔의 대상이 있는 것이 아니라 그 자리에 감도는 슬픈 기분 그 자체를 나타낸다. 헤이안시대의 궁녀들에게는 식사 · 의복 · 악기 등을 모두 '모노'라는 말로 표현하는 습관이 있었다. 이것도 역시 그 사물 자체를 노골적으로 가리키는 것을 꺼리는 의미가 있었다.

고어와 현대 일본어에서 추상어로서의 '모노'의 의미를 종합적으로 생각해 보면 "인류가 감지하고 인식할 수 있는 모든 대상"에서 그것에서 감지되고 인식되는 모든 구체상(具體相)을 지워 없앤다는 의미로 파악된다.[15]

고하마 이쓰오는 하세가와 미치코의 '물건/고토' 분석을 이렇게 요약한다. 일본어의 '모노'와 '고토'는 짝을 이루고 있다. 그 의미는 양쪽 다 시간을 내포하고 있지만 '고토'가 시간이 도래하고 출현하는 그 "차례차례로 되어 가는" 측면에 주목하는 반면, '모노'는 그렇게 나온 것이 지나쳐 가는 그 뒷모습을 바라보는 그런 관계이다.[16]

다만 고하마는 하세가와가 '모노'라는 말이 "무의 그림자"를 짊어지고 있다고 표현한 것은 약간 지나친 말이 아니냐고 의문을 제시한다. 하지만 확

14 위의 책, 93頁.
15 위의 책, 96-97頁.
16 위의 책, 8頁.

실히 '모노'는 개별적인 사물의 구체성을 추상화시키는 것으로 그 구체성을 치워 없애는 기능이 있다. 달리 말하면 '모노'라는 말은 그 대상을 '애매하게 대충대충 묶어 두는' 기능이 있다고 한다.

이러한 분석을 통해 고하마는 고대 일본인의 심성을 이렇게 추측한다. 고대인이 '모노'라는 말을 쓰기 시작했을 무렵, 거기에는 낯선 현상들이나 자연물들을 접하면서 아직 그것들의 이름을 새롭게 짓지 못하거나, 기존 사물들의 연장선상에서 그것을 다 정리할 수 없는 상태에 놓여 있어서 당혹감이나 섬뜩하게 여기는 심정이 강하게 반영되었을 것이다. 그래서 하세가와의 말처럼 '모노'라고 부르는 대상 속에 "무의 그림자"가 깃들어 있다고 보기보다는 '모노'란 좀 더 감각적이고 정서적인 파악 작용이며 확실히 그 존재가 불안을 불러일으키는 섬뜩한 것으로 감지된다는, 그런 상태에 대해 지어진 이름이라는 것이다.[17]

일본어의 '모노(物 · 者 · 靈)'를 '고토(事 · 言)'와 짝이 되는 개념으로 보는 점에서는 와쓰지 데쓰로, 하세가와 미치코, 고하마 이쓰오 모두 공통된다. 하지만 와쓰지 데쓰로는 '모노(지향하는 대상)—고토(지향하는 일 · 말)—(특수한)모노(앞의 둘을 기초케 하는 인간존재, 者)'라는 관계 · 구조가 있다고 지적했다. 한편 하세가와 미치코는 '모노'와 '고토'가 모두 시간을 내포하고 있지만 '고토'가 때가 다가와 출현하는 사물의 생성적 측면에 주목하는 반면에 '모노'는 말하자면 "무의 그림자"를 띠고 "인류가 감지하고 인식할 수 있는 모든 대상"으로부터 그 구체적인 상(相)을 지워 없앤다고 하는 의미 파악으로 이루어져 있다고 보았다. 고하마 이쓰오는 하세가와의 설명을 약간 수

17 위의 책, 105頁.

정하고 '모노'는 개별적인 사물의 구체성을 추상화시킴으로써 그 대상을 '애매하게 묶어 두는' 의미작용을 한다고 지적했다.

3. 가마타 도지의 '모노학'
—아일랜드 바닷가의 '모노' 체험에서

앞 장에서 본 와쓰지, 하세가와, 고하마 등이 오로지 언어에 입각한 철학적 분석을 통해 '모노(및 '고토')'를 논의한 것에 대해 신도학자 · 철학자이자 '신도 송 라이터'를 자칭하는 음악가 · 작곡가이기도 한 가마타 도지(鎌田東二)는 자기 스스로의 '모노' 체험을 통해 '모노학'을 제창하게 되었다. 여기서는 그 원점이 된 가마타 자신의 '모노' 체험에 대해 살펴보고자 한다.

1995년 8월 6일, 가마타 도지는 아일랜드 애런 제도(영: Aran Islands, 아: oileain Arann)의 작은 섬인 이니슈어 섬(영: Inisheer, 아: Inis Oirr)에 가 있었다. 이 해는 일본의 전후 50년을 맞이한 해로 가마타는 음악가 호소노 하루오미(細野晴臣)와 미카미 도시미(三上敏視)로부터 히로시마(廣島)의 원자폭탄이 투하된 장소에서 대지에 기도를 올리고 지구의 기공을 정맥시키기 위한 행사에 참가 요청을 받았다. 그러나 때마침 그는 국제교류기금에서 「켈트와 신도」 비교연구를 위해 아일랜드에 파견되었고 더블린대학 켈틱 스터디스에 재직 중이었기 때문에 행사 당일에 맞춰 귀국할 수 없었다. 그래서 아일랜드에서라도 히로시마를 향해 기도를 올리기 위해 더블린에서 멀리 떨어진 이니슈어 섬을 찾아간 것이다.

섬 동쪽 해안에는 난파선이 좌초한 채 방치돼 있었다. 수십 년 전에 좌초

되었다는 난파선이 애처롭고, 전후 50년의 시간을 신기한 기공(氣孔)으로 연결해 주는 것 같은 느낌이 들어서 그 자리에서 원폭이 투하된 시간에 맞춰서 히로시마를 향해 노리토(祝詞)와 반야심경(般若心經)과 진언(眞言)을 외우고 일본에서 가져온 돌피리와 용피리와 나각을 불었다. 인적이 드문 해안에 아일랜드에서는 좀처럼 들을 수 없는 기묘한 소리가 울려 퍼졌다.

혼자만의 기도 의식을 마치고 숙소로 돌아가려고 해안선을 따라 걷기 시작했을 때, 갑자기 발밑에서 "나를 불어 줘!" 라는 외침 소리가 들려왔다. 깜짝 놀라 발밑을 보니 구멍이 뚫린 돌이 보였다.

두근거리면서 그 돌을 집으니 구멍이 세 개 뚫려 있었다. 조개가 뚫었는지 바닷물이 침식한 것인지는 잘 알 수 없지만 세 구멍이 뚫려 있었다. 그것을 보고 소름이 끼쳤다. "이거구나!" 라는 상징작용을 느꼈기 때문이다.

그 돌피리에 입을 대고 숨을 불어넣으니 삐이익 하는 날카로운 바람소리나 새소리 같은 소리가 울렸다. 이니슈어 섬의 스톤 호루라기.

그것은 과연 '돌'인가 '피리'인가? 혹은 그 밖의 '무엇'인가? 나에게는 그때 만난 '돌'은 그냥 '돌'이라는 '물건'이 아니다. 그것은 '물건' 이상의 '무엇'이다. 그 이후 나는 매일 아침 이 이니슈어 섬의 돌피리를 불게 되었다.[18]

앞 장에서 본 와쓰지 데쓰로의 '모노—고토—모노' 도식에서 보면, 구멍이 뚫린 돌이라는 물건(모노[物])에게 가마타 도지라는 사람(모노[者])이 숨을 불어넣자 피리로써 소리를 내는 '고토(事)'가 일어났다. 그것을 했다는 말이 될 것이다. 그러나 그렇게 말한다면 단지 가마타 도지라는 인간이 해변에

18 鎌田東二 編著,『モノ学の冒険』, 創元社, 2009. 10頁.

서 구멍 뚫린 돌을 주워서 불어 보면 뜻밖에 삐이익 소리가 울렸다는 일을 기술한 평범한 이야기로 그치고 만다. 이러한 시각으로는 서양 근대 철학적인 인간중심주의를 벗어날 수 없다.

'모노—고토' 관계를 정초하는 특별한 '모노'로 인간존재를 상정하는 하이데가-와쓰지 데쓰로 식의 인간중심적인 '모노' 이해에 입각하는 한 가마타 도지의 이 고백은 이해할 수 없다. 오히려 이 이야기에서 중요한 것은 "나를 불어 줘!" 라는 외침 소리를 듣고 (적어도 가마타는 그렇게 느끼고) 발밑을 보니 구멍 뚫린 돌이 있었다는 점에 있다. "그것은 과연 '돌'인가 '피리'인가? 혹은 그 밖의 '무엇'인가? 나에게는 그때 만난 '돌'은 그냥 '돌'이라는 '물건'이 아니다. 그것은 '물건' 이상의 '무엇'이다. 그 이후 나는 매일 아침 이 이니슈어 섬의 돌피리를 불게 되었다." 가마타 도지는 '돌'이라는 '모노(物)'가 자신의 '모노(者)'를 거쳐 '모노(돌이면서 돌 이상의 것)'와 '모노(靈, 여기서는 영묘한 소리)'를 결합시켰다고 말했다.[19]

다시 말하면 '모노'라는 말은 단지 '사물 · 물건', '인물 · 사람', '영 · 신령'을 포함할 뿐만 아니라 '모노(物/者)'는 '모노(者/物)'와의 만남 · 작용이라는

19 金泰昌, 「文明文化間対話と韓日霊性和平の問題」, 『スピリチュアリティと平和 講座スピリチュアル学 第3巻』, ビイング・ネット・プレス, 2015, 217頁. 다만 김태창(金泰昌)은 이것에 대해 '고토'의 개재라는 계기를 동시에 보아야 한다고 지적하면서 "가마타 도지라는 '모노(者)'가 모노이면서 모노 이상의 무엇에 입을 대고 숨을 불어넣는 일이—모노가 인격화되었다는 고토(事; 일)의 고토(言; 말)화(언어화)가 원인이 되어서 야기된 기능—개입해야 비로소 '돌'이라는 '모노(物; 물건)'가 '돌피리'라는 '모노(物; 물건)' 이상의 '무엇인가'가 되고, 그 '무엇인가'가 또 신기한 음향이 되기도 했다는 것은 아닐까요?" "이 체험 또는 사건은 모노만의 자기 발전 또는 모노의 내발적인 발전으로 보기보다는 모노와 고토의 상관연동으로 보는 것이 보다 실상 해명적"이라고 생각한다는 의견을 제시했다.

'고토(일 · 말)'로 인해 '모노(영 · 영혼)'가 되는 변용을 보여주는 역동성을 간직하고 있다는 말이 된다.

4. 니노미야 손토쿠의 지구인문학

니노미야 손토쿠(二宮尊德, 별칭 金次郎[긴지로], 1787~1856)는 에도시대 후기의 사상가 · 농촌부흥운동가이다. 1856년에 69세로 세상을 떠날 때까지 번령(藩領)과 막부령(幕府領)을 포함한 수많은 황폐화된 농촌을 부흥시키고 자연과 인간에 대한 날카로운 관찰과 경험을 통해 천재지변과 인재(人災)를 예측하면서 대책을 세우고 도탄에 빠진 백성들을 구했다. 손토쿠의 사상은 제자들에 의해 보덕교(報德教)라는 이름으로 정리되고, 그 실천은 메이지시대(明治時代) 이후 보덕운동(報德運動)으로 발전되었다.

손토쿠는 『사서오경(四書五經)』을 독자적인 통찰을 통해 재해석하면서 신도 · 유교 · 불교를 절충한 종교관을 바탕으로 지성(至誠) · 근면(勤勉) · 분도(分度) · 추양(推讓)을 생존과 생활의 기본적 태도로 가르치고 또 스스로 실천했다. 그는 특히 '천도(天道)' 또는 '천리(天理)'와 '인도(人道)'를 구별하면서 인조(人造) · 인위(人爲)의 중요성을 강조했다. '천도' 그대로 놓아두면 농토는 황무지로 변한다. 그래서 끊임없이 '인도'로써 손봐야 한다. 손토쿠는 "천지를 경문(經文)으로 삼아야 한다."라고 하면서 자연에서 배우는 자세를 강조한 한편, 인도는 '적소위대(積小爲大)' 즉 작은 일들을 쌓아 올려야 큰일이 이루어진다고 하면서 근면과 그 '이치(理)=이익(利)'을 설파했다. 정성을 다하고 근면하게 일을 하며 자기 분수를 지켜서 후손들과 타자들을 위해 저축한 것을 물려주고 나눠주는 태도를 견지하면 가난으로부터 벗어나 부와 사회적 풍요로움과 평화를 누릴 수 있으며, 자기 집안도 마을도 번(藩)도 나라도 그 주변도 풍요로워질 수 있다고 한다. 니노미야 손토쿠는 이렇게 천도와 인도를 구분하면서 경제와 윤리와 생활 실천을 결부시킨 것이다.[20] 그리고 손토쿠는 '천리(天理)'라고 하면 무조건 도덕적이고 좋은 것이라고 하는 일반적인 이해와 다른 독특한 천리관을 제시했다.

> 천리(天理)에서 보면 선악은 없다. 그 증거로 천리에 맡겨 두면 모두 다 쑥대밭이 되어서 개벽의 옛날로 돌아가 버린다. 왜냐하면 그것이 바로 천리자연(天理自然)의 도이기 때문이다. 무릇 하늘에는 선악(善惡)이 없는 고로 벼와 강아지풀을 가리지 않고 씨앗이 있는 것은 모두 생육시키고, 생기(生氣)가 있는 것은 모두 발생시켜 준다. 인도(人道)는 그런 천리를 따르는 것이지마는 그 안에서 각각 구별해서 피[稗]와 강아지풀[莠]을 나쁘다 하고, 벼와 보리를 좋다고 하듯이 모두 인신(人身)에 편리한 것을 선이라 하고 불편한 것을 악이라 한다. 여기에 이르러서는 천리와 다르다. 왜냐하면 인도는 사람이 세운 것이기 때문이다. 인도는 비유컨대 요리와 같고 초장과 같으니 역대의 성주(聖主)·현신(賢臣)이 조리하고 간을 맞추어서 만든 것이다. 그러기 때문에 자칫하면 상할 수 있으므로 정치를 세우고 교화를 세우며 형법을 정하고 예법을 제정시켜 까다롭고 시끄럽게 돌봐 주어야 겨우 인도가 설 수 있다. 그것을 천리인도(天理人道)라고 생각하는 것은 큰 잘못이니 잘 생각해야 한다.[21]

20 鎌田東二, 「日本の平和思想ー『国譲り』問題を考える」, 『スピリチュアリティと平和 講座スピリチュアル学 第3巻』, 257頁.

21 福住正兄 筆記, 『二宮翁夜話』 巻之一, "天理より見る時は善悪はなし, 其証に

손토쿠는 자연의 이치와 인간의 도리를 혼동하는 것을 비판한다. 정치, 교화, 형법, 예법과 같은 제도는 모두 어디까지나 인간이 만든 것이다. 인간은 자기들의 몸에 편한 것과 불편한 것을 선과 악으로 가린다. 이에 대해 천리는 그러한 인간의 가치관과 무관하게 씨앗이 있고 생기가 있는 것을 나고 자라게 한다. 가령 사람이 집과 논밭을 짓고 난 뒤 그대로 놓아 두면 점차 황폐해진다.

그러나 그렇다고 천리와 인간이 대립하는 것도 아니다. 씨앗이 있는 것, 생기가 있는 것을 모두 나고 자라게 해 주는 천리의 작용 속에서 인간도 살고 있기 때문이다. 그런 의미에서 인도는 천리를 따르는 것이다.

> 풍우(風雨)가 일정하지 않고 한서(寒暑)가 오가는 이 세계에 털도 깃도 없고 바늘도 껍질도 없이 나체로 나고, 집이 없으면 우로(雨露)를 막지 못하고 의복이 없으면 한서를 막지 못하다. 이에 인도(人道)라는 것을 세우고, 쌀을 좋다 하고 강아지풀을 나쁘다 하며, 집을 짓는 것을 선이라 하고 망가뜨리는 것을 악이라 하는 것은 모두 사람을 위해 세운 도이다. 그래서 인도라고

は，天理に任する時は，皆荒地となりて，開闢のむかしに帰る也，何故となれば，是則天理自然の道なれば也，夫れ天に善悪なし，故に稲と莠を分たず，種ある者は皆生育せしめ，生気ある者は皆発生せしむ，人道はその天理に順といへども，其内に各区別をなし，稗莠を悪とし，米麦を善とするが如き，皆人身に便利なるを善とし，不便なるを悪と為す，爰に到ては天理と異なり，何故となれば，人道は人の立る処なれば也，人道は譬ば料理物の如く，三杯酢の如く，歴代の聖主賢臣料理し塩梅して拵らへたる物也，されば，ともすれば破れんとす，故に政を立，教を立，刑法を定め，礼法を制し，やかましくうるさく，世話をやきて，漸く人道は立なり，然を天理人道の道と思ふは，大なる誤也，能思ふべし”
http://sybrma.sakura.ne.jp/31ninomiyaouyawa.html (2022.07.12. 열람)

한다.[22]

손토쿠가 보기에 천리 속의 인간은 본래 매우 취약한 존재이다. 그래서 살기 편한 것을 선이라 하고 불편한 것을 악이라 하는 가치관과 그것을 지키는 제도를 세웠다. 그것이 바로 인도이다. 따라서 천리와 인도는 본래 차원이 다른 것이다. 그러니까 '천리자연'과 '인도'는 별개로 생각해야 하는데도 그것을 혼돈해서 '천리인도'라고 말하고 천리와 인도를 동등한 것으로 여기는 것은 큰 오류라는 것이다.

> 인도는 인조(人造)이다. 그러니까 자연히 이루어지는 천리와는 격이 다르다. 천리란 봄이면 생장하고 가을이면 시들고, 불은 말리고 물은 낮은 곳으로 흐르니 밤낮으로 운동해서 만고에 변하지 않는 것이다. 인도는 날마다 밤마다 인력을 다하여 보호해서 이루어진다. 그러므로 천도를 자연에게 맡기면 갑자기 쇠하고 행해지지 않게 된다. 그런 까닭에 인도는 정욕(情欲)대로 한다면 제대로 서지 않는 것이다.[23]

사가미 지방(相模國) 오다와라 번(小田原藩, 오늘날의 가나가와현[神奈川縣])

22 위의 글, "風雨定めなく, 寒暑往来する此世界に, 毛羽なく鱗介なく, 裸体にて生まれ出, 家がなければ雨露が凌がれず, 衣服がなければ寒暑が凌がれず, 爰に於て, 人道と云う物を立て, 米を善とし, 莠を悪とし, 家を作るを善とし, 破るを悪とす, 皆人の為に立たる道なり, 依て人道と云"

23 위의 글, "夫人道は人造なり, されば自然に行はるゝ処の天理とは格別なり, 天理とは, 春は生じ秋は枯れ, 火は燥けるに付, 水は卑きに流る, 昼夜運動して万古易らざる是なり, 人道は日々夜々人力を尽し, 保護して成る, 故に天道の自然に任すれば, 忽に廃れて行はれず, 故に人道は, 情欲の侭にする時は, 立ざるなり"

의 한 농부였던 손토쿠는 천리와 인도의 관계를 냇물과 물레방아에 비유했다. "무릇 인도는 비유컨대 물레방아와 같다. 그 모습을 보면 반은 물줄기를 따르고, 반은 물줄기와 반대로 회전한다. (물레방아가) 통째로 물속으로 들어가면 돌지 않고 흘러갈 것이다. 또 물을 떠나면 돌 수 없다."[24] 즉 인도는 천리 · 천도를 떠나서 존재할 수 없다. 하지만 천리를 전적으로 따르면 인도가 성립될 수 없다. 인도는 천리 · 천도를 의지하면서 반은 그것을 따르고 반은 거스르는 그러한 복잡한 관계에 있다는 것이다.

가마타 도지는 이와 같이 니노미야 손토쿠의 가르침은 현실주의적이고 실용주의적이지만 '인도'가 쇠퇴하고 어지럽힌 세상에서는 현실주의와 실용주의는 장대한 이상이나 이념과 결부되어야 한다는 것이었다고 지적한다.[25]

니노미야 손토쿠는 '추양(推讓)'의 도를 신도와 관련시켜서 설명했다. 가마타 도지에 의하면 서로 양보하는 정신과 행위는 증여와 공익과 헌신과도 관련된다고 한다. 양보하는 것으로 타자도 자기도 함께 살린다. 이와 같은 '공조'와 '공공'은 '분도(分度)'의 자각과 '추양'의 방법에 있다고 손토쿠는 생각했다. 그는 이 '추양'을 아마테라스 오미카미(天照大神)가 가르친 도로 보았다. 손토쿠는 '신도(神道)'가 천지개벽(天地開闢)과 만물생성(萬物生成)의 도로서 유교와 불교가 들어오기 이전부터 있었던 도로 보고 그는 신도가 근본이고 유교와 불교는 지엽이라는 독자적인 근본지엽과실설(根本枝葉果實說)을 전개했다. 그리고 아마테라스 신의 '추양'에 의해 인도를 세우면서 망

24 위의 글, "夫人道は譬ば, 水車の如し, 其形半分は水流に順ひ, 半分は水流に逆ふて輪廻す, 丸に水中に入れば廻らずして流るべし, 又水を離るれば廻る事あるべからず"
25 鎌田東二, 앞의 글, 257-258頁 .

망한 갈대밭이 쌀농사를 통해 벼이삭이 풍요롭게 여무는 나라 '미즈호노쿠니(瑞穂の国)'가 되었다고 한다. 이처럼 아마테라스 신의 '개국(開國)의 술(術)'이 바로 '추양'이었다. 손토쿠는 이 '추양'에 의해 '인도'가 확립되고 나라가 평안해졌다고 한다.[26]

모노학적 관점에서 니노미야 손토쿠의 사상을 보면, 천리는 본래 선악의 분별 없이 벼도 강아지풀도 가리지 않고 모두 발생하게 해 주는 것(모노)이며 봄이면 생장하고 가을이면 시들고, 불은 말리고 물은 낮은 곳으로 흘러서 밤낮으로 움직이며 만고에 변하지 않는 것(모노)이다. 이는 인간의 이해득실과 무관하게 모든 개별적인 생명을 살려 주는 큰 생명 작용이자 춘하추동이나 밤낮의 순환 등으로 나타나는 자연의 운행, 순환, 물리 법칙이다.

한편 인간은 그 천리 속에서 천리 덕으로 살고 있는 자(모노)이지만 거기서 인간 스스로의 생존을 위해 편리한 것과 불편한 것을 선과 악으로 나누는 가치관과 스스로 살아가기 위한 제도와 규범으로서 '인도'를 구축하는 자(모노)이기도 하다. 그래서 천리를 전면적으로 따르는 것이 바로 선이 될 수 없고, 반은 천리를 따르고 반은 천리를 거역하면서 인도를 계속해서 "까다롭고 귀찮게" 공을 들여서 유지하고 관리해야 하는 자(모노)이다.

그리고 손토쿠에 의하면 '추양'에 의해 '인도'를 세워 준 신(모노)이 바로 아마테라스 오미카미(天照大神)이다.[27] 아마테라스의 노고로 인도가 확립되었다는 것은 다시 말하면 아마테라스 오미카미라는 신(모노)이 추양이라는 '개국의 술'을 보여줌으로써 천리라는 것(모노) 속에 그것과 별도로 인간이라는 자(모노)들이 살아갈 수 있는 인도를 세워 주었다는 것이다. 이것으로

26 鎌田東二, 앞의 글, 260-261頁.

27 위의 글, 261頁.

망망한 갈대밭의 나라는 벼이삭이 풍요롭게 여무는 나라로 변모했다.

다만 손토쿠의 시대와 달리 현대는 이른바 인류세(Anthropocene) 시대를 맞이하고 있다. 인간의 활동이 지구에 다방면으로 심각한 영향을 미치게 되었다. 그것을 손토쿠 식의 '천리'와 '인도'의 시각으로 본다면 인류는 자신의 활동에 의해 천리를 위협하게 되었다기보다는 인류의 근시안적인 경제적 · 군사적 등등의 활동, 그가 말하는 '분도'와 '추양'을 모르는 활동에 의해 스스로 천리의 작용에 따라 "모두 다 쑥대밭이 되어서 개벽의 옛날로 돌아가 버리는" 일을 저지르고 있다고 볼 수 있는 듯하다. 수많은 동식물을 멸종으로 몰아넣고 생태계를 변형시키며 방대한 폐기물을 배출하면서 말이다.

구체적인 예를 들면 과거에 대규모 폭발 사고가 난 체르노빌이나 후쿠시마 제1 원전의 주변 지역은 지금도 고농도의 방사능으로 오염되어 있고 출입이 엄격하게 통제되고 있다. 만약 인간이 들어가면 치명적인 방사능 장해를 입을 위험이 있다. (최근 보도에 따르면 러시아가 우크라이나를 침공하여 러시아군 병사들이 체르노빌에 침입하면서 고농도로 오염된 '붉은 숲'에 들어가서 참호와 벙커를 파고 방사성물질을 맨손으로 만지기도 했는데 그 병사들이 심각하게 피폭됐을 가능성이 있다고 한다.)[28] 그러나 폐허 사이에는 수목이 우거지고 야생동물과 야생화된 가축들이 활보하게 되었다. 천리는 이렇게 인간이 살지 못하는 오염된 땅에서도 생물을 살게 하는 것이다.[29]

28 황준범, 「체르노빌 원전 지역 활보한 러시아군, 방사능 피폭 우려」, 한겨레(2022.04.10.)https://www.hani.co.kr/arti/international/international_general/1038243.html (2022.07.11. 열람)

29 DOUGLAS MAIN, 牧野建志(訳), 「人間に遭わない… 福島立入禁止区域で増える動物たち」, ナショジオニュース日本版(2020.05.30.) https://style.nikkei.com/article/DGXMZO59025510T10C20A5000000/ (2022.07.11. 열람)

니노미야 손토쿠와 같은 '천리자연/인도'관에서 본다면 자연(지구)과 인간을 대등한 관계로 여기는 것은 옳지 않다. 또한 천리 혹은 지구와 자연이 인간을 특별히 편애한다거나, 이와 반대로 교만한 인간들에게 화를 내고 벌을 내린다고 생각하는 것도 또한 옳지 않다. 만약 인류가 멸망한다면 그것은 스스로의 활동 결과 천리에 따라 자멸(自滅)하는 것이다. 지구가 멸망한다면 인류의 활동의 결과로 천리대로 인간이 다른 생물들과 함께 공멸(共滅)할 것이다.

그렇다면 지속 가능한 지구를 생각하기 위해서는 천리에 따라 인류와 다른 동식물이 오래도록 살 수 있는 새로운 '인도'를 확립하며 그것을 지키고 부지런히 뒷바라지해 주면서 살 수밖에 없을 것이다. 다만 이것을 인간중심주의라고 비난하는 것은 온당치 않다. 새로운 '인도'는 인간이 만물의 지배자임을 자임하면서 만물을 인간의 욕망대로 지배・관리・이용・개조한다는 의미의 인간중심주의가 되어서는 안 된다. 또 소위 '인간'의 범위가 어느 국가나 대기업 또는 소수의 권력자나 부유층의 이익밖에 의미하지 않게 되어서도 안 된다. 그렇지 않고 모든 인간이 더불어 살아가기 위해 인간 스스로와 다른 동식물 및 자연환경에 대해 더욱 깊이 이해함과 동시에 인간이 만물에 대해서도 책임을 지고 모든 생명과 자연환경이 오래도록 유지될 수 있는 천리를 따라가는 길이 되어야 할 것이다.

5. 맺음말

일본어의 '모노'는 공간의 일부를 차지하고 인간의 감각으로 파악할 수 있는 구체적인 물건(대상), 또는 인간이 생각할 수 있는 추상적이고 형태가 없는 대상이라는 뜻뿐만 아니라 인간, 나아가서는 신불 · 요괴 · 귀신 등의 불가사의한 영적 존재까지도 포함하는 개념이다. 또 일본어의 '모노'는 '고토'와 대비되는 말로 영어 · 독일어 · 프랑스어 등의 서양 언어에서는 이들을 구분하지 않거나, 그다지 명확하게 구별하지 않고 하나의 단어로 양쪽을 나타내는 경우가 많다.

일본어의 '모노(物 · 者 · 靈)'는 '고토(事 · 言)'와 짝이 되는 개념이다. 와쓰지 데쓰로(和辻哲郎)는 '모노(지향하는 대상)—고토(지향하는 것 · 말)—(특수한) 모노(앞의 양자를 기초케 하는 인간존재)'라는 관계 · 구조가 있다고 지적한다. 이에 대해 하세가와 미치코(長谷川三千子)는 '모노'와 '고토'가 모두 시간을 내포하고 있지만 '고토'는 시간이 와서 출현하는 사물의 생성적 측면에 착안하는 반면에 '모노'는 말하자면 '무의 그림자'를 띠고 있어서 인류가 감지하고 인식할 수 있는 모든 대상으로부터 그 구체상을 지우는 의미로 파악된다고 보았다. 고하마 이쓰오(小浜逸郎)는 하세가와의 설명을 약간 수정해서 '모노'는 개체적인 사물의 구체성을 추상화함으로써 그 대상을 '애매하게 묶는' 의미작용을 한다고 지적했다.[30]

와쓰지 등이 일본어의 '모노'를 '고토'라는 말과 대비시키면서 철학적으로 언어분석한 데 대해, 가마타 도지(鎌田東二)는 스스로의 체험을 통해 '모노'에 주목하면서 '모노학'을 제창하기에 이르렀다. 제2차 세계대전 종전 50주년의 8월 6일, 히로시마에 원폭이 투하된 그 시간에 맞춰서 가마타는 아일랜드의 섬에서 히로시마를 향해 기도를 올렸다. 혼자만의 의식을 마치고 해안을 따라 숙소로 돌아가는 길에 발밑에서 "나를 불어 줘!"라는 외침 소리

30 小浜逸郎, 앞의 글, 105頁.

가 들려왔다. 살펴보니 구멍이 뚫린 돌이 보였다. 그때 '돌'이라는 사물(모노[物])이 가마타 도지라는 사람(모노[者])'에게 호소한 것이다. 가마타가 이에 응하고 돌 구멍에 숨을 불어넣자 삐이익 하는 소리가 울렸다. "이후 나(가마타 도지)는 매일 아침 이 이니슈어 섬의 돌피리를 불게 되었다." 즉 '모노(物/者)'는 '모노(者/物)'와의 만남・작용이라는 '고토(事/言)'에 의해 '모노(靈)'로서 작동한다는 역동성을 포함하고 있는 것이다.

니노미야 손토쿠(二宮尊德)는 에도시대 후기의 사상가・농촌부흥운동가이다. 그는 '천리(天理)・천도(天道)'와 '인도(人道)'를 구별하지 않는 주자학적 관념에 반대하며 '천리・천도'와 '인도'의 구별을 강조했다.

모노학적 관점에서 본다면 하늘에는 선악이 없으므로 천리 또는 천도라는 '모노(物)'는 벼나 보리도 피와 강아지풀 같은 잡초도 가리지 않고 생장시킨다. 그래서 '천도' 또는 '천리자연' 그대로 방치하면 사람이 논밭도 황무지로 돌아간다. 하지만 사람이라는 '모노(者)'는 '인도'를 세워서 인간에게 도움이 되는 것과 그렇지 않은 것을 가려서 선과 악을 분별한다. 그는 이러한 천도・천리와 인도의 관계를 물레방아에 비유하면서 절반은 천리를 따르지만 절반은 천리를 역행한다고 설명했다. 그래서 벼를 자라게 하자면 끊임없이 잡초를 제거해야 하듯이 선을 보전하고 악을 제거하는 노력이 필요하다고 인도・인위의 중요성을 설파했다. 또한 니노미야 손토쿠에 의하면 이러한 '인도'를 가르친 것은 아마테라스 신이라는 '모노(신령)'라고 보았다.

만약 니노미야 손토쿠의 '천리/인도'관에서 오늘날의 '인류세'를 본다면 인류는 스스로의 활동에 의해 하늘을 위협한다고 보기보다는 인간은 손토쿠가 말하는 '분도(分度)'와 '추양(推讓)', 즉 스스로의 분수와 한계를 알지 못하고 자손들이나 타자에게 양도하고 서로 나눠 줄 줄 모르는 것으로 천리를 따라 스스로 자멸하거나 다른 생물들과 휘말리면서 함께 공멸하는 길을 가고 있다고 할 수 있다. 그의 시각에서 보면 자연(지구)과 인간을 대등한 것처럼 보고 "인류는 자연에게 전쟁을 벌이고 있다."(안토니우 구테흐스 유엔 사무총장)는 식으로 말하는 것은 옳지 않다는 말이 되겠다. 또 하늘은 선악이 없기 때문에 천리(지구)나 자연이 특별히 인간의 편에 선다거나, 이와 반대로 교만한 인간들에게 성내고 벌을 준다고 생각하는 것도 옳지 않을 것이다. 그래서 이제 필요한 것은 천리에 따라 인류와 다른 생물, 자연환경이 오래도록 존속할 수 있는 새로운 '인도'를 확립하고 그것을 준수하는 것이리라. 이것은 인간이 만물을 지배한다고 하는 의미에서의 인간중심주의와는 다르지만 인간이 하늘(지구 · 자연)에 대해 만물의 책임을 지는 '인간책임주의'라고 할 수는 있을 것이다.

참고문헌
찾아보기

참고문헌

생명평화결사와 『생명평화경』 그리고 생명평화 백대서원 절 명상 / 김석근

『금강경』, 『금광명경』, 『능엄경』, 『자타카』, 『천수경』, 『화엄경』.
「예불문」, 「자경문」, 「이산혜연선사 발원문」.

김석근, 「한국전통사상에서의 평화 관념: 사대와 중화를 중심으로」, 한국평화학회편, 『21세기 평화학』, 풀빛, 2002.

김택근 · 도법, 『사람의 길 : 도법스님 생명평화 순례기』, 들녘, 2008.

도법, 「생명평화운동과 대승불교의 수행: 인드라망 존재(본래부처)와 동체대비행(보현행원)」, 『불교평론』 43호, 2010.

____, 『그물코 인생 그물코 사랑: 도법 스님의 생명평화 이야기』, 불광출판사, 2008.

____, 「오래된 미래, 개벽과 생명평화」, 제1회 개벽포럼강의안, 2019년 3월 21일.

____, 『붓다, 중도로 살다 : 깨달음은 지금 여기 삶이 되어야 한다』, 불광출판사, 2020.

(사)숲길, 『생명평화 지리산 둘레길』, 꿈의 지도, 2012.

서재영, 「불교가 꿈꾸는 생명평화」, 『불교평론』 80호, 2019.

성철, 『백일법문』 상 · 중 · 하. 장경각, 2014.

이도흠, 「도법 스님: 길 위의 수행자, 지리산 마을의 부처」, 『본질과 현상』 23권, 2011.

이운허, 『불교의 깨묵: 불교입문』, 동국역경원, 1972,

하영선, 「근대 한국의 평화개념의 도입사」, 한국평화학회편, 『21세기 평화학』, 풀빛, 2002.

허남결, 「불교생명윤리는 무엇을 말해야 하는가-구제역과 살처분의 시대에 부쳐」, 『불교평론』 47호, 2011.

http://www.lifepeace.org/ 생명평화결사 홈페이지

http://www.indramang.org/ 인드라망생명공동체 홈페이지, 인드라망생명살림의 연대

http://www.indramang.org/hanlife/ 사단법인 한생명 홈페이지

http://www.silsangsa.or.kr/ 실상사 홈페이지

https://www.youtube.com/watch?v=wDP8hzQmaHI '생명평화백대서원 절 명상'

https://www.youtube.com/watch?v=N8ZhcNlgWbw '환경명상절 108배'

강창성,『한국의 생명운동과 대안 정치운동-무위당 장일순을 중심으로』, 고려대 박사학위논문, 2015.

교황 요한 바오로 2세,「1990년 세계 평화의 날 담화」 및 교황 베네딕토 16세.「2010년 세계 평화의 날 담화」.

김용복,「평화운동은 생명운동이다」.『YMCA생명평화운동구상』. 한국YMCA전국연맹 생명평화센터, 2007.

김재익,「장일순의 생명사상에 관하여-상생. 공생. 전생을 중심으로』.『생명연구』 51, 2019.

김지하,「창조적인 통일을 위하여 - 〈로터스상〉 수상연설」.『밥-김지하 이야기 모음』. 분도출판사, 1984.

______,『남녘땅뱃노래』. 두레출판사, 1985.

______,『생명과 자치: 생명사상 · 생명운동이란 무엇인가』. 솔, 1996.

______,『생명과 평화의 길』. 문학과지성사, 2005.

______,『흰 그늘의 미학을 찾아서』. 실천문학사, 2005.

______,「생명 평화의 길」.『민족미학』 3, 2005.

______,『생명학 1-생명사상이란 무엇인가』. 화남. 2008.

레오나르도 보프,『생태신학』. 김항섭 옮김. 가톨릭출판사, 2013.

____________,『생태공명』. 황종렬 옮김. 대전가톨릭대학교출판부, 2018.

무위당을 기리는 모임,『너를 보고 나는 부끄러웠네』. 녹색평론사, 2004.

박준건,「생태적 세계관. 생명의 철학」. 경상대학교 인문학연구소 엮음.『인문학과 생태학-생태학의 윤리적이고 미학적인 모색』. 백의, 2001.

박태현,「만물은 서로 연결되어 있고 인간도 결코 예외가 아니다 - 생태 정의와 인권. 그리고 지구법[학]」.『가톨릭평론』 11, 2017.

베네딕토 16세.「2010년 제43차 평화의 날 담화」. 2010년 1월 1일.

___________.「2007년 제40차 세계평화의 날 담화」. 2007년 1월 1일.

신승철,「환경과 민주주의: 생명위기 시대에서 생태 민주주의 역할- 가타리의 생태학적 구도와 주체성 논의를 중심으로」,『기억과 전망』 25, 2011.

에드가 모랭,『지구는 우리의 조국』. 이해형 옮김. 문예출판사, 1996.

유기쁨,「생태주의와 종교연구 흐름과 전망」.『종교문화연구』 9, 2007.

이병철,「내가 걸어온 길에서의 생명운동」.『종교 · 생명의 대전환과 큰 적공』. 원광대 원불교사상연구원 편. 모시는사람들, 2016.

이상국,「한살림운동이란?」.『도시와 빈곤』. 통권 19호, 1995.

이소영,「생태담론과 생명운동의 정치적 함의」.『동양사회사상』 26, 2012.

임은경,「[인터뷰]"80년대가 민주화운동이었다면 지금은 환경운동" - '생명평화'라는 용어와 '삼보일배'를 처음 만든 소설가 최성각」.『월간말』 11월호, 2007.

장일순, 『나락 한알 속의 우주』. 녹색평론사, 2009.
주요섭, 「생명운동은 '노아의 방주'가 아니다-생명담론과 새로운 사회운동」. 『한국의 생명담론과 실천운동:2004년 세계생명문화포럼』. 경기문화재단, 2004.
주요섭, 「한살림선언 이후 한국 생명운동의 전개-'다시-보기'와 몇 가지 문제의식 및 기대들」, 『모심과 살림연구소 기획 세미나 "전환의 시대, 생명운동의 길 찾기"자료집』, 2022년 6월 17일.
켄 윌버, 『켄 윌버의 통합비전』. 정창영 옮김. 김영사, 2014.
토마스 베리, 『위대한 과업』. 이영숙 옮김. 대화문화아카데미. 2009.
펠릭스 가타리, 『세 가지 생태학』. 윤수종 옮김. 동문선, 2003.
프란치스코 교황, 『우리 어머니인 지구(Nostra Madre Terra)』. 한국천주교중앙협의회, 2020.
____________, 『찬미받으소서』.한국천주교주교회의, 2015,
허남진 · 이우진, 「지구위험시대의 지구인문학-토마 베리의 지구학과 개벽사상의 만남」. 『한국종교』 49, 2021.

Canceran. delfo cortina. "Climate Justice: The Cry of the Earth. the Cry of the Poor (The Case of the Yolanda/Hayain Tragedy in the Philippines)". *Solidarity: The Journal of Catholic Social Thought and Secular Ethics*. Vol. 8-1, 2018.
Esbjörn-Hargens. Sean. "Ecological Interiority: Thomas Berry's Integral Ecology Legacy". *In Thomas Berry. Dreamer of the Earth: The Spiritual Ecology of the Father of Environmentalism*. edited by Ervin Laszlo and Allan Combs. Rochester: Inner Traditions, 2011.
Boff Leonardo and Elizondo Virgilio. "Ecology and Poverty: Cry of the Earth. Cry of the Poor". *Concilium: International Journal of Theology* 5., 1995.
Mickey Sam. *On the Verge of a Planetary Civilization A Philosophy of Integral Ecology*. London: Rowman & Littlefield Publishers, 2014.
_________. *Whole Earth Thinking and Planetary Coexistence Ecological wisdom at the intersection of religion, ecology, and philosophy*. New York:Routledge, 2016.
_________. Sean Kelly and Adam Robbert.(eds.). *The Variety of Integral Ecologies: Nature. Culture. and Knowledge in the Planetary Era*. NY: State University of New York Press, 2017.
Berry Thomas, *The sacred universe: Earth. spirituality. and religion in the twenty-first century*. M. E. Tucker. Ed.. New York: Columbia University Press. 2009.

「창립취지문」(생명평화마중물 홈페이지 http://yespeace.kr. 2021년 4월 9일 검색)
「생명평화서약문」(생명평화결사 홈페이지: http://www.lifepeace.org/001/sub02.html 2021년 4월 9일 검색)

「풀꽃평화를 꿈꾸는 '툇골'의 생태주의 작가 최성각」, 『춘천사람들』, 2018년 6월 9일자.

한국개신교의 생명평화운동과 사상 / 김재명

김민아, 「1987년 민주화 전후 시기 사회 변동에 대한 한국 진보적 개신교 사회 운동의 대응 방안 연구」, 박사학위 청구논문, 서울대학교, 2019.
녹색연합, 「[보도자료] 새만금 갯벌살리기 밤샘농성 돌입 선포식 결과보고」, (2000년 10월 17일), http://www.greenkorea.org/%EB%AF%B8%EB%B6%84%EB%A5%98/10439/ (접근 2021년 10월 5일).
성백걸, 「녹색은총, 기독교환경운동연대 25년의 발자취」, 『기독교환경운동연대 25주년 기념 발제자료』, (2007년 4월 14일), http://www.greenchrist.org/bbs/board.php?bo_table=ref_3&wr_id=59&sfl=wr_subject&stx=25&sop=and (접근 2021년 10월 30일).
성영곤, 「생태위기의 역사적 근원에 관한 재 고찰」, 『서양중세사연구』 제19호, 2007.
윤일, 「근본생태주의에 대한 기독교 세계관적 비판과 기독교 환경교육: 도예베르트의 양상이론을 통한 고찰」, 『복음과 교육』 10, 2011.
이윤희, 「평화담지체로서 제3기 한국YMCA 생명평화운동론 연구: 생명평화센터의 생명전기」, 한국YMCA전국연맹 간사 자격취득 청구 논문, 2016.
이진형, 『그린 엑소더스』, 서울: 삼원사, 2020.
임은경, 「[인터뷰] 80년대가 민주화운동이었다면 지금은 환경운동」, 『월간말』 2007년 11월호: 124-27.
장규식, 「한국YMCA 전국연맹 100년의 역사적 성찰」, 『기독교사상』 04, 2014.
______, 「민주화 이후 한국의 개신교와 시민사회」, 『한국기독교와 역사』 48, 2018.
장신근, 「지구생태계의 위기와 교회의 생명교육목회」, 『교육교회』 371, 2008.
전명수, 「1960-70년대 한국 개신교 민주화운동의 특성과 한계: 종교사회학적 접근」, 『한국학연구』 35, 2010.
______, 「한국 개신교 환경운동의 특성과 과제」, 『종교연구』 59, 2010.
최성각, 「이제는 '생명평화'다」, 《문화일보》, 2003년 6월 13일자, http://www.munhwa.com/news/view.html?no=2003061301010830048002 (접근 2021년 10월 3일).
평화헌장제정위원회, 「생명을 위한 평화 헌장」, 서울: 한국YMCA전국연맹 생명평화센터, 2010.
한국교회환경연구소, 『신앙으로 읽는 생태교과서』, 서울: 동연, 2019.
____________, 『삶으로 일구는 생태 영성』, 서울: 동연, 2020.
황홍렬, 「WCC의 생명선교와 한국교회의 생명선교 과제」, 『선교와 신학』 34, 2014.
White, L. J., "The Historical Roots of Our Ecologic Crisis," *Science* 155, 1967.

조선후기 실학의 지구학적 해석 / 김봉곤

『周易』, 『禮記』, 『皇極經世書』(소옹 저), 『星湖僿說』(이익 저), 『湛軒文集』(홍대용 저), 『地球典要』(최한기 저), 『氣學』.

최한기 지음, 손병욱 역주, 『기학』, 통나무, 2016.

고연희, 「19세기 지구와 세계에 대한 시각적 인식-集玉齋 수입서적 『地球說略』을 중심으로」, 『한국고지도연구』 11-2, 한국고지도학회, 2019.

김경수, 「담헌 홍대용의 인간관에 나타난 실천적 특징고찰」, 『동양철학연구』 107, 동양철학연구회, 2021.

김봉곤, 「원불교의 政敎同心과 시민적 덕성」, 『원불교사상과 종교문화』 84, 원광대학교 원불교사상연구원, 2020.

박일준, 「기후변화와 생태위기 시대의 물(物)의 신학-여물(與物)의 철학, 여인(與人)의 신학,여지구(與地球)의 인문학」, 『한국기독교신학논총』 124, 한국기독교학회, 2022.

신정근, 「현대유학의 길, 탈중국화와 인권유학」, 『동양철학』 40, 한국동양철학회, 2014.

이용범, 「이익의 지동론과 그 논거: 홍대용의 우주관」, 『진단학보』 34, 진단학회, 1972.

이원진, 「두 사건에서 보는 지구적 전환(two geological turn): 우리는 어떤 지구를 상상할 것인가-홍대용의 자전설과 자법어물(資法於物), 라투르의 대지설과 사고 전시」, 『원불교사상과 종교문화』 88, 원광대학교 원불교사상연구원, 2021.

이인화, 「18, 19세기 자연과학적 기철학의 문화공존 윤리-홍대용, 정약용, 최한기의 리기론을 중심으로」, 『동서철학연구』 97, 동서철학회, 2020.

이정림, 「성호 이익의 재인분류와 재이론의 합리화」, 서울대 석사논문, 2019.

이혜경, 「천하에서 국가로-량치차오와 박은식의 보편원리의 행방」, 『태동고전연구』 43, 2019.

인현정, 「홍대용의 정치철학과 물학(物學)의 관계연구」, 이화여대 박사논문, 2018.

임종태, 「17, 8세기 서양지리학에 대한 조선, 중국학인들의 해석」, 서울대 박사논문. 2003.

조성환 · 허남진, 「인류세 시대의 새로운 존재론의 모색: 애니미즘의 재해석과 이규보의 사물인식을 중심으로」, 『종교교육학연구』 66, 한국종교교육학학회, 2021.

추제협, 「조선후기 실학연구의 고민과 반성-그 방법 모색을 중심으로」, 『율곡학연구』 46, 2021.

동학사상의 지구민주주의적 해석 / 조성환 · 이우진

안희경, 『오늘부터의 세계』, 메디치, 2020.

이규성, 『최시형의 철학』, 이화여자대학출판부, 2011.

이승환 외, 『아시아적 가치』, 전통과 현대, 2001.

반다나 시바 저, 한재각 역, 『자연과 지식의 약탈자들』, 당대, 2000.
토마스 베리 지음, 이영숙 옮김, 『위대한 과업』, 대화문화아카데미, 2009.
토마스 베리 지음, 맹영선 옮김, 『지구의 꿈』, 대화문화아카데미, 2013,
Brook Ziporyn, *The Penumbra Unbound - The Neo-Taoist Philosophy of Guo Xiang*, State University of New York Press, 2003.

김학재, 「김대중의 통일 · 평화사상」, 서보혁, 이찬수 외, 『한국인의 평화사상 2』, 인간사랑, 2018.
조성환, 〈팬데믹 시대에 읽는 지구학(3) - 『아시아적 가치』를 읽고〉, 《개벽신문》 95호, 2020.07.
Kim Dae Jung, "The Myth of Asia's Anti-Democratic Values," *Foreign Affairs*, November/December 1994.
Vandana Shiva, "Earth Democracy : Beyond Dead Democracy and Killing Economies," Capitalism Nature Socialism 21(1), 2010.
Vandana Shiva, "Earth Democracy: Sustainability, Justice and Peace," *Buffalo Environmental Law Journal* 26(1), 2019.

〈김대통령 '민주주의 신념' 피력〉, 《연합뉴스》(온라인), 1999.10.25.
구도완, 〈생태민주적 전환과 생태민주 헌법〉, 《환경운동연합》(온라인), 2017.03.21.
안준호, 〈리콴유, 김대중 전 대통령과 민주주의 논쟁 벌이기도 : 1994년 미국 정치 · 외교 전문 매체인 포린 어페어스 통해〉, 《조선일보》, 2015.03.23.
안희경, 〈[세계 여성 지성과의 대화](3) 반다나 시바(하) "세계화가 만든 탐욕의 경제, 증오 정치로 여전히 세 유지"〉, 《경향신문》, 2017.02.08.
이관범, 〈일상이 된 미세먼지… '자연권' 헌법 명시로 해결책 찾아야〉, 《문화일보》 2019.07.03.
이인숙, 〈황거누이강을 사람으로 대하라〉, 《경향신문》, 2017.03.16.
Vandana Shiva, "Living Economy, Living Democracy", The Gandhi Foundation 홈페이지, May 22, 2009.

원불교 천지론의 사상적 기원과 지구인문학적 의미 / 허남진 · 조성환

『대종경』
『대산종사법문집』
『대종경 선외록』
『월말통신』
『정전』

『해월신사법설』

김낙필,「초기교단의 도교사상 수용」,『원불교사상과 종교문화』10・11집, 1987.
김도공,「한국 신종교와 지구윤리-삼동윤리를 중심으로」,『종교교육학연구』20집, 2005.
김도공・임병학,「원불교 사은의『주역』 연원에 관한 고찰」,『원불교사상과 종교문화』 67집, 2016.
김용휘,「해월 최시형의 자연관과 생명사상」,『철학논총』90집, 2017.
라명재,『천도교경전 공부하기』, 서울: 모시는 사람들, 2017.
래리 라스무쎈.『지구를 공경하는 신앙: 문명전환을 위한 종교윤리』, 한성수 옮김, 서울: 생태문명연구소, 2017.

샐리 맥페이그,『기후변화와 신학의 재구성』, 김준우 옮김, 서울: 한국기독교연구소, 2021.
소기석,「원불교의 四恩倫理에 나타난 생태학적 영성에 관한 연구」,『종교문화학보』1집, 2006.
유발 하라리,『21세기를 위한 21가지 제언-더 나은 오늘은 어떻게 가능한가』, 전병근 옮김, 파주: 김영사, 2018.
원불교 원광사 편,『원불교자료총서 제2권』, 이리: 원불교출판사, 1984.
이주연,「지구인문학으로서의 원불교학 모색: 지구위험시대, 은(恩)택트의 세상을 위하여」, 교강선포 100주년 기념 원불교학 학술대회『2세기, 원불교학 어떻게 나아갈 것인가』 자료집, 2020년 12월 18일.
조성환,「원주 동학을 계승한 장일순의 생명사상」, 동학학회,『강원도 원주 동학농민혁명』, 서울: 모시는사람들, 2019.
조성환・이병한,『개벽파선언』, 서울: 모시는사람들, 2019.
조성환・허남진,「지구인문학적 관점에서 본 한국종교-홍대용의『의산문답』과 개벽종교를 중심으로」,『신종교연구』43집, 2010.
허남진・이우진,「지구위험시대의 지구인문학-토마스 베리의 지구학과 개벽사상의 만남」,『한국종교』49집, 2021.
황종원,「최시형의 천지 관념 연구-전통 유학과의 연관관계를 중심으로」,『대동철학』68집, 2014.
______,「최시형의 생태학적 사유와 평화」,『유교사상문화연구』74집, 2018.

기후위기 시대 원불교사상의 생태학적 재해석 / 이주연・허남진

『정전』
『대종경』

『정산종사법어』
『대산종사법어』
『원불교교사』
『회보』
『해월신사법설』

김지하,『생명학1』, 서울: 화남, 2003.
그레고리 베이트슨,『마음의 생태학』, 박대식 역, 서울: 책세상, 2006.
미하이 칙센트미하이,『창의성의 즐거움』, 서울: 북로드, 2003.
시노하라 마사타케,『인류세의 철학』, 조성환 외 역, 서울: 모시는사람들, 2022.
신승철,『펠릭스 가타리의 생태철학』, 서울: 그물코, 2011.
신창호,『경敬이란 무엇인가』, 파주: 글항아리, 2018.
래리 라스무쎈,『지구를 공경하는 신앙』, 한성수 역, 고양: 생태문명연구소, 2017.
레오나르도 보프,『생태공명』, 황종열 역, 대전: 대전가톨릭대학교출판부, 2018.
아르네 네스 외,『산처럼 생각하라』, 이한중 역, 서울: 소동, 2012.
최진석,『노자의 목소리로 듣는 도덕경』, 서울: 소나무, 2001.
토마스 베리,『위대한 과업』, 이영숙 역, 서울: 대화문화아카데미, 2009.
프란체스카 페란도,『철학적 포스트휴머니즘』, 이지선 역, 파주: 아카넷, 2021.
하인리히 롬바흐,『아폴론적 세계와 헤르메스적 세계』, 전동진 역, 파주: 서광사, 2001.
혜강 최한기,『氣學』, 손병욱 역주, 서울: 통나무, 2004
Chibvongodze D, Ubuntu is Not Only about the Human! An Analysis of the Role of African Philosophy and Ethics in Environment Management, Journal of Human Ecology, 53:2, 2016.
E Johnson, H Morehouse, S Dalby, J Lehman, S Nelson, R Rowan, After the Anthropocene: Politics and geographic inquiry for a new epoch. Progress in Human Geography 38 (3).
Lynn White, Jr, "The Historical Roots of Our Ecologic Crisis". Science, Vol 155, Issue 3767, 10 Mar 1967.
Mogobe B. Ramose, Ecology through Ubuntu. In African Ethics: An Anthology for Comparative and Applied Ethics, Munyaradzi Felix Murove (Ed.), University of Kwazulu-Natal Press, 2009,
M. Mawere, 'Buried and forgotten but not dead': reflections on 'Ubuntu' in environmental conservation in southeastern Zimbabwe. Afro Asian Journal of Social Sciences 3(3.2), 2021.
Nussbaum, B., "African Culture and Ubuntu: Reflections of a South African in America," Perspectives 17, 1 (2003).
Timothy Morton, Hyperobject, University of Minnesota press, 2013.

강은애, 「원불교의 생태학적 상상력: '개벽'의 생태 공공성을 중심으로」, 『원불교사상과종교문화』 제89집, 2021.
기타지마 기신, 조성환 역, 「토착적 근대'와 평화- 서구중심주의적 근대에서 평화공생(상생)의 근대로, 지역에서의 실천 사례」, 『한국종교』 41집, 2017.
기타지마 기신, 조성환 역, 「한국 · 일본의 근대화와 민중사상-아프리카의 관점을 중심으로」, 『한국종교』 43집, 2018
민순의, 「한국 불교의례에서 '먹임'과 '먹음'의 의미: 불공(佛供) · 승재(僧齋) · 시식(施食)의 3종 공양을 중심으로」, 『종교문화비평』 32호, 2017.
박민철 · 최진아, 「펠릭스 가타리의 생태철학: 카오스모제, 생태적 주체성 그리고 생태민주주의」, 『철학연구』 127집, 2019.
소기석, 「원불교의 사은윤리에 나타난 생태학적 영성에 관한 연구」, 『종교문화학보』 1, 2006.
서재영, 「선의 생태철학 연구」, 동국대 박사학위논문, 2005.
설병수, 「인류세 시대의 아프리카 토착 지식에 관한 재고」, 『한국아프키라학회지』, 64집, 2021.
양선진, 「서양의 이성중심의 윤리학과 동양의 수양중심의 윤리학 비교 - 고대희랍철학과 유가철학을 중심으로-」, 『동서철학연구』 75권, 2015.
원영상, 「기후위기 시대 원불교의 역할-생명생태환경 보전의 관점에서-」, 『종교문화학보』 18권 1호, 2021.
이성택, 「환경문제를 극복하는 새 가치관으로서의 恩」, 『원불교사상과종교문화』 17집 · 18집, 1994.
이주연, 「원불교 사은(四恩)연구의 경향과 과제」, 『한국종교』 50집, 2021.
장진영, 「원불교 마음공부 모델 연구」, 『원불교사상과종교문화』 제86집, 2020.
전동진, 「창조적 과정의 근본특징들:롬바흐의 유일한 사유거리에 관한 일고」, 『현대유럽철학연구』 45호, 2017.
정혜정, 「동학의 성경신 이해와 분석」, 『동학학보』 3호, 2002.
조성훈, 「원불교 마음공부에서 '세움(立)'의 의미」, 『마음공부』 제1호, 2020.
조성환, 「정제두의 심학적 응물론」, 『유교문화연구』 1권 19호, 2011.
조성환, 『한국 근대의 탄생』, 서울: 모시는 사람들, 2018.
조영현, 「부엔 비비르(Buen Vivir) 담론 내부의 이념 노선에 대한 연구」, 『라틴아메리카연구』 32(1), 2019.
하인리히 롬바흐, 『아폴론적 세계와 헤르메스적 세계』, 전동진 역, 서광사, 2001.
허남진, 「한국 개벽종교와 토착적 근대」, 『종교문화연구』 30호, 2018.
조성환 · 조성환, 「지구를 모시는 종교-동학과 원불교의 '천지론'을 중심으로」, 『원불교사상과종교문화』 88집, 2021.
황화경, 「원불교 사은사상의 생명윤리」, 『한국종교』 40, 2016.

기후위기 시대 원불교의 역할 / 원영상

『금강반야바라밀경(金剛般若波羅蜜經)』 卷1(T8).
『논어(論語)』.
『大乘本生心地觀經』 卷2(T3).
『장재집(張載集)』.
『조론(肇論)』 卷1(T45).
원불교 정화사 편, 『대종경(大宗經)』(『圓佛教 全書』 내 수록), 익산: 원불교 출판사, 1977.
원불교 정화사 편, 『정산종사법어』(『圓佛教 全書』 내 수록), 익산: 원불교 출판사, 1977.
원불교 정화사 편, 『정전(正典)』(『圓佛教 全書』 내 수록), 익산: 원불교 출판사, 1977.
〈기후변화위협 지속가능한 개발 및 노력에 대한 전 세계의 대응을 강화하기 위해 산업화 이전 수준 또는 산업화 이전 온실가스 배출경로보다 1.5℃ 높았을 때 지구온난화 영향에 대한 IPCC 특별보고서〉.

강해윤, 「한국 사회변혁과 원불교 시민사회운동」(원광대학교 원불교사상연구원 시민강좌, 원광대학교, 2021년 4월 14일).
신승환, 「환경 · 생태 이론의 전개와 동향」, 『불교평론』 22-2호, 2020년 여름호.
울리히 벡 · 홍성태 옮김, 『위험사회』, 서울: 새물결, 2006.
울리히 벡 · 홍찬숙 옮김, 『자기만의 신』, 서울: 도서출판 길, 2013.
칼 세이건 저 · 현정준 역, 『창백한 푸른 점』, 서울: 사이언스북스, 2001.
토마스 베리 지음 · 맹영선 옮김, 『지구의 꿈』, 서울: 대화문화아카데미, 2013.
헬레나 노르베리 호지 지음 · 양희승 옮김, 『오래된 미래』, 서울: 중앙books, 2007.
헬레나 노르베리 호지, 「빈곤과 불교적 생활방식-세계화 경제에 맞선 불교적 대응」, 『지식기반사회와 불교생태학』, 서울: 아카넷, 2006.----**번역자이름 없음**
박호진, 「에콰도르 헌법을 통해 본 한국의 부동산 투기」〈오마이뉴스〉 2021년 5월3일판.
〈한울안신문〉, 2021년 4월 30일자.
IPCC 홈페이지: https://www.ipcc.ch/srccl.
원불교환경연대 홈페이지: https://www.woneco.net/woneco.

기후위기시대 모노(モノ)철학의 생태학적 재해석 / 야규 마코토

박규태, 「'신불(神佛) 애니미즘'과 트랜스휴머니즘: 가미(神)와 호토케(佛)의 유희」, 서울대학교 일본연구소, 『일본비평』 Vol.9, No.2, 통권17호, 2017.
鎌田東二 編著, 『モノ学の冒険』, 大阪: 創元社, 2009.
鎌田東二, 「日本の平和思想ー『国譲り』問題を考える」, 鎌田東二 企劃/編, 『スピリチュアリティと平和 講座スピリチュアル学 第3巻』, 神奈川: ビイング・ネット・プレス, 2015.
鎌田東二,「翁童論と日本人の死生観の変遷 ～比叡山麓で開催する意味を考えながら……」,『死生学と老年哲学の交叉点 第1回 老年哲学国際会議(未来共創フォーラム) 발표자료집』, 滋賀: 未来共創新聞社, 2019.
金泰昌,「文明文化間対話と韓日霊性和平の問題」, 鎌田東二 企劃/編,『スピリチュアリティと平和 講座スピリチュアル学 第3巻』, 神奈川: ビイング・ネット・プレス, 2015.
小浜逸郎,「日本語は世界をこのようにとらえる」, 小浜逸郎,『日本語は哲学する言語である』, 東京: 徳間書店, 2018.

박규태,「물(物)과 애니미즘에 관한 작은 연구노트」, 미디어붓다(2021.07.15.),http://www.mediabuddha.net/news/view.php?number=28182 (2022.07.11. 열람)
______,「모노(物)공양: 불교문화 콘텐츠의 일본적 변용」, 불교평론(2022.06.22.),http://www.budreview.com/news/articleView.html?idxno=20022 (2022.07.11. 열람)
황준범,「체르노빌 원전 지역 활보한 러시아군, 방사능 피폭 우려」, 한겨레(2022.04.10.) https://www.hani.co.kr/arti/international/international_general/1038243.html (2022.07.11. 열람)
福住正兄 筆記,『二宮翁夜話』巻之一, http://sybrma.sakura.ne.jp/31ninomiyaouyawa.html (2022.07.12. 열람)DOUGLAS MAIN, 牧野建志(訳),「人間に遭わない…福島立入禁止区域で増える動物たち」, ナショジオニュース日本版(2020.05.30.) https://style.nikkei.com/article/DGXMZO59025510T10C20A5000000/ (2022.07.11. 열람)
Weblio辞典『デジタル大辞泉』「もの」, 小学館, https://www.weblio.jp/content/もの (2022.07.11. 열람)
Weblio辞典『世界宗教用語大辞典』「もの」, 中経出版,https://www.weblio.jp/content/物?dictCode=SSYGD (2022.07.11. 열람)

찾아보기

[ㅂ]

[ㅅ]

[ㅇ]

[ㅈ]

[ㅍ]

[ㅎ]

종교와 공공성 총서 05

근현대 한국종교의 생태공공성과 지구학적 해석

등록 1994.7.1 제1-1071
1쇄 발행 2022년 11월 15일

기 획 원광대학교 원불교사상연구원
지은이 허남진 조성환 김봉곤 김석근 김재명 야규 마코토(柳生眞)
원영상 이우진 이주연
펴낸이 박길수
편집장 소경희
편 집 조영준
관 리 위현정
디자인 이주향
펴낸곳 도서출판 모시는사람들
03147 서울시 종로구 삼일대로 457(경운동 수운회관) 1207호
전 화 02-735-7173, 02-737-7173 / 팩스 02-730-7173
홈페이지 http://www.mosinsaram.com/

인 쇄 피오디북(031-955-8100)
배 본 문화유통북스(031-937-6100)

값은 뒤표지에 있습니다.
ISBN 979-11-6629-143-2 94210
세트 979-11-88765-07-2 94210

이 책은 2019년 대한민국 교육부와 한국연구재단의 지원을 받아 발간되었음
(NRF-2019S1A5B8099758)